昭和留魂録

戦犯一一四五名、
四三五六日の処刑誌

朝野富三

展転社

Those who do not remember the past are condemned to repeat it.

「過去を思い起こしえない者は、過去を繰り返すように運命づけられている」

George Santayana（スペイン出身のアメリカの哲学者・詩人）

昭和留魂録——戦犯一一四五名、四三五六日の処刑誌◎目次

第一部　処刑の日

第一部　処刑の日

一　埋もれた記憶

〝幻の名簿〟は、東京・九段の靖国神社に眠っていた。さまざまな戦争史料や遺品などが展示されている「遊就館」に隣接する図書室「靖國偕行文庫」にそれはあり、二分冊で合計四百六ページ、驚いたことにすべて鉛筆による手書きだった。

表紙には『戦争裁判関係死亡者名簿』とあった。コクヨの便箋に細い線で几帳面にマス目が引かれ、そこに刑死者の名前、身分・階級、処刑した国、刑死年月日、刑死地、刑死方法、年齢、『世紀の遺書』の掲載ページ、本籍地、備考という順番に並び、便箋一ページに十二名ずつが作成者の人柄を表すような丁寧な文字でびっしりと書き込まれていた。刑死者は九百九名、未決または判決後の拘置中に病死・自決・事故死などされた関連死二百六名の総計千百十五名である。人名索引、陸海軍民間別、処刑・関連死別の一覧も付いていた。

作成者は冨士信夫氏。二〇〇五（平成十七）年に八十七歳で他界されているが、作成したのは一九八七（昭和六十二）年とあるから、七十歳の時である。

海軍兵学校出身で、台湾の第二十九航空戦隊参謀で敗戦を迎えた元海軍少佐である。復員してすぐに極東国際軍事裁判（東京裁判）の法廷記録係となり、開廷から閉廷まですべてを見続けた「生き証人」として知られている。『私の見た東京裁判（上・下）』（講談社学術文庫）をはじめA級戦犯裁判に関する著作をいくつか残している。

その冨士氏は、ＢＣ級戦犯についても調べていたのである。しかも、一千名を超える苦労の多い名簿づくりにどのような思いで取り組むことになったのか、そしてせっかくつくりあげた名簿がどうして手書きのままで出版物にならなかったのか、ぜひ知りたいところだが、亡くなられてすでに十八年、残念である。

実は、靖國偕行文庫にあった名簿はコピーで、原本は国立国会図書館に所蔵されている。防衛省防衛研究所にもあるかと思い、戦史研究センターに問い合わせたが、「名簿類については数件保管していますが、下記の史料を除き個人情報のため非公開となっております」と、史料一冊の名前をあげてくれただけで、冨士氏名簿の有無については回答がなかった。私の知る限りでは、現存する名簿は国会図書館の原本と靖國偕行文庫のコピーだけということになる。

名簿に添えられた冨士氏の説明文によれば、『白菊遺族会全国会員名簿』『世紀の遺書』『戦犯裁判の実相』の資料を基に、靖国神社保管の合祀者名簿と照合してつくったとある。『世紀の遺書』『戦犯裁判の実相』は、ともに巣鴨プリズン在監の戦犯者たちの自治会組織が編集したもので、白菊遺族会は戦犯遺族の集まりである。

『世紀の遺書』には、刑死者九百八名と関連死百六十名の計千六十八名の名前と、遺書や家族あての手紙、辞世の句などが掲載され、戦犯の実相を知るうえできわめて貴重な資料である。このうち靖国神社に合祀されたのは九百五十三柱である。ほかに名簿関係の資料としては戦犯研究の第一人者、茶園義男氏が中心になって編集し、不二出版社から出した全十五巻の『BC級戦犯関係資料集成』がある。それを基に茶園氏が作成した『戦争裁判刑死者名表』には、刑死者九百十一名と関連死百五十一名の計千六十二名の名前が記載されている。これら名簿を比べると、人数や内訳が違うだけでなく、名前や階級、処刑方法など一致しないケースが非常に多い。戦犯関連かどうか事実確認できないものもあるし、取り上げた判断基準が異なっているものもある。

こうしたバラつきを生んでいるのは、敗戦後八十年近くなるのに戦犯に関する公的名簿が作られなかったからである。言うまでもなく日本の敗戦は一九四五（昭和二十）年八月十四日のポツダム宣言受諾で始まり、五一（昭和二十六）年九月八日の対日サンフランシスコ平和条約（講和条約）締結を以て終わったが、その主要な条件だったのが、「一切ノ戦争犯罪人ニ対シテハ厳重ナル処罰ヲ加ヘラルベシ」（ポツダム宣言第十条）と、「日本国は、極東国際軍事裁判所並びに日本国内及び国外の他の連合国戦争犯罪法廷の裁判を受諾し」（サンフランシスコ平和条約第十一条）にある通り、戦争裁判の受諾であった。

「文明の罪」で裁かれたいわゆるA級戦犯に対し、「通例の戦争犯罪」「人道に反する罪」を問われたBC級戦犯は、逮捕者約二万五千名、うち五千六百四十四名が起訴され、七カ国による国内外十九法廷で裁かれた。有罪判決を受けた者四千四百三名、このうち九百八十四名に死刑が宣告され、九百名以上が処刑された（法務省）。

処刑は、敗戦後すぐに始まっていて、日本が再独立を果たすサンフランシスコ平和条約に調印する直前の五一（同二十六）年六月まで六年近くも続いた。最後はパプアニューギニア・マヌス島で〝駆け込み処刑〟された西村琢磨陸軍中将である。その後も拘置されていた戦犯全員が釈放され、巣鴨プリズンが閉鎖されて日本の戦犯問題が終結したのは五八（同三十三）年十二月で、敗戦から実に十三年かかったことになる。日本の敗戦から再独立するには戦争犯罪人とされた方たちの貴い犠牲があったのだということを忘れるわけにはいかない。

公的名簿がないと書いたが、まったくなかったわけでもない。旧引揚援護庁復員局法務調査部『陸軍関係戦犯者名簿』があるからである。復刻版を『BC級戦犯関係資料集　第2巻』として出した田中宏巳氏の記述によれば、五一（昭和二十六）年に参議院法務委員会の関係小委員会に資料として提出するために法務調査部が全国都道府県の民生部世話課に指示して作成したものである。ただしあるのは陸軍関係だけであり、また急いでつくったせいなのか、名前など明らかな転記ミスとみられるものが少なくない。ちなみに、海軍関係の同種の公的名簿は存在していない。

筆者は、上記の各種の名簿類を丹念に照合し、戦犯関係の記録や出版物、戦争体験記、新聞記事などを参考にできるだけ正確な名簿をつくれないかと試みた。だが、やっているうちにだんだん気が重くなり、そのうち腹が立ち、やがて悲しくなってきた。国のため家族と別れて戦地に赴き、生と死の背中合わせの中で懸命に戦ってきた人たちが、いくら国が敗れたとはいえ、生き残ったゆえに「犯罪者」の汚名を着せられ、処刑されたのである。千名を超える方たちの身元、処刑状況などを確認し、遺書や辞世を読んでいるうち、その無念さが胸に迫り、涙がとまらなかった。日本政府はことあるごとに、「先の大戦の多くの犠牲のもとに今の平和と繁栄がある」と言ってはいるが、だったらどうして尊い彼らの犠牲を記憶にとどめる名簿さえつくろうとしないのだろうか。彼らが哀れに思えてしかたなかった。

さて、戦犯死された方たちの慰霊碑は全国にいくつかある。あるにはあるが、これまたいずれもご遺族や関係者有志の浄財で建てられたもので、今や関係者はみな年老いて次々と亡くなり、訪れる人はなく、その存在さえ忘れられようとしている。

愛知県南部にそびえ立つ三ヶ根山に行くと二つの慰霊碑が建っている。

標高三百二十六メートル、眼下に岡崎平野が広がり三河湾を望む山頂には三河三十三観音霊場の十九番札所で商売繁盛の神様として知られる「三ヶ根観音」があるが、慰霊碑はその敷地内にある。その一つが『殉国七士の墓』で、A級戦犯七名が眠る。六〇(昭和三十五)年に建立されたものである。

東條英機首相ら七名が巣鴨プリズン内で絞首されたのは、四八(昭和二十三)年十二月。遺体は遺族に渡されずに横浜・久保山火葬場に運ばれて火葬に付されたが、火葬場に忍び込んだ関係者によってひそかに遺灰の一部が持ち出され、その後、禅寺や観音堂を経て、この三ヶ根山に移された。

もう一つの慰霊碑は、その二十年後の八〇（昭和五十五）年に建立された『殉国百四十五烈士の墓』である。ラバウル・マヌス戦犯収容所の生存者と遺族でつくる「ラバウル・マヌス親睦会」有志が四百八十万円の浄財を出して建てた黒大理石の碑である。碑文にはこうある。

「第二次世界大戦の終結後　戦勝各国は戦争犯罪法を制定し　これに基ずき多勢の敗戦国人を戦争犯罪容疑者として強制逮捕し　これを裁判に付した　そしてその裁判は　まさに驕れる勝者が敗者を裁く　正義人道の名に隠れた復讐裁判であった　この戦争裁判で有罪になった人達は　敗戦の悲運を嘆き　家族の待つ故国への帰還の夢も空しく　無実の罪人として異国の獄舎に幽閉され　あるいは忍辱の重労働に苦悩の歳月を過ごし　或いは刑場の露と消え国に殉じたのである　この碑は　南太平洋戦域のオーストラリア及びオランダ領国管轄の軍事法廷において極刑判決をうけ　ラバウル　マヌス島　モロタイ島で処刑された一四五烈士の殉国の遺業を顕彰し慰霊するために　建立するものである」

ほかに比較的新しい慰霊碑としては、九四（平成六）年に和歌山県高野山の奥の院に建立された「昭和殉難者法務死追悼碑」がある。前橋陸軍予備士官学校出身有志の働きかけによって建てられたもので、毎年四月二十九日の「昭和の日」に千六十八柱を慰霊する行事が行われている。

筆者が作成した名簿では、刑死者は九百十二名となった。軍人以外に軍属・嘱託・軍通訳・軍警察官を含む陸軍関係者は六百八十五名、海軍関係者は百九十九名、その他（官吏、民間人、一般警察官、軍協力者など）二十八名である。また、未決あるいは判決後の拘置中に自決・病死・不慮死（逃亡による射殺など）、事故死された方は百八十一名で、内訳は陸軍関係者が百十一名、海軍関係者は四十六名、その他は二十四名だった。刑死者と合わせると合計で千九十三名である。

このほかに処刑なのか自決・病死・事故死などか死亡原因不明者が四十六名、さらに名前しかわからないなど詳細は不明だが戦犯関連死とみられる方が六名おられ、これらを加えた総計は千百四十五名。筆者はこれが現時点での戦犯として亡くなられた方たちの数だと考えている。

なおこの名簿の中には、連合国軍によるBC級戦犯死とは違うが、ソ連軍による犠牲者が二名含まれ、また植民地だった朝鮮半島と台湾から徴用されて軍人・軍属などとして処刑、病死、事故死された方が四十九名含まれている。ちなみに、朝鮮半島出身者は処刑者二十三名（陸軍二十二名、その他一名）、台湾出身者は処刑者二十一名（陸軍十九名、海軍二名）、病死・自決・事故者五名（陸軍四名、その他一名）である。彼らは日本軍関係者として処刑されながら、日本政府は未だに正式な謝罪と補償をしていないことも記しておく。

サブタイトルにある「四三五六日」とは、一九四五（昭和二十）年九月五日に自決した未決拘置中の陸軍警部から始まって、五七（同三十二）年八月八日に終身刑で服役中の陸軍法務大佐の病死までの十一年十一カ月である。

本書では、これらの方たちを処刑・死亡の年月日順に、名前・年齢・階級（職業）、出身地等、処刑地、処刑国軍の順番で記載した。ただ、資料によって名前の字が違っている方も多く、確定できなかった場合は併記した。年齢は満年齢もあれば数え年もある。軍の階級は最終階級を原則としたものの、敗戦後に特別措置で昇級している場合もある。都道府県名は出身地、本籍地、出征時の住所地、家族の居住地のいずれか、または併記した。

『世紀の遺書』はじめ各種資料で遺書や辞世の句がわかっている方については、その方の思いの一端でも伝わりそうな一部を筆者の一存で選ばさせてもらった。全文を読みたい読者のために引用した資料名とページを付記した。

敗戦後に自決された軍人・軍属についての記録としては、『世紀の自決』（芙蓉書房）がある。五六（昭和三十一）年作成の『終戦時自決烈士芳名録』には五百二十七名、追加の四十一名を加えて合計五百六十八名の名前が掲載されている。しかし、本書の名簿に入れたのは、このうち判決を受けたかまたは戦犯収容所に収容され未決拘置中に自決したことが特定できた方に限定した。戦犯容疑がかかって収容される前に自決された方もおられると思うが、敗戦に絶望したり責任を感じて自決した方と区別できないので外させてもらった。

処刑地名については、中国で戦前使われていた「北平」を「北京」にし、マレーシアの「ゼッセルトン」を「コタキナバル」に、インドネシアの「ホーランディア」を「ジャヤプラ」などのように、現在の通用名に変えた。

中国軍による処刑は、いずれも国民党政府軍が行ったものである。共産党政府は一九五六（昭和三十二）年に当時の周恩来首相が死刑・無期懲役の処分は行わない方針を表明している。また旧ソ連軍は、一九四九（同二十四）年にハバロフスクの特別軍事法廷で関東軍七三一部隊の「細菌戦」などについて関東軍総司令官ら十二名を裁いたが、いずれも有期刑で死刑判決は出していないとされている。

遺書や辞世の一部を掲載した方について、末尾に㊀とあるのは『世紀の遺書』、㊁は『世紀の自決』のことである。その他の資料は㊂と記し、以下のものである。

㊂Ⅰ　『ラバウル戦犯弁護人』（松浦義教著、光人社ＮＦ文庫）
㊂Ⅱ　『アンボンで何が裁かれたか』（片山日出雄著、聖文社）
㊂Ⅲ　その他

00　『或る英雄　日本軍に見捨てられた日系二世』（河崎明彦著、文芸社）
01　『追憶　陸軍中将田島彦太郎第33回忌記念』（田島安芸編）
02　『洪思翊中将の処刑』（山本七平著、文藝春秋社）
03　『第二十警備隊（アンボン）　想い出の記』（第二十警備隊有志）
04　『幽囚回顧録』（今村均著、秋田書店）
05　『ラバウルの黒い雨』（川上清著、文芸社）
06　『永遠への道』（花山信勝著、日本工業新聞社）
07　「昭和殉難者法務死追悼碑を守る会」

08『毒箭』（岡田資著、岡田資遺稿刊行会）
09『最後の戦犯死刑囚』（中田整一著、平凡社新書）
10『祖国への遺書　戦犯死刑囚の手記』（塩尻公明編、毎日新聞社）
11『ＢＣ級戦犯・チャンギー絞首台』（茶園義男著、紀尾井書房）
12 新聞記事、雑誌記事、その他
13『ＢＣ級戦犯　60年目の遺書』（田原総一朗監修・田中日淳編・堀川恵子聞き手、アスコム）

最後に——。

前述の通り、この名簿は公刊、公表されている名簿類を突き合わせ、さらに他の戦争関係の資料と重ねて点検、修正を加えたものである。一部は関係先に問い合わせて確認できたものもあるが、新たな資料の発見があったわけではない。つまり、依然として未完成の名簿だということである。見ていただければわかる通り、空白が多い。まだまだ間違いは多いだろうし、不明な部分もたくさんある。ご遺族や関係者からご指摘をいただければありがたい。本書が手がかりになってさらに正確な名簿づくりが進むように願うばかりである。

二　処刑日暦（一九四五～一九五八年）

一九四五（昭和二〇）年（八月一五日以降）

文部省が「新日本建設の教育方針」を発表、国体護持・平和国家建設・科学的思考力の養成を強調（九・一五）
枕崎台風で死者・行方不明者三七五六人（九・一七）
別府航路「室戸丸」が触雷し沈没、行方不明者四七〇人（一〇・一七）
東京・日比谷公園で餓死対策国民大会開かれる（一一・一）
GHQが軍国主義的映画二三六本の上映禁止と焼却を通達（一一・一九）
東京・国鉄上野駅地下道で浮浪者二五〇〇人を一斉収容（一二・一五）
［世相］
第一回宝くじ発売（一枚一円、一等一〇万円）
大相撲が再開
NHK、大晦日のラジオで『紅白音楽試合』（『紅白歌合戦』の前身）を放送

離職者一三二四万人（厚生省発表）
『日米会話手帳』が三六〇万部売れ、戦後初のベストセラー
大凶作により米の収穫量は前年比六八・八％の五八七万トン、食糧危機深刻
〔出版〕高村光太郎『一億の号泣』、火野葦平『陸軍』、森正蔵『旋風二十年』
〔映画〕『そよ風』（松竹）
〔流行歌〕霧島昇・並木路子『リンゴの唄』（映画『そよ風』の挿入歌）

八月

一五日（水）　天皇陛下が終戦詔書を玉音放送
鈴木貫太郎内閣が総辞職

一六日（木）　連合国軍最高司令官マッカーサー元帥が天皇・政府・大本営あてに戦闘停止を命令
大本営陸海軍部が全軍に自衛戦闘を除き即時戦闘停止を命令

一七日（金）　東久邇宮稔彦内閣が成立
天皇陛下が陸海軍軍人に「国家永遠の礎を遺さむことを期せよ」と勅語

一八日（土）　天皇陛下が復員軍人に勅語

二三日（木）　日本政府が終戦処理会議を設置
陸海軍の復員始まる

二六日（日）日本政府が連合国との折衝機関として終戦連絡中央事務局を設置

二八日（火）東久邇宮首相が「全国民総懺悔を」と記者会見

三〇日（木）マッカーサー元帥が「バターン」号でマニラから厚木基地に到着

九月

二日（日）日本政府代表が東京湾の戦艦「ミズーリ」艦上で降伏文書に調印する（死亡者数は軍人・軍属が約二三〇万人、在外邦人が約四〇万人、内地での戦災死亡は約五二万人の総計約三一二万人）

GHQが指令第一号として日本軍の武装解除、兵器の引き渡し、軍事施設の接収などを発令

四日（火）アメリカ軍が横浜刑務所を接収して戦犯刑務所を開設

五日（水）**渡辺末太郎**　陸軍警部、島根県、自決（未決で拘置中）、インドネシア・スマトラ（オランダ軍）

一一日（火）GHQが東條英機大将ら日本人二五名、外国人一三名に第一次A級戦犯として逮捕命令

一五日（土）**菅　辰次**　陸軍大佐、広島県、自決（未決で拘置中）、マレーシア・ラブアン（オランダ軍）

「私は今日まで良心に忠実に、最後まで正義人道を守り通したと、確信している。私の任務は敗戦と同時に終りを告げた。それはそれでいいが、今日飛行場で受けた侮辱

は、とうてい日本人として堪え得られない。われわれの祖先はかかる際、潔く死をえらんだ。私も又、同じ道を往かねばならぬ」（自520P）

二六日（水） 復員第一船「高砂丸」がカロリン諸島メレヨン島からの一六二八名を乗せて別府に帰港

宍倉浅治　二二歳、海軍二等機関兵曹、千葉県、病死（未決で拘置中）、インドネシア・ボルネオ（オランダ軍）

一〇月

二日（火） GHQがA級戦犯の起訴を担当する法務局（LS）を設置

五日（金） **升田仁助**　五四歳、海軍少将、山口県、自決（未決で拘置中）、マーシャル諸島・クェゼリン（アメリカ軍）「余はヤルートの王として太陽として諸氏と共に草根を食み、海水をのんでヤルート島基地死守の大任のために奮戦しそれを完うした。この島で親愛なる諸氏に囲まれて最期を遂げるのは本懐至極である」（自470P、遺730P）

八日（月） アメリカ軍がフィリピンにマニラ軍事裁判法廷を開廷

一四日（日） インドネシア・ジャワ島スマランの戦犯収容所でインドネシア独立軍過激派により一四九名以上が虐殺され、行方不明者も約三〇名出る

二四日（水） 二十カ国が国連憲章を批准し、国際連合が正式に発足

三一日（水）　**竹添正雄**　海軍二等兵曹、病死（未決で拘置中）、インドネシア・モロタイ（オランダ軍）

中旬　**渡辺鶴雄**　海軍二等兵曹、福岡県、不慮死（未決で拘置中に逃亡、射殺される）、インドネシア・マカッサル（オランダ軍）

一一月

一日（木）　GHQが東京に巣鴨プリズンを開設

八日（木）　アメリカ軍が俘虜収容所勤務者約三〇〇名に逮捕状

一二日（月）　ソ連軍が日本軍の将官一四八名と将校・下士官兵五九万四〇〇〇名以上を捕虜としたと発表

一九日（月）　GHQが荒木貞夫陸軍大将ら一一名にA級戦犯として逮捕状

二〇日（火）　連合国がドイツ・ニュルンベルクで国際軍事裁判を開始

二一日（水）　アメリカ軍がマーシャル諸島にクェゼリン軍事裁判法廷を開廷

三〇日（金）　陸軍省と海軍省が廃止される

中山久次　三八歳、陸軍上等兵、佐賀県、銃殺刑、中国・新站（中国軍）

一二月

一日（土）　オーストラリア軍がパプアニューギニアにウェワク軍事裁判法廷を開廷

二日（日）　ＧＨＱが広田弘毅元首相ら五九名にＡ級戦犯として逮捕状
三日（月）　オーストラリア軍がマレーシアにラブアン軍事裁判法廷を開廷
六日（木）　ＧＨＱが近衛文麿元首相ら九名にＡ級戦犯として逮捕状
七日（金）　オーストラリア軍がインドネシア・モルッカ諸島にモロタイ軍事裁判法廷を開廷
八日（土）　ＧＨＱがＢＣ級戦犯の起訴を担当する国際検察局（ＩＰＳ）を開設
日本共産党など六団体が「戦争犯罪人追及大会」を開催
一一日（火）　オーストラリア軍がパプアニューギニアにラバウル軍事裁判法廷を開廷
一三日（木）　**納見敏郎**　陸軍中将、広島県、自決（逮捕直前）、宮古島（アメリカ軍）
一七日（月）　アメリカ軍が横浜軍事裁判法廷を開廷
一八日（火）　**伊藤寅司**　四二歳、海軍大尉、神奈川県、自決（未決で拘置中）、マーシャル諸島・クェゼリン（アメリカ軍）「日本晴　男子もつ父母　富士の山／出陣、我方に利あらず、戦友約二割、花咲く靖国の神となる。仇敵必殺を誓ふ」（㊀212P）
一九日（水）　**細川貞光**　二五歳、陸軍憲兵曹長、宮城県、自決（未決で拘置中）、インドネシア・スマトラ（オランダ軍）

一九四六（昭和二一）年

一一年ぶりにメーデーを開催、全国で二〇〇万人が結集（五・一）
東京・世田谷区で「米よこせ区民大会」、宮城に向けてデモ行進（五・一二）
全国中等学校優勝野球大会（夏の甲子園）が復活（八・一五）
南海地震（M8・1）で死者一四三二人、全壊家屋一万五六四〇戸（一二・二一）

［世相］
広島、長崎に白血病患者が出始める
各種伝染病が流行（発疹チフスの死者三三五一人、天然痘の死者三〇二九人）
新百円札発行（聖徳太子像）
物価：たばこピース（日曜日のみ販売、一人一箱、一本入り七円）、白米（二等、一〇キログラム二〇円一一銭）、
ラーメン一杯二〇円、ビール一本六円（配給）、ワイシャツ一枚二〇〇円
［出版］谷崎潤一郎『細雪』、野坂参三『亡命十六年』、尾崎秀実『愛情はふる星の如く』
［映画］『はたちの青春』（松竹）、『わが青春に悔なし』（東宝）
［流行歌］岡晴夫『東京の花売娘』、田畑義夫『かえり船』

一月

一日（月） 「新日本建設ニ関スル詔書」（人間宣言）発布

二日（火）　オーストラリア軍がインドネシアにアンボン軍事裁判法廷を開廷
一〇日（水）　中国軍が台湾に台北軍事裁判法廷を開廷
国連第一回総会がロンドンで開催
一九日（金）　マッカーサー元帥が極東国際軍事裁判所条例を承認
別府与一　陸軍曹長、鹿児島県、病死（有期刑十五年で服役中）、パプアニューギニア・ラバウル（オーストラリア軍）
二一日（日）　イギリス軍がシンガポール軍事裁判法廷を開廷
二四日（水）　**桜井清助**　山形、陸軍警部、自決（未決で拘置中）、マレーシア・クアラルンプール（イギリス軍）
二九日（月）　イギリス軍がマレーシアにクアラルンプール軍事裁判法廷を開廷

二月
三日（日）　マッカーサーがGHQ民生局に戦争放棄など三原則を示し憲法草案の作成を命令
一一日（月）　イギリス軍がマレーシアにタイピン軍事裁判法廷を開廷
イギリス軍がマレーシアにマラヤ軍事裁判法廷を開廷
一二日（火）　アメリカ軍が上海軍事裁判法廷を開廷
二一日（木）　フランス軍がベトナムにサイゴン軍事裁判法廷を開廷

二三日（土）

山下奉文　六〇歳、陸軍大将、東京都、絞首刑、フィリピン・マニラ（アメリカ軍）「野山わけ集むる兵士十余万かへりてなれよ国の柱と／待てしばしいさを残してちりし友あとなしたひてわれもゆきなむ」（㊜583P）

太田清一　五〇歳、陸軍憲兵大佐、鹿児島県、絞首刑、フィリピン・マニラ（アメリカ軍）「君ならで誰にか見せん梅の花色をも香をも知る人ぞ知る／流れ行く雲を窓辺に眺めつつ奇しき運命を夢かと思ふ」（㊜596P）

東地琢磨　二三歳、陸軍軍属（通訳）、和歌山県（日本人父とフィリピン人母の二世）、絞首刑、フィリピン・マニラ（アメリカ軍）「大親分・親分・子分がいっしょにいけて、あの世でも道案内していける」（㊮Ⅲ00）

三月

一日（木）

オーストラリア軍が本国にダーウィン軍事裁判法廷を開廷

日本政府が天皇象徴制、戦争放棄を含む憲法改正草案要綱を発表

六日（水）

岩佐時雄　二四歳、陸軍大尉、福岡県、銃殺刑、インドネシア・モロタイ（オーストラリア軍）「山桜山桜と云ひて散りにけり」（㊜543P）

岡田富美　憲兵軍曹、岡山県、銃殺刑、インドネシア・モロタイ（オーストラリア軍）「別に他に申上げる事も有りません。唯来るべき当然の物が来ただけです」（㊜546P）

加藤喜八郎　二七歳、陸軍大尉、岐阜県、銃殺刑、インドネシア・モロタイ（オーストラリア軍）「祖国の人柱として果つる身は心気澄みて、始めて解脱したる心地です」（遺500P）

木場　茂　五四歳、陸軍大佐、兵庫県、銃殺刑、インドネシア・モロタイ（オーストラリア軍）「五十五とせ御恵み深き大御代につくして果つる今日ぞうれしき／家も身も思わぬ時はありつれどしろしめす国は忘れじ露をだも」（遺543P）

杉野鶴雄　陸軍曹長、兵庫県、銃殺刑、インドネシア・モロタイ（オーストラリア軍）

中田滝登　四〇歳、陸軍大尉、岡山県、銃殺刑、インドネシア・モロタイ（オーストラリア軍）「モロタイや山ざくらパット散りにけり／親はなくとも子等は皆次代を背負ひすくすくとのぶ」（遺543P）

野村浩一　二六歳、陸軍大尉、東京都、銃殺刑、インドネシア・モロタイ（オーストラリア軍）「朝虹や今日はめいどの鹿島立名も知らぬ花も恵みの露受けて朝日に香ふ／『モロタイ』の浜山桜咲かぬ内に散りにけり」（遺526P）

細谷直二　三〇歳、憲兵軍曹、京都府、銃殺刑、インドネシア・モロタイ（オーストラリア軍）「（伝言・四名の名前の後に）よろしく」（遺539P）

矢部真博　陸軍大尉、東京都、銃殺刑、インドネシア・モロタイ（オーストラリア軍）「（最後の手紙）現在ではモロタイ島に死刑囚として禁錮中です。何時銃殺になるも日本人

として家名を汚すことはありません。何卒御安心下さい。死の直前まで同志と朗らかに暮らしております」（遺505P）

山本活二　三一歳、陸軍軍医大尉、岡山県、銃殺刑、インドネシア・モロタイ（オーストラリア軍）

田中清蔵　陸軍大尉、埼玉県、銃殺刑、インドネシア・モロタイ（オーストラリア軍）

田村俊夫　陸軍少佐、千葉県、銃殺刑、インドネシア・モロタイ（オーストラリア軍）

三角教明　二七歳、陸軍大尉、埼玉県、銃殺刑、インドネシア・モロタイ（オーストラリア軍）「山桜結ばぬ中に散りにけり」（遺495P）

一二日（火）

山本忠三郎　陸軍衛生曹長、京都府、絞首刑、マレーシア・クアラルンプール（イギリス軍）

浜田数美　三〇歳、陸軍伍長、鳥取県、絞首刑、マレーシア・クアラルンプール（イギリス軍）

栄島信男（信雄）　三三歳、陸軍主計曹長、鹿児島県、絞首刑、シンガポール・チャンギ（イギリス軍）「いくばくもなき吾が命知りながら朝がゆのもみよりわくるかな」（遺432P）

一四日（木）

駒井光雄（光男）　陸軍大尉、岩手県、絞首刑、シンガポール・チャンギ（イギリス軍）

「（子ども宛て）人に指さされるような人になるなよ。立派な人となれ。三月十四日は父の命日であるぞ。汝等が父の追善供養をなす時は父必ず汝等と共にあるであろう」

（㊧404P）

一六日（土）

中村邦之　陸軍中尉、茨城県、絞首刑、シンガポール・チャンギ（イギリス軍）

甲村武雄　四一歳、陸軍中佐、京都府、銃殺刑、インドネシア・モロタイ（オーストラリア軍）「君の為捨つる命はおしからずモロタイ島の露と消ゆとも」（㊧533P）

渡部源蔵　三六歳、陸軍大尉、岐阜県、銃殺刑、インドネシア・モロタイ（オーストラリア軍）「国ノ為散リ行ク我身惜シマネド死所ヲ得ザルヲ只憾ムノミ」（㊧511P）

一七日（日）

森下弘信　二四歳、海軍大尉、和歌山県、自決（未決、再出頭の前日）、和歌山県の自宅「父島に果つべき命ながらえてささげまつらん建設の道／身はたとえ魂魄となり果つるとも親の御恩をいかで忘れん」（㊐166P）

二〇日（水）

稲垣　勝　二八歳、陸軍憲兵曹長、岐阜県、絞首刑、パプアニューギニア・ラバウル（オーストラリア軍）「（知人宛て）真の私の気持と致しましては、只悲しいと言ふより外はありません。大きな不幸が訪れたと云うより仕方ありません。戦勝国の為す様になるより仕方のない現在、如何する事も出来ない。只諦めて待つと云う現在です」（㊧540P）

吉川春雄　海軍工員、広島県／高知県、絞首刑、パプアニューギニア・ラバウル（オーストラリア軍）

二二日（金）

イギリス軍がミャンマーにビルマ軍事裁判法廷を開廷

小林正一　三〇歳、陸軍兵長、兵庫県、絞首刑、フィリピン・マニラ（アメリカ軍）

二三日（土）

新　重俊　三〇歳、陸軍憲兵曹長、石川県、絞首刑、シンガポール・チャンギ（イギリス軍）「春待たで散るも何をか惜しからん君に捧げし命なりせば／風薫る祖国の春を夢に見て我星洲の花と散るらん」（遺３１９Ｐ）

平沢　厚　三七歳、陸軍憲兵准尉、茨城県、絞首刑、シンガポール・チャンギ（イギリス軍）「妻ハ四人ノ子供ヲ立派ニ成育セシメ、私ノ遺言、趣旨ヲ辱メザル様ニ努メラレタイ」（遺４０４Ｐ）

二六日（火）

上村幹男　五三歳、陸軍中将、山口県、自決（拘置中）、ロシア・ハバロフスク（ソ連軍）「潔く死して皇国に御詫びせむ生き永らへて恥まさむより」（自４４２Ｐ）

音田　浩　二六歳、陸軍憲兵曹長、北海道、絞首刑、マレーシア・タイピン（イギリス軍）「例へ身は異国に於て刑死するも決して破廉恥に非ず、何卒御愁傷などある間《ま》敷《じき》せめて御賞めの言葉をいただき度《たく》。武士道の誠をつくせし清き最後と自ら自負致居候。万感胸に迫り最早言葉なく此れが今生の訣れと致す次第に御座候」（遺３９６Ｐ）

三一日（日）

森本清光　三三歳、陸軍憲兵准尉、三重県、銃殺刑、インドネシア・モロタイ（オーストラリア軍）「春待たで散り行くならんモロタイに祈る益良男（清光）栄あれ日本」（遺４８９Ｐ）

四月

二日（火）

河合竹男（武雄）　陸軍伍長、北海道、絞首刑、フィリピン・マニラ（アメリカ軍）「幼児のねむりと共に見る夢は離れし父も又同じなり／最夜中にふと目をさまし幼児は父の姿を求め泣くらむ」（㊣598P）

三日（水）

本間雅晴　五九歳、陸軍中将、新潟県／東京都、銃殺刑、フィリピン・マニラ（アメリカ軍）「予てより捧げむ生命いまここに死所を得たりと微笑みてゆく／恥多き世とはなりたりもののふの死ぬべき時と思ひ定めぬ」（㊣579P）

田島彦太郎　五二歳、陸軍中将、岩手県、絞首刑、フィリピン・マニラ（アメリカ軍）「今更何モ言フコトハナイ心持チハ満足デ愉快ダ」（㊮Ⅲ01）

五日（金）

GHQ最高司令官の諮問機関である連合国対日理事会が東京で第一回会合を開く

六日（土）

佐藤為徳　五三歳、陸軍少将、徳島県、絞首刑、シンガポール・チャンギ（イギリス軍）「（伝言）私共ノ処刑ヲ受ケマス心境ハコダワリモアリマセヌ。明朗ナ心境デアリマシテ恐ラク身ヲ此境地ニ置イタ者ノミガ知ル心境カトモ思ヒマスガ、今現ニ既ニ天国ニ上ツタ気デアリマス。今ゾ笑ッテ一足オ先ニオ国ニ帰リマス」（㊣329P）

原田国市　二五歳、海軍中尉、山口県／東京都、絞首刑、シンガポール・チャンギ（イギリス軍）「朽つる身の恥づる所はなけれども親見る世の目何と語らん／言の葉に生死は一如と知りつれど迷ひの門に我身は迷ひつ」（㊣388P）

牛島勝市　三二歳、海軍少尉、長崎県／佐賀県、絞首刑、シンガポール・チャンギ（イギリス軍）「皆仲良く元気で明朗な気持で暮してくれ。若し故郷の附近を通られるときは草家ではあるが立ち寄ってくれ。内地に帰ったら皆よい子を生め」（遺414P）

（筆者注・原田国市は隊長、牛島は分隊士）

田沢啓三　三九歳、陸軍中佐、長野県、絞首刑、シンガポール・チャンギ（イギリス軍）「（子ども宛て）父が戦犯者となっても気にかけるな。堂々たる態度で世の中に立派に立て。私は戦死者と同じ誇りを感じている。（略）学校等は無理して行く必要はない。母の生活の苦を考えて自分で最も適する仕事を修業せよ」（遺403P）

柳本静一　二四歳、海軍中尉、高知県、絞首刑、シンガポール・チャンギ（イギリス軍）「決シテ自分ガ悪イコトヲシテ斯カル事ニナッタノデハナク只一途ニ国ノ為ヲ思ッテ為シタ事デス。私ガ惨虐ナ事ノ出来ル子デナイコトハ父上、母上ガ一番ヨク知ッテ居テ下サルト思ヒマス。最後マデ私ノ胸ノ中ニ父上母上ヲシッカリ抱キシメテ死ンデ行キマス」（遺345P）

星島　進　三五歳、陸軍工兵大尉、京都府、銃殺刑、パプアニューギニア・ラバウル（オーストラリア軍）「戦犯の名になく妻子ただいとし正しき我の世に知れずして／捧けにし命にあれど平和きて妻子こふなり妻子いとしく」（遺508P）

高桑卓男　陸軍大尉、奈良県／兵庫県、絞首刑、パプアニューギニア・ラバウル（オーストラリア軍）（筆者注・星島大尉の後任の俘虜収容所長）

八日（月）　イギリス軍がマレーシアにラブアン軍事裁判法廷を開廷
一〇日（水）　イギリス軍がマレーシアに北ボルネオ軍事裁判法廷を開廷
　イギリス軍がミヤンマーにラングーン軍事裁判法廷を開廷
一一日（木）　イギリス軍がマレーシアにアロールスター軍事裁判法廷を開廷
　アメリカ軍がグアム軍事裁判法廷を開廷
　墨谷義彰　三〇歳、陸軍憲兵軍曹、大分県、絞首刑、フィリピン・マニラ（アメリカ軍）
「春風にさそわれて散る桜花心のうちにかゝる雲なし／逢ふ事のありと思ひし夢はさめ淋しく眺める春の夜の月」（遺611P）
一三日（土）　**橘　政雄**　三三歳、陸軍憲兵中尉、高知県、絞首刑、フィリピン・マニラ（アメリカ軍）
「戦友等眠る比島の島を眺めつゝ他国の土と散るも又よし」（遺597P）
　並木朝雄　陸軍中尉、神奈川県、絞首刑、フィリピン・マニラ（アメリカ軍）
　光葉久直　四一歳、陸軍大尉、兵庫県、自決（死刑判決で拘置中）、パプアニューギニア・ラバウル（オーストラリア軍）
一六日（火）　中国軍が北京軍事裁判法廷を開廷
一八日（木）　**八木芳雄**　二七歳、陸軍憲兵軍曹、静岡県、絞首刑、パプアニューギニア・ラバウル（オーストラリア軍）「国家の一大変換を目前に吾は遠き南海の果にて散って行く。然れ共既に覚悟の中に有りて、今更何とも申し遺すべきこと無し」（遺519P）

一九日（金）

安藤利吉　六二歳、陸軍大将、宮城県、自決（未決で拘置中）、中国・上海（中国軍）「戦犯事件はその全責任を軍司令官が負うべきもので参謀長以下には責任がない。今やなすべきことは終わった」（㊀457P）

二二日（月）

鏑木正隆　四九歳、陸軍少将、広島県／石川県、絞首刑、中国・上海（アメリカ軍）「人はよし悪しざまに我を裁くとも直き心は神ぞ知るらむ／我が責めは血もて償ひ今日よりはあまかけりつつ御国護らむ」（㊊102P）

白川與三郎　二三歳、陸軍伍長、新潟県、絞首刑、中国・上海（アメリカ軍）「春風に若木の桜散りぬれど浮世に春をば暫し留めむ」（㊊107P）

藤井　力　四一歳、陸軍憲兵准尉、徳島県、絞首刑、中国・上海（アメリカ軍）「今迄は果報な私でした。妻には愛せられ信じられて果報過ぎた私は其の嬉しい想出の夢を抱いてお別れします。（略）次はお願です。最後のお願です。一、私は妻を離別します。二、妻に再婚させて下さい。三、私に成仏させて下さい。私は妻が現在の不幸に打勝つて再婚し母となり幸福になった時成仏出来ます。其の他に成仏は有りません。追善供養は不要です」（㊊101P）

増井昌三　三一歳、陸軍憲兵曹長、静岡県、絞首刑、中国・上海（アメリカ軍）「今死を直前に眺めて心身共に種々雑多な邪念を浄化し、実に清然たる気持であり、現境地の前には何一つ恐るるものなく明朗であります」（㊊105P）

二四日（水）　**増田耕一**　二七歳、陸軍憲兵軍曹、香川県、絞首刑、中国・上海（アメリカ軍）「神ならで知る由もないこの心知る人ぞ知る知る人ぞ知る」(遺)104P）

二五日（木）　**松尾正三**　陸軍法務少佐、熊本県、自決（未決で拘置中）、中国・上海（アメリカ軍）

イギリス軍が中国に香港軍事裁判法廷を開廷

二六日（金）　**荻野宗光**　三〇歳、陸軍軍属（通訳）、愛知県、絞首刑、フィリピン・マニラ（アメリカ軍）「せまりくる絞首の日をば思ひつゝ笑ひて死なん大和だましい」(遺)605P）

由利　敬　二六歳、陸軍中尉、福岡県、絞首刑、東京・巣鴨（アメリカ軍）「雪わけて咲きかほりてぞ尊けれ故郷に咲く梅の姿よ／面影の忘らるまじき別れかな名残りを西の空にとどめて」(遺)670P）

二八日（日）　**福栄真平**　五六歳、陸軍中将、東京都、銃殺刑、シンガポール・チャンギ（イギリス軍）「月や友故郷を思ふ心かな／暑さ風恋しき今日の別れ哉」(遺)357P）

五月

三日（金）　極東国際軍事裁判所が開廷、東條英機らA級戦犯二十八名を起訴

神浦純也　海軍中佐、鹿児島県／広島県、自決（未決で拘置中）、グアム（アメリカ軍）

斉　俊夫　五五歳、陸軍少将、千葉県／福島県、銃殺刑、シンガポール・チャンギ（イギリス軍）「思ひがけなくも戦争犯罪人として告訴せられて処刑せらる。戦死し得ざ

りし事が返す返すも残念なり。然れども破廉恥罪にはあらず。日本の為忠実に職務を実行せるが故に連合国側によりて裁判せられ処刑せられたるなり。心に恥づる所無し」（遺338P）

森　義忠　三八歳、陸軍警部、鹿児島県／京都府、絞首刑、マレーシア・カジャン（イギリス軍）「私が成仏出来るか出来ないかは一つに懸ってお前等親子の今後の安危、可否、成人の有無にあるのだから私を成仏させる意味に於てもよく神仏の加護と自らの努力善処によって生活していってくれる様。そして健康で暮す様祈つて夫婦親子永遠の離別の辞とします。（略）妻や子よ左様なら。もうぢき祇園の夜桜も見頃だね」（遺396P）

四日（土）

植村重郎　海軍中尉、三重県、絞首刑、パプアニューギニア・ラバウル（オーストラリア軍）

一一日（土）

上田耕世　海軍中尉、東京都／大阪府、絞首刑、パプアニューギニア・ラバウル（オーストラリア軍）「（予備学生出身同期生の証言）上田が殺した捕虜は、収容所を脱走し、主計科の倉庫から米を盗んで山へかくれていた奴だ。（略）四南遣司令部からは、はっきりと、司令部命令で『収容所を脱走したり日本軍の食糧を盗んだ捕虜は処刑せよ』と布告があった」（資Ⅲ03）

柿沼盛夫　二六歳、海軍中尉、東京都／栃木県、銃殺刑、パプアニューギニア・ラバウル（オーストラリア軍）「不幸にした盛夫を御許し下さい。今は鎌倉沼尻の思ひ出を我が胸に。生前中はいろいろと御世話になりました。どうぞ新しい人生の再出発をなされます事を、そして幸福な日を過ごされます様、死を前にする最後に祈りとします。昭和二十一年五月十一日午前七時十五分　処刑二時間前に記す」（遺521P）

一五日（水）

川原清宗　四三歳、海軍大尉、鹿児島県、銃殺刑、パプアニューギニア・ラバウル（オーストラリア軍）

中国軍が上海軍事裁判法廷を開廷

一六日（木）

中国軍が広東軍事裁判法廷を開廷

島川政一　四三歳、海軍中尉、長崎県、銃殺刑、パプアニューギニア・ラバウル（オーストラリア軍）「国家の為死する事は本望であります。（略）職務のため致し方のなかった事です。上官の命令にはどんな事でも絶対に服従しなければならなかったのです。しかし死刑になりますとも上官の命令の職責を遂行したのです。私は本望です」（遺535P）

一七日（金）

本地又二　三六歳、海軍中尉、岡山県、絞首刑、パプアニューギニア・ラバウル（オーストラリア軍）「君の為国の為にと一筋に尽せし誠あだになるとは／故郷に育ておきたる若桜浮世の風に時を忘るな」（遺513P）

萩本春雄　陸軍一等兵、長野県、死刑（一般罪）、台湾・台北（中国軍）

一八日（土）

松尾　勝　四五歳、陸軍中尉、熊本県、絞首刑、パプアニューギニア・ラバウル（オーストラリア軍）「（兄宛て）長い間失礼して居ります。皆様御元気ですか。（略）手紙は一通しか出せませんので家族其の他皆様へ元気で居る事を御知らせ下さい。では御元気にて（昭和二十年十一月二十三日）」（遺537P）

山中軍一（群二） 陸軍衛生准尉、広島県、絞首刑、パプアニューギニア・ラバウル（オーストラリア軍）

二一日（火）

重高忠治 三七歳、陸軍衛生准尉、広島県、病死（未決で拘置中）、パプアニューギニア・ラバウル（オーストラリア軍）

二二日（水）

井熊朝重 陸軍憲兵准尉、新潟県、銃殺刑、マレーシア・ラブアン（イギリス軍）

二三日（木）

内田正博 三〇歳、陸軍一等通訳官、愛知県／香川県、絞首刑、シンガポール・チャンギ（イギリス軍）「召されたる南の島にことおへてことよとのみ声にえみこたへゆく」（遺359P）

喜多富夫 二九歳、陸軍准尉、大阪府、絞首刑、シンガポール・チャンギ（イギリス軍）「（妻宛て）私も従容として国家の柱石となりて帰ります。悦びて迎えて下さい。霊魂は必ずお前や娘の身辺を守護し激励す。信じて下さい。（略）爾余の生計に関しては一任するも娘の育成及教養に就いては何分共に宜敷頼みます。何する事も出来ず、申訳有りません。元気でお前や娘の万福を祈りつつ　昭和二十一年五月二十三日五時書く」（遺315P）

木村久夫　二八歳、陸軍兵長、大阪府、絞首刑、シンガポール・チャンギ（イギリス軍）「をののきも悲しみもなく絞首台母の笑顔をいだきてゆかむ／風も凪ぎ雨もやみたりさわやかに朝日をあびて明日は出でなむ」（遺433P）

友野春三　三九歳、陸軍憲兵准尉、静岡県、絞首刑、シンガポール・チャンギ（イギリス軍）「父を待ついとしき児等の微笑を思ひ浮かべて吾は逝くなり／諸人よ力合せて大君を守りてぞこそ国は安けき」（遺412P）

頼恩勤（日本名・安田宗治）　三九歳、陸軍軍属（通訳）、台湾・台北州、絞首刑、シンガポール・チャンギ（イギリス軍）「私ガ其クノ如キ運命ニナリマシタノモ全ク公務上ニ於ケル責任ノ犠牲トナツタノデス。母様ヤ兄様ヤ妻子ヲ残シテ死ンデ行クノハ止ムヲ得ナイ。ソノ点ドウカヨク理解シテ万事アキラメテ下サイ　昭和二十一年五月二十二日夜十二時」（遺437P）

二四日（金）

吉村役雄　三〇歳、陸軍憲兵軍曹、徳島県、絞首刑、マレーシア・タイピン（イギリス軍）「囚内友去夜沈々　限無悲愁亦々侵　無実罪死罪刑　執行愈々近成　何故郷偲乎　男児一度郷関出　父母想謝我罪　三十年益無為国　再山下大将許馳　七生報国至誠」（遺327P）

松岡八郎右衛門　三一歳、陸軍憲兵曹長、埼玉県、絞首刑、シンガポール・チャンギ（イギリス軍）「今は唯心一つに錦着て人より急ぐ死出の山路　昭和二十一年五月二十四

日　さよなら」（遺420P）

二六日（日）

尾崎一雄　三二歳、陸軍軍曹、東京都、絞首刑、パプアニューギニア・ラバウル（オーストラリア軍）「散ればとて二度び咲かん山桜花」（遺544P）

二八日（火）

大坪光貞　二九歳、陸軍主計中尉、兵庫県、事故死（死刑で拘置中）、パプアニューギニア・ラバウル（オーストラリア軍）「人生の目的は真善美の探求にあり（三日前に同囚の片山日出雄海軍大尉との語らいで）」（資Ⅱ61P）

浅井健一　三二歳、海軍軍属、高知県、絞首刑、シンガポール・チャンギ（イギリス軍）「国の為思へばいとど死もかるくわれチャンギーの露と消えなむ」（遺346P）

内田　実　二八歳、海軍主計少佐、東京都、絞首刑、シンガポール・チャンギ（イギリス軍）「日の本へ赴《ゆ》くや燕《つばくろ》五月晴」（遺422P）

金子　稔　二八歳、海軍上等機関兵曹、福岡県、絞首刑、シンガポール・チャンギ（イギリス軍）「国の為犯せし罪に果つる身の心つぎてよ残るはらから／果つる身と覚悟はすでに出来たれど親を思へば未練絶えなし」（遺361P）

島崎繁一　四五歳、海軍大佐、山口県、絞首刑、シンガポール・チャンギ（イギリス軍）「身はこゝに戦のとがに果つるとも踏むべき道はたがへざりけり／人の世に強く正しくはげみてぞまことの福は得られこそすれ」（遺340P）

高吉栄蔵　海軍工員、鹿児島県、絞首刑、シンガポール・チャンギ（イギリス軍）「天

皇の御楯となりて死なむ身の心は常に楽しくありけり」（遺３４７Ｐ）

谷岡義照　五八歳、海軍中尉、香川県、絞首刑、シンガポール・チャンギ（イギリス軍）「（父母宛て）家庭の隆盛を祈る（特に慈善の業を行ふことを子孫に伝へる様にせよ）、村長、校長、吏員（役場）、親類一同に宜しく。何時までも長生で下さい。自分は先に失礼します。孝行は出来なかったが御許し下さい」（資Ⅲ13）

豊島種治（種次）　四七歳、海軍大尉、大分県、絞首刑、シンガポール・チャンギ（イギリス軍）「嵐去り散り行く花の無念さよ」（遺３３８Ｐ）

鶴田壮市（惣一）　四〇歳、海軍少尉、鹿児島県、絞首刑、シンガポール・チャンギ（イギリス軍）「正しく強く朗かに　生くる海のつはものらが　白雲乱るる南溟に　花咲く祖国を偲びつつ死につかん　噫祖国よ妻よ子よ親類の皆様　左様奈良　左様奈良」（遺４０６Ｐ）

三〇日（木）

中国軍が南京軍事裁判法廷を開廷

三一日（金）

田中錬次　三四歳、海軍上等兵曹、佐賀県、自決（死刑判決を受けた当日）、シンガポール・チャンギ（イギリス軍）「（妹宛て）一同無事なりや。（略）其のうち内地の土も踏めるだろう。親類の方々へよろしく」（二月七日、シンガポールの陸軍病院から）（自２０６Ｐ）

豊永綱雄　陸軍憲兵中佐、愛媛県、絞首刑、フィリピン・マニラ（アメリカ軍）

鶴山袈裟太郎　三四歳、陸軍憲兵大尉、熊本県、絞首刑、フィリピン・マニラ（アメリカ軍）

森本　勇　陸軍憲兵中佐、山口県、絞首刑、フィリピン・マニラ（アメリカ軍）

向井加賀次郎　四二歳、海軍少尉、大阪府、絞首刑、フィリピン・マニラ（アメリカ軍）

「（義父母宛て）自分は既に死刑になっているので中隊長だけでも助けてあげたいと思って上官たる中隊長の命令であったけれども、自分の判断で此の事件は決行したと一切の罪を自分で負いましたので、中隊長は死刑を免かれ有期懲役となりました。私は死の判決を受けても大勢の部下と上官の命を救う事が出来て自分は立派に国家の御奉公が出来たと思っています」（㊣590P）

六月

五日（水）

真殿　篤　二六歳、海軍大尉、福岡県、不慮死（未決で拘置中、逃亡し射殺される）、インドネシア・バリックパパン（オランダ軍）

六日（木）

上田　貢　陸軍憲兵軍曹、石川県／富山県、絞首刑、フィリピン・マニラ（アメリカ軍）

奥田福徳　二七歳、陸軍少尉、大分県、銃殺刑、フィリピン・マニラ（アメリカ軍）

「（母宛て）戦友を救ひ犠牲者として往生する身は亦楽しからずや。物事は総て運命です。床中死あり、激戦に死あり、病に死あり、歩行に死あり、現在の強要死あり、総ては運命！　銃殺の日近きを思う。何等恥じる所なし」（㊣606P）

吉岡　信　三五歳、陸軍大尉、山口県、絞首刑、フィリピン・マニラ（アメリカ軍）「武

士の道に殉ぜし桜花散りゆく今日を何か憂へむ／散り逝きし落ち葉は枝に帰らねど我が魂は父母の御許に」（遺589P）

内藤鉄男　陸軍軍属、広島県／沖縄県、絞首刑、フィリピン・マニラ（アメリカ軍）

一四日（金）

上原善一　三一歳、陸軍少佐、茨城県、絞首刑、フィリピン・マニラ（アメリカ軍）「すめらぎの彌栄祈り潔よく武士の道に我は散り行く／今更に何をか云はんほととぎす血を吐く声は知る人ぞ知る」（遺599P）

大野　肇　陸軍大尉、北海道／青森県、絞首刑、フィリピン・マニラ（アメリカ軍）「戦友等眠る南呂宋にわれ散るも七度生れて神州を起さむ／大八洲すさぶ嵐に散る桜花春めぐりなば清く咲くらむ」（遺587P）

杉本正徳（輸徳）　三二歳、陸軍曹長、大分県、絞首刑、フィリピン・マニラ（アメリカ軍）

村田政義　二九歳、陸軍伍長、大分県、絞首刑、フィリピン・マニラ（アメリカ軍）「（母宛て）決してお悔み下さいますな。此の政義に全く覚えなき罪で不当なる比島人の嘘言によつて果敢ない運命になりました。でも何時かは必ず不当なる罪であったという事を世の人々に知って戴ける事と確信しています」（遺606P）

一五日（土）

中国軍が徐州軍事裁判法廷を開廷

一八日（火）

極東国際軍事裁判所のキーナン首席検事（アメリカ）が天皇を戦争犯罪人として訴追しないと言明

粟国良助　三〇代、海軍機関兵長、沖縄県、絞首刑、シンガポール・チャンギ（イギリス軍）
「（叔父宛て）自分は皇国の為に立派に働いて死んで行くのでありますから悲報が届いても決して力落しのない様、又個人的の破廉恥罪で刑を受けたのではない事だけは、どうか確信して頂きたいと思います」（遺344P）

上木原進　二九歳、陸軍憲兵曹長、鹿児島県、絞首刑、シンガポール・チャンギ（イギリス軍）「（両親宛て）今度御国の人柱となって立派に死んで参ります。個人的な犯罪等で家門を恥かしめる様な事はしておりませんから其点安心して戴きたい」（遺336P）

下村友平　三〇歳、陸軍憲兵曹長、三重県、絞首刑、シンガポール・チャンギ（イギリス軍）
「（両親宛て）此ノ度ハ仕事ノコトデ責任ヲ負ッテ御国ノ人柱トナッテ死ンデ参リマス。一家ノ不名誉トナル様ナ個人的犯罪ヲ犯シテ刑ヲ受ケタノデハアリマセンカラ立派ニ覚悟モ出来、安心シテ笑ッテ死ンデ行ケマス」（遺331P）

高柳義信　三三歳、海軍一等兵曹、茨城県、絞首刑、シンガポール・チャンギ（イギリス軍）
「（二人のわが子宛て）父はお国の為に立派に御奉公して死んで参ります。嘆かずに大きな気持ちを持って立派に育って下さい。そして父の分迄祖父母様に孝養をつくして下さい。父はいつもお前達の立派になるのを見て居ります」（資Ⅲ13）

原　鼎三　五五歳、海軍中将、東京都、絞首刑、シンガポール・チャンギ（イギリス軍）

一九日（水）

「胸中敢て神明に恥じる処なく従容として死に就く安心あれ。悲しむこと勿れ。唯戦犯の判決を受け犠牲となりし部下将兵に対し申訳なく断腸の思ひ転た切なるものあると共に祖国の再建を深く祈念するのみ。（略）『生死一如』の心境なり」（遺361P）

松本光司　陸軍憲兵軍曹、京都府、絞首刑、シンガポール・チャンギ（イギリス軍）「（両親宛て）今度は色々な事件の責任を負って死んで参りますが個人的の破廉恥な事をして死んで行くのではありませんから安心して笑って行けますのが、うれしく思われます。只御両親様に何一つ孝養も尽さず参ります事が心残りでございます」（遺351P）

山口阿久利　陸軍憲兵少尉、神奈川県、絞首刑、シンガポール・チャンギ（イギリス軍）「（母宛て）長イ間憲兵ヲシテ居テシンガポール入城以来行動シ此ノ度敗戦ノ結果色々ナ事情デ部下ト共ニ総テノ責任ヲ負ツテ喜ンデ死ンデ参リマスカラ母様モ嘆カナイデ強ク生キテ行ツテ下サイ」（資Ⅲ13）

山口春男　二二歳、海軍二等兵曹、長崎県、絞首刑、シンガポール・チャンギ（イギリス軍）「月の色幾年たてど変りなし今宵の月を母も見るらん／椰子茂る南の土と我はなる歩みし道は人ぞ知るらん」（遺326P）

藤田（旧姓上野）正治　三七歳、陸軍憲兵大尉、滋賀県／三重県、絞首刑、ミヤンマー・ラングーン（イギリス軍）「（妻子宛て）『瓦となりて全きを保せず　玉となりて砕けた（筆者注・玉砕の意）』私の意志をよく理解して今後の努力を続けて貰いたい。努力は何時かは報いらるるであろう。又正義は何ものをも貫くであろう。今暗黒の日本にも何時かは明るい光明がさすであろう。二人の健康と奮闘を祈って筆を擱く」（遺285P）

二〇日（木）

安部（阿部） 渡　陸軍兵長、大分県、絞首刑、フィリピン・マニラ（アメリカ軍）「（伝言）私は御国のために充分奮闘致しました。私は日本の軍人です。潔く此の世を去って逝きます。皆さんには色々とお世話になりました。一足先に日本に帰ります」（遺595P）

川野幸雄（行雄）　二七歳、陸軍上等兵、大分県、絞首刑、フィリピン・マニラ（アメリカ軍）「（妻宛て）自分は全く無実の罪なれど、比島人より宣言されたので、日本の軍人として男らしく死ぬ。子供の事はくれぐれも頼む」（遺598P）

川辺久雄　二六歳、陸軍伍長、大分県、絞首刑、フィリピン・マニラ（アメリカ軍）「去り行く我が身いとはねど老いたる父母は今如何にとぞ」（遺611P）

増山正士　陸軍兵長、大分県、絞首刑、フィリピン・マニラ（アメリカ軍）

二一日（金）

長谷川順栄　二八歳、陸軍曹長、富山県、絞首刑、パプアニューギニア・ラバウル（オーストラリア軍）「（両親宛て）一足先に参ります。なんの報恩も致さず残念ですがしかし今迄に自分に与へられた任務たる報国、これだけは完全以上に果した心算です。而して吾々には之れ以上の栄誉がないのですから自分として満足です。人間として成るもの総てを成して去る、今更何も語る事もありません」（遺524P）

二二日（土）

石山熊吉　陸軍伍長、新潟県、絞首刑、パプアニューギニア・ラバウル（オーストラリア軍）「（妻宛て）私としては全くの無実だ。毫も恥じる事もありません。ただこれは終戦迄使用致しておりました印度兵の生き残りに告訴され、濠軍の一方的裁判により受けた罪であります。しかしながら死の宣告を受けた以上、何悔ゆる事もありません。死は出征の時からの覚悟でありますから、死刑台の上で笑いながら死に行く覚悟を致しております」（遺534P）

出水浪雄　三八歳、陸軍大尉、宮崎県、絞首刑、パプアニューギニア・ラバウル（オーストラリア軍）「今日よりは花吹山（筆者注・ラバウルの火山）の主となりて永久にあげなむ敷島の意気／今日きりの生命にしあれば糞も又愛しかりけり刑死の朝」（遺543P）

沼道鶴松　四〇歳、陸軍憲兵軍曹、大阪府、絞首刑、パプアニューギニア・ラバウル（オーストラリア軍）

村井幸一　四五歳、陸軍中尉、熊本県、絞首刑、パプアニューギニア・ラバウル（オーストラリア軍）「（長男宛て）例へ夷ノ手ニ倒ルトモ之ハ戦争ノ為ニセシ事ナリ、我天ニ恥ヂザレバ死ス迄従容タリ。軍司令官閣下モ公判ニ証人トシテ立タレシモ法ノ解釈ニ相違アリ。ヤムヲ得ズ死スルニ当リ一言書キ遺ス」（遺502P）

二六日（水）

吉田茂首相が国会で「憲法九条は自衛権の発動としての戦争も交戦権も放棄」と言明

中国軍が漢口軍事裁判法廷を開廷

上野孝一　二九歳、陸軍憲兵准尉、岐阜県、絞首刑、パプアニューギニア・ラバウル（オーストラリア軍）「母を慕ひて

一．今日の我が身を恨みつつ　きらめく空を眺むれば　想は馳せる故郷へ　いとしき母は今何処

二．老いたる母や妹と　例へ四方に別れても　想は届け何処までも　何時も変らぬ十字星

三．荒波千里続くとも　母の乳房にすがりつつ　強く生きます明日も又　今宵も聞ゆる子守唄」（㊈518P）

白木仁一　二七歳、陸軍憲兵曹長、北海道、絞首刑、パプアニューギニア・ラバウル（オーストラリア軍）「祖国を思ふ心に二つはよもあらじ戦終りて囚はれし身も／奥山に人知れず咲く山桜眺むる人なく今ぞ散り行く」（㊈498P）

樫木直次　四九歳、陸軍工兵大尉、大阪府／兵庫県、絞首刑、パプアニューギニア・ラバウル（オーストラリア軍）「（伝言）貴君も何日の日にか無事内地の土を踏む事が出来たら、今日の私の有りのままの姿を妻子につたへてくれ。ただ残念なのは戦犯の妻として、子として内地にのこした妻子が不憫でならない。今の私としては愛する部下と共に南海の地に骨を埋むる事を最大の喜びと思っています」（㊈522P）

前田美心（一美）　二六歳、陸軍衛生兵長、埼玉県出身、絞首刑、パプアニューギニア・

ラバウル（オーストラリア軍）

松本次二　陸軍憲兵准尉、兵庫県、絞首刑、パプアニューギニア・ラバウル（オーストラリア軍）「（絶筆）全く夢のような判決なので本当の気分になれませんが、夢のような中にこの世を去ります。しかし今は豪州軍による国際的判決、国家の犠牲として決然堂々と絞首台に上がり最期を遂げます」（資Ⅰ）

永翁秀雄　四一歳、海軍上等兵曹、福岡県、絞首刑、シンガポール・チャンギ（イギリス軍）「（三人の子ども宛て）父は天皇陛下の命により、南西方面の最前線で前後四ケ年御奉公して参りました。そして立派な功績をあげたのですが敗戦の結果戦犯者となりました。決して嘆かず、朗かに大きくなって下さい。お母さんへの孝養は勿論のこと立派に成人して人に笑われぬ様にして下さい」（遺390P）

小崎福一　四五歳、海軍上等兵曹、愛媛県、絞首刑、シンガポール・チャンギ（イギリス軍）「国の為身は南海に沈むとも霊は永遠に大和国を守らむ」（遺384P）

多田美好　三三歳、海軍二等機関兵曹、岐阜県、絞首刑、シンガポール・チャンギ（イギリス軍）「（母宛て）判決のあります前夜お母さんにおぶって頂いて川を渡った夢を見ました。私は随分仕合せでした。何もかも唯なつかしく凡て夢の様です。親思ふ心にまさる親心今日の訪れ如何にきくらん」（遺421P）

中野忠二（忠治）　海軍上等機関兵曹、愛媛県、絞首刑、シンガポール・チャンギ（イギリス軍）「（息子宛て）父は去り行くとも決して淋しく思うな。又悪事で刑を処せられたのでない。父達の事が必ず世に現われる時が来るから人々に恥づる事なく一生懸命勉強して成功して下さい」（㊟345P）

橋田　進　海軍嘱託、東京都／広島県、絞首刑、シンガポール・チャンギ（イギリス軍）「お国のために働いてかくなった上は思い残すことなく笑って死んで行きます。何も頼りになれなかった事をお詫びする」（㊟347P）

三橋又一　四五歳、海軍司政官、北海道／青森県、絞首刑、シンガポール・チャンギ（イギリス軍）「（長男宛て）私は国家に御奉公してこの世を去って行きます。しかし良心に恥じる所なし。私は去年十月以来毎晩夢を見て内地に帰っております。お前の所に何回も行きました。（略）私は南方に於て身を国家に挺して働く事は当然の事であり結果に付いては言うべき時でない」（㊟419P）

二七日（木）

酒井　隆　陸軍衛生伍長、福島県／東京都、絞首刑、パプアニューギニア・ラバウル（オーストラリア軍）「豪州は戦犯者の員数を揃へ様としているのだ。（略）日本人の誰かが犠牲にならなければならないのだ。私は員数で処刑されるのだ、とお考えになって御覧なさい。すると不思議に気は軽くなり、口笛でも吹いて死のうという気になりますから」（㊟738P）

高井一義　二九歳、陸軍伍長、徳島県、絞首刑、パプアニューギニア・ラバウル（オー

ストラリア軍）「無実の罪なり」（㊟539P）

潘進添（日本名・米田進）　陸軍軍属、台湾・台北州、絞首刑、パプアニューギニア・ラバウル（オーストラリア軍）

松岡洋右　六六歳、外交官（元外相）、東京都／山口県、病死（未決で拘置中）、東京・巣鴨（連合国軍）

七月一一日（木）

合田　豊　海軍兵曹長、香川県、絞首刑、シンガポール・チャンギ（イギリス軍）「皇神のまことの道をかしこみて思ひつゝ行く思ひつゝ行く」（㊟322P）

小島武治（武晴）　三五歳、海軍軍属、神奈川県、絞首刑、シンガポール・チャンギ（イギリス軍）「（五人の子ども宛て）父はお国のために働いて今日敗戦と言う大変事の中に戦犯人として死んで参ります。お前達は姉弟仲良く母に孝養をつくし勉強して役立つ人になって下さい。父はお前達を必ず見守っているから悲しがらず安心して大きくなって下さい」（㊟346P）

桜田辰五郎　四二歳、海軍軍属、東京都／千葉県、絞首刑、シンガポール・チャンギ（イギリス軍）「（妻宛て）此度の件お国のためにした事ではあるが敗戦といふ生々しい事実によってお前の今後は益々棘の道が続くことでせう。でも強い信念を以って生き

抜いて下さい」（㊮Ⅲ13）

辻尾茂夫　二九歳、陸軍憲兵曹長、大阪府、絞首刑、シンガポール・チャンギ（イギリス軍）

「今宵限りの命とも知らで故郷の人々は如何に吾を待つらん　昨日二上り今日三下り（筆者注・三味線の調子のこと）是が浮世の本調子（刑死前夜）」（㊒434P）

角田春三　四二歳、陸軍憲兵中佐、京都府、絞首刑、シンガポール・チャンギ（イギリス軍）「家族一同　凡て是れ運命なりと諦むること　徒らに嘆き悲しむは遺志にあらず。（妻に）今後三人の子女の母として万難を排し其の成育に精進せよ。子女は官吏、政治家となすを避け成るべく実業等の方面に進ましむること。（子に）父亡き後は母を助け三人力を協せあらゆる艱難に打ち克ち家運の再興をはかれ。長ずるに及びても母への孝養相互の協力を怠ること勿れ。父は死すとも永遠に三人を護らん」（㊒331P）

寺田隆夫（隆男）　陸軍憲兵曹長、和歌山県、絞首刑、シンガポール・チャンギ（イギリス軍）

「戦争犯罪人として『チャンギー』の露と消えますが、自分は帝国軍人として何等やましい事をしたわけでなく世間に対しても恥しいと思う様な事は少しもないからどうか此点だけは安心していて下さい」（㊒343P）

野沢藤一　四〇歳、陸軍憲兵軍曹、栃木県、絞首刑、シンガポール・チャンギ（イギリス軍）「（三人の子ども宛て）父はお国のために死んで参ります。今にそのわけは分かる事になりましょう。悲しむ事なくお母さんの言う事を聞いて立派な人になって下

さい。国のため散る我身はいとわねど心残りは父母妻子の行末」（㊣411P）

福本幸男　二五歳、海軍二等兵曹、熊本県、絞首刑、シンガポール・チャンギ（イギリス軍）

「みはたとへ異国の土にきゆるとも残し置くぞ大和魂」（㊣387P）

毛内但守　二九歳、陸軍憲兵准尉、青森県、絞首刑、シンガポール・チャンギ（イギリス軍）

「身はたとへいくさの罪に果つるとも永久に守らむ吾が妻子等を」（㊣418P）

三浦光義　四〇歳、海軍上等兵曹、高知県、絞首刑、シンガポール・チャンギ（イギリス軍）

「天と地を隔つと言へど御身達の指針となりて我れ進まなん」（㊣327P）

森田庄蔵　陸軍憲兵曹長、鳥取県、絞首刑、シンガポール・チャンギ（イギリス軍）「（父宛て）今度ははからずも死刑の宣告を受けましたが御国の為、職務の為に骨折った結果こんな事になってしまったのですから、自分として少しもやましい点はありません。家の名誉も決してけがしておりません事をお誓いします。軍人として立派に死んで参ります故安心して下さい」（㊣344P）

一二日（金）

牧薗益男　陸軍憲兵曹長、鹿児島県、絞首刑、シンガポール・チャンギ（イギリス軍）

「長い間色々お世話になった。こんどの事は職務上の玉砕である」（㊣337P）

中国の国民党軍が解放区に攻撃開始、国共内戦が再開

一五日（月）

上浦　厚　海軍兵曹長、鹿児島県、病死（未決で拘置中）、インドネシア・メナド（オランダ軍）

市川清義　二七歳、陸軍少佐、福島県、絞首刑、ミヤンマー・ラングーン（イギリス軍）「（父宛て）多数の部下達の戦死せし戦場に当然散るべき身なりと諦め被下度候。元より我々の行動たる死生を超越し自らを捨て戦争目的達成の為に邁進したる事に有之、何等恥づる所無之候」（遺302P）

田島一郎　陸軍中尉、群馬県／東京都、銃殺刑、ミヤンマー・ラングーン（イギリス軍）「吾々は最終の世界を作り出す為に、犠牲となる事に吝であってはならない。否寧ろその神聖なる勤めを喜ばねばならない。（略）この大いなる歩みの為に散るこそ悠久に生きる事であるのだ」（遺741P）

緑川　寿　二九歳、陸軍大尉、栃木県、銃殺刑、ミヤンマー・ラングーン（イギリス軍）「お父様がよくおっしゃられた武運長く御奉公するのが最上の忠節ぢや、しかし散るべき秋は潔く散りなされ、死生一如たるを知れ、その鉄則に添うてやり得た事を寿は満足に思っております」（遺297P）

柳沢　泉　二七歳、陸軍大尉、長野県、銃殺刑、ミヤンマー・ラングーン（イギリス軍）

小野　哲　二五歳、陸軍大尉、佐賀県、絞首刑、フィリピン・マニラ（アメリカ軍）「今日よりは生れかわりてすめぐに（筆者注・皇国の意味）にかへり尽せることぞ嬉しき」（遺571P）

一七日（水）

田布尾近則（近徳）　陸軍軍曹、鹿児島県、絞首刑、フィリピン・マニラ（アメリカ軍）

林金龍（日本名・林金隆）　陸軍軍属（俘虜監視員）、台湾・台中市、絞首刑、フィリピン・マニラ（アメリカ軍）「大君に生命捧ぐるは　もとより台湾青年の道なり　いやしくも屍を野戦に散らすは　台湾青年の常なり　我は大日本帝国の為に　犠牲となりて天国へ行く」（遺５８７Ｐ）

藤重正従　陸軍大佐、愛媛県／兵庫県、絞首刑、フィリピン・マニラ（アメリカ軍）

相沢治索　三一歳、陸軍軍曹、山梨県／静岡県、絞首刑、パプアニューギニア・ラバウル（オーストラリア軍）「（両親宛て）自分でもこんな運命になるとは思われなかったのです。でも神様のお招きに依り昇天する事が出来ることを喜んでおります。（略）（妻と子を）どうかお願い致します。（息子は）一度も見ぬ父が戦犯者としてラバウルで死刑になったと聞いたら、さぞ恨むことと思いますが私利私欲でやったのではない故どうか許してくれるよう話して下さい。ではお別れ致します」（遺４９２Ｐ）

陳銘志／銘智（日本名・木代原／清原武雄）　二三歳、陸軍軍属・台湾奉公団員、台湾・高雄州、絞首刑、パプアニューギニア・ラバウル（オーストラリア軍）

林發伊（日本名・林一）　二七歳、陸軍軍属・台湾奉公団員、台湾・高雄州、絞首刑、パプアニューギニア・ラバウル（オーストラリア軍）

波多三郎　陸軍曹長、兵庫県、絞首刑、パプアニューギニア・ラバウル（オーストラリア軍）

松島藤三郎　陸軍曹長、東京都、絞首刑、パプアニューギニア・ラバウル（オースト

ラリア軍）

一八日（木）

長安　守　陸軍警部、山口県／福岡県、絞首刑、マレーシア・タイピン（イギリス軍）

一九日（金）

青木光雄　二九歳、陸軍伍長、栃木県、絞首刑、パプアニューギニア・ラバウル（オーストラリア軍）「確認後根切れの花によく似たり次第次第に枯れつ散りゆく」（(遺)545P、㊮I）

岸　良作　二九歳、陸軍軍曹、東京都、絞首刑、パプアニューギニア・ラバウル（オーストラリア軍）「永遠にたゝるる事なき　生命をば　うくる感喜の　身にあふれて白壁の窓に眺むる　大空に　ちぎれし白雲の　北に流るるを」（(遺)536P）

二〇日（土）

中国軍が瀋陽軍事裁判法廷を開廷

磯田　巌　民間人（昭和通商社員）、病死（無罪で拘置中）、中国・漢口（中国軍）

二七日（土）

相川清七　三四歳、海軍嘱託、青森県、病死（未決で拘置中）、中国・広東（中国軍）「（伝言）これまで八年間、国の為に一生けんめい尽して来たのに敗戦の為にこんな目に遭い、死んで行くのは遺憾だ」（(遺)62P）

三〇日（火）

岸　保夫　三二歳、陸軍中尉、岡山県、絞首刑、中国・香港（イギリス軍）

松本長三郎　二七歳、陸軍中尉、東京都、絞首刑、中国・香港（イギリス軍）「（伝言　母を偲びて）戦犯の汚名をきて死するのであったら過ぐる戦闘に戦死していたらどんなに母が喜んでくれたろう。誠に申訳ない、不孝をして済まなかった」（(遺)466P）

内村貞雄　海軍・工員、大分県、絞首刑、シンガポール・チャンギ（イギリス軍）「振りかへり恥ずることとなし捨小舟水の流れにそひし身には」（遺341P）

金栄柱／英柱（日本名・金城健之）　二九歳、陸軍軍属（俘虜監視員）、朝鮮・慶尚南道、絞首刑、シンガポール・チャンギ（イギリス軍）「大変動の悲運に遭遇して過去を顧み、立派な人間になって最後の道に進みます。長い間色々とお世話になりましたばかりで、親孝行一つせず死んで参りますことを深くお詫び致します。（略）人間的に間違っていた私の行為に就て、私は責任を負って死んで行きます」（遺436P）

久保木登　四〇歳、海軍軍属、千葉県、絞首刑、シンガポール・チャンギ（イギリス軍）「（母宛て）長い間色々お世話になりました。何一つ孝養も尽さず此度任務の為とは言え戦犯人として先立つ事をお詫びの申し様もありません。事件は唯敗戦という事が総てを決定したので私事で家内の恥になる様なことは決してしておりませんから御安心下さい」（遺342P）

黒沢貞男　二八歳、陸軍伍長、埼玉県、絞首刑、シンガポール・チャンギ（イギリス軍）「常夏の海はろばろと聞きませば大和島根の父母痛まむ」（遺349P）

沢根初太郎　海軍工員、東京都、絞首刑、シンガポール・チャンギ（イギリス軍）「煩悩の絆を断ちてひたすらにわが魂は祖国守らむ」（遺339P）

高崎信治　三六歳、陸軍大尉、富山県、絞首刑、シンガポール・チャンギ（イギリス軍）

「種々の事情は其の内逐次相伝へられることでせう。御安心下さい。天知り、人知り、我もまた知る」（㊮Ⅲ13）

中山春美　三七歳、海軍上等兵曹、福岡県、絞首刑、シンガポール・チャンギ（イギリス軍）「（四人の子ども宛て）次の事は父の言葉として終生忘れずに座右銘とせよ。一、友には信を以て交はれ。二、目下の者には仁を以て愛せよ／七度生まかへりて努めなん君と国との役に立つ迄」（㊮406P）

橋本　稔　陸軍主計中尉、東京都、絞首刑、シンガポール・チャンギ（イギリス軍）「天に愧ぢず　親に背かず　今笑って死地につきます」（㊮Ⅲ11）

藤江武雄（竹夫）　三四歳、海軍上等兵曹、愛媛県、絞首刑、シンガポール・チャンギ（イギリス軍）「（両親宛て）此の度の件に就きましては帝国軍人として当然為すべきと信じたことをしたのであり何等人道に恥づべき行為をしたのではありません。敗戦という大変動の一結果として斯うなったのですから少しも悔いる所なく軍人として正々堂々死地に就きます」（㊮389P）

同月中　**大久保国秀**　海軍兵曹長、病死（未決で拘置中）、インドネシア・マカッサル（オランダ軍）

八月

一日（木）　**油谷佐二郎／佑二郎**　陸軍憲兵中佐、石川県、銃殺刑、パプアニューギニア・ラバウ

ル（オーストラリア軍）

加藤栄吉　四八歳、海軍大佐、宮城県、銃殺刑、パプアニューギニア・ラバウル（オーストラリア軍）「（妻宛て）小生ハ既ニ戦場ニ於テ戦死シタト思ッテ万事ヲ処理シテ呉レ。然シ小生ガ戦争犯罪者ダカラト言ッテ御許等ハ何等恥ヂルコトハナイ。小生ハ公明正大俯仰天地恥カシカラザルモノデアル」（遺525P）

小林正太郎　三〇歳、陸軍軍曹、神奈川県、絞首刑、パプアニューギニア・ラバウル（オーストラリア軍）

柴田秀雄　陸軍衛生兵長、愛知県、絞首刑、パプアニューギニア・ラバウル（オーストラリア軍）「（絶筆）今小林軍曹がジープに乗った。今絞首台上に居るであろうか。天国に行きしか？　軍医、曹長の無罪を祈る」（遺545P）

中村森之　陸軍大尉、東京都／茨城県、絞首刑、パプアニューギニア・ラバウル（オーストラリア軍）「（妻と子に）健在にて責任を果されんことに傾注し、特に子供等を立派に養育することを頼むものである。（略）お前等は亡き父の意を体して温き母の手となり足となって家業に営業に一意励まれ、強き堅き心身を鍛へられ将来の希望に燃えて立派な日本人となるべく努め、親に安心を与える最大の義務あることを忘れてはならんものである。尚今後に於ける諸事は国家として指導してくれることと思う」（遺512P）

二日（金）

福原昌造　陸軍中尉、広島県、絞首刑、パプアニューギニア・ラバウル（オーストラリア軍）「（恋人宛て）あの月が落ち夜が明ければ俺は天国に召されるのだ。其処は何の束縛も無い自由の天地だ。許してくれ。俺は君と逢う日を天国に待っている。そうだ、君が便りに秘めて贈りし人形を胸に抱いて又逢う日まで。又逢う日まで」（遺526P）

馬渡国義　三〇歳、陸軍軍曹、宮崎県、絞首刑、パプアニューギニア・ラバウル（オーストラリア軍）「君がため散りて甲斐ある若桜永久に散らすな八重桜花／椰子の根に此の身埋むるはいとはねど心に残るは故郷の父母」（遺543P）

三日（土）

大貫保男　二九歳、陸軍憲兵軍曹、茨城県、絞首刑、マレーシア・アロールスター（イギリス軍）「命日、昭和二十一年八月二日午前七時　後数時間自決する覚悟でおりますが平常の心と変りありません。最後迄無罪を確信しあり。下士官で国家の犯罪を背負った私ですから褒めて下さい。戦死と同一と考えております」（遺393P）

伊藤嘉三郎　四一歳、陸軍憲兵准尉、福島県、絞首刑、マレーシア・アロールスター（イギリス軍）

五日（月）

オランダ軍がインドネシアにバタビア軍事裁判法廷を開廷

九日（金）

福原　勲　三〇歳、陸軍大尉、島根県、絞首刑、東京・巣鴨（アメリカ軍）「朝風になびくを見度し彼の土より平和日本の日の丸の旗」（遺666P）

一〇日（土）

大友酉蔵　海軍中尉、北海道／秋田県、絞首刑、パプアニューギニア・ラバウル（オー

ストラリア軍）

坂本忠次郎　三七歳、海軍中尉、埼玉県、絞首刑、パプアニューギニア・ラバウル（オーストラリア軍）「自分としては軍人として指揮官の命令を忠実に実行しただけで何等やましい所もなく罪のないものと信じていたのですが、豪軍の一方的裁判でどうすることも出来ないのです。これも敗戦のしからしむる所で、あきらめるより仕方ありません。けれどこのかたきは七度生れ代っても必ずうたなければなりません。人間一度は死ぬものでいつ死んでもいいやうなものの不当裁判によって死ぬことはくやしく思います。なお御両親初め一家の者が世間から変った眼で見られはしないかとそれが一番心配です」（遺520Ｐ）

佐久間　彌　四三歳、海軍大尉、福島県、絞首刑、パプアニューギニア・ラバウル（オーストラリア軍）「（子ども宛て）絶対ニ私利私欲ヲ図リタルモノニ非ズ。天地神明ニ誓ヒ毫末モ恥ヅル所無シ。喜ンデ国家ニ殉ズルモノナリ。此点汝等モ安心シテ可ナリ。此ノ期ニ臨ミ何等云ウベキ事ナシ」（遺529Ｐ）

中山洋臣　二九歳、海軍少佐、広島県、絞首刑、パプアニューギニア・ラバウル（オーストラリア軍）「（絶筆）死は全ての絶滅であると考えるのは間違い　死んでも個性が残ると考えるのも間違い　死とは我が魂と宇宙との一体化なり」（遺523Ｐ）

矢島栄一　四三歳、海軍中尉、兵庫県、絞首刑、パプアニューギニア・ラバウル（オーストラリア軍）「私の犯した罪は決してまちがった心からした事でない。皆御国の為にした事です。私の犯せし罪は神も仏もゆるして下さる事と思ひます」（遺512P）

イギリス軍がマレーシアにジョホールバル軍事裁判法廷を開廷

一二日（月）

吉村甲子郎　四九歳、海軍少佐、鹿児島県／広島県、自決（未決で拘置中）、インドネシア・バリックパパン（オランダ軍）「遥拝　聖寿の万歳を祈り　笑みを含んで自決す」（遺173P、自142P）

一三日（火）

池葉東馬　四九歳、陸軍大尉、栃木県、自決（死刑執行の日。公的記録には絞首刑されたとある）、パプアニューギニア・ラバウル（オーストラリア軍）「予ハ豪軍ノ手ニ依リテ死スルヲ欲セズ。何ントナレバ予ハ飽マデ無罪ヲ確信スレバナリ。（略）予ハ一方的不合理ナル裁判ノ判決ニ対シ鮮血ヲ以テ抗議スルモノナリ。是ノ鮮血ハ何レノ日カ必ズ償ハルベキコトヲ信ジテ疑ハズ」（遺547P、自143P）

上峠幸之助　四〇歳、陸軍主計中尉、和歌山県、絞首刑、パプアニューギニア・ラバウル（オーストラリア軍）「軽き身に重き罪を負はされて吾は散り逝く紀伊の防人／十八年皇国に仕へ来て今日ぞ行くらむ御仏の国」（遺503P）

片桐　理　三〇歳、陸軍中尉、新潟県、絞首刑、パプアニューギニア・ラバウル（オーストラリア軍）「（オーストラリア軍収容所長宛て）私は絶対無罪を確信しております。私は日本軍の将校として多数の部下を失った責任を果すべく悠々死んで行きたいと思います。何等悔ゆるところはありませぬ。我々の気持は何時か貴官にも分っていただく時が来ると思います。重ねてお願い致しますが多くの気の毒な我同胞に対し貴官のお恵みの深からん事を」（㊤504P）

弘中照麿　陸軍中尉、山口県／奈良県、絞首刑、パプアニューギニア・ラバウル（オーストラリア軍）「（オーストラリア政府確認当局宛て）今次ノ戦争ハ一ニ日本ノ責任トナス連合国側ノ見解ハ誤レリ。闘争ハ必ズ因アリテ生ズ。其ノ責ハ両者ニ在リ。一方ヲ善トナシ一方ヲ悪トナス能ハズ。（略）敗レシ者、常ニ敗者ニ非ズ。他ヲ裁ク者ハソモ亦裁カルベシ。日本民族ノ存スル限リ、斯クモ死ニ臨ミテ従容トシテ動カザルモノアル限リ、日本ハ亡ビズ。日本ハ地球上ヨリ永遠ニ抹殺サレルモノニ非ズ。心セラレヨ。因果ハ必ズ輪廻ス」（㊮Ⅰ）

宮坂伝治　四五歳、海軍大尉、長野県、絞首刑、パプアニューギニア・ラバウル（オーストラリア軍）「（家族宛て）私ノ事件ハ日本ノ公判ナレバ無罪トナル様ナ事デ皆ガ世上ノ人ニ肩身ノセマイ思ヒヲスル様ナ事デ無イカラ此ノ点心配シテ下サイマスナ。デハサヨウナラ」（㊤514P）

一五日（木）

海老根七之助　三八歳、陸軍憲兵曹長、茨城県、絞首刑、パプアニューギニア・ラバウル（オーストラリア軍）「（兄宛て）いよいよ来るべき時が来ました。本十五日午前九時三十分を期して執行されますが、日本の武士として堂々とラバウルの地にて永遠に静かに眠って参ります。死は固より覚悟の上、総ては運命とあきらめて下さい。（略）二人の幸福を草葉の蔭にてお祈り申上ます。後二時間にて執行されます。死直前なるが故これにて失礼致します。御健康を草葉の蔭にてお祈り致します。サヨウナラ」（㊚537P）

坂田二郎（次郎） 海軍大尉、兵庫県／岡山県、絞首刑、パプアニューギニア・ラバウル（オーストラリア軍）「聖戦に散りて逝きたる懐しの戦友を慕ひて吾は逝くなり」（㊚543P）

当川正範 三一歳、陸軍伍長、愛媛県、絞首刑、パプアニューギニア・ラバウル（オーストラリア軍）

茂木 基 二九歳、陸軍曹長、長野県、絞首刑、パプアニューギニア・ラバウル（オーストラリア軍）「（両親宛て）私達は現世に於て敗れ去ったのであります。しかしながら天国に於ける神の御裁きは必ず私達に勝利を与えて下さる事を信じております。それを思うと天国に行ける事がむしろ嬉しく思っております。（略）私も最後の勝利を信じて笑って死んで参ります。そして日本人の威容を彼等に見せてやります／さきもりの務果して草枕今ぞ出立つ死の旅路に」（㊚541P、㊮Ⅲ03）

原田信行 二九歳、陸軍伍長、徳島県、絞首刑、パプアニューギニア・ラバウル（オーストラリア軍）「君がため散るを惜しまぬ此の命どうせ捧げた花じゃもの」（㊚500P）

一六日（金）

佐々木三良　陸軍憲兵曹長、岩手県、絞首刑、マレーシア・イポー（イギリス軍）

豊田秋市　陸軍憲兵准尉、三重県、絞首刑、シンガポール・チャンギ（イギリス軍）「（母宛て）御恩返しもせずに先立つこと申訳ありません。御国に尽して死んで行くのも敗戦という大変事の故です。御奉公にかえ不孝の罪を何卒御許し下さい。私の魂は直き母上のお傍に参ります」（遺３４９Ｐ）

中村欽治　三六歳、陸軍軍医少佐、愛知県、絞首刑、シンガポール・チャンギ（イギリス軍）「見せばやな大和男の子の真心を生き恥知らで生きる輩に／武士は死すべきものと聞き侍る今日の出で立ちいといと嬉しき」（資Ⅲ11、資Ⅲ13）

野口秀治　三八歳、陸軍大尉、新潟県、絞首刑、シンガポール・チャンギ（イギリス軍）「（妻宛て）国のためとは言いながら長い長い棘の道を歩ませようとは何と言うかその言葉もありません。只無事に今後仕合せに暮して下さるように祈るのみです」（遺３３７Ｐ）

羽金輝世治（輝代治）　二六歳、海軍嘱託（通訳）、栃木県／東京都、絞首刑、シンガポール・チャンギ（イギリス軍）「身はたとへチャンギーの露と消ゆるとも永遠に護らん国と家とを」（遺３８８Ｐ）

久川重博　二九歳、陸軍憲兵大尉、広島県、絞首刑、シンガポール・チャンギ（イギリス軍）「（妻宛て）奇しき運命、何人か予期せん。深き因縁に結ばれし御身の行末を思えば感慨転た禁ずるを得ず。短かけれども最愛の伴侶、父母にも予にも尽して至らざるなく感謝あるのみ。万物流転、凡夫二十九年の一期、顧みて幸、豊なりと言うべし。御身には悲嘆に暮るるなく益々天性の美徳を琢磨され将来に多幸あらんことを祈念して止まず／とことはに春はめぐらむわかな草降る雪の流に解くる縁かな」（遺383P、資Ⅲ13）

松岡　勇　三三歳、海軍上等兵曹、熊本県、絞首刑、シンガポール・チャンギ（イギリス軍）

「（息子宛て）父は今死地に投ず。お前の幼な顔のみ瞼に残る。さぞかし大きくなったことだろう。父の死もやがて了解することがあろうと思う。唯父は御国の為正々堂々と懸命に働いたのです。総べて戦に敗れたことが運命であったのです。誰を怨むことなく父の志を継ぎ御国の為に立派な人になって下さい」（遺348P）

後藤大作　二八歳、海軍主計大尉、東京都、銃殺刑、パプアニューギニア・ラバウル（オーストラリア軍）「（両親宛て）私が戦犯者として処刑せられます原因は勿論個人的の性質を帯びたるものではありません。戦争というものに勝たんが為、身を国に献じた帝国軍人として上司の命に服した事が又部下に命令を下した事が惨めな敗戦の結果、戦争犯罪法なる戦勝国の為に作られたる法律に触れ、戦争犯罪者という名を附せられた迄の事です。（略）非戦闘員たる幾十万の婦女子を殺したる原子爆弾の使用、『ガダルカナル』に於ける惨殺、病院船の爆撃、連合軍の行ったこれ等の数々の違反行為はどう

一七日（土）

して罰せられないのでしょう。（略）私はたとえ豪洲が如何に出鱈目な罪を附して罰しようとも私は私の行った行為の正当なるを信じて堂々と死んで行きます／国はよし薔薇の色香に染まるとも香り忘るな山桜花」（遺483P）

高橋重信　三四歳、海軍兵曹長、栃木県、絞首刑、パプアニューギニア・ラバウル（オーストラリア軍）「（同囚宛て）今は気持も落ちつき、明朝は安心して黄泉の国に行くことができます。お蔭様で毎日楽しく暮らしましたことを厚く御礼申し上げます」（資Ⅰ）

富永五郎蔵　三三歳、海軍上等主計兵曹、東京都、絞首刑、パプアニューギニア・ラバウル（オーストラリア軍）「（同囚宛て）万貫が出来たとたんに旗の下　それ一つとばして　皆様　さようなら」（遺544P）

鳥海留雄　海軍上等機関兵曹、東京都／千葉県、絞首刑、パプアニューギニア・ラバウル（オーストラリア軍）「（同囚宛て）長キ海軍生活中、死線ヲ越エル事四回、今迄生キ、遂ニ『ラバウル』デ消エテ行キマス。戦ヒニ負ケテモ大和民族ハ負ケテハ居リマセン。只知ル者ハ神ノミデス。私ハ草葉ノ蔭ニテ其ノ日ヲ待ツテ居リマス」（遺546P）

中島　弘　三七歳、海軍少尉、長野県／宮城県、絞首刑、パプアニューギニア・ラバウル（オーストラリア軍）「（同囚宛て）皆様の御健康と御減刑を衷心より御祈り致します。お蔭様で何の思い残す事は御座いません。天国に安心して眠って行きます。では御機嫌様」（遺546P）

二一日（水）

畠山保徳　三二歳、海軍主計兵曹長、秋田県、絞首刑、パプアニューギニア・ラバウル（オーストラリア軍）「無念　絞首台の露と消ゆ　夜明けの鳥が東して鳴けば私はラバウルの土と消ゆ　威を藉れる仇の裁きや散る桜　何のその　飛ぶよ三途を花吹雪」（㊣539P）

西　嘉信　三五歳、陸軍憲兵曹長、鹿児島県、絞首刑、マレーシア・クアラルンプール（イギリス軍）「軍人《イクサビト》弾雨ニ散ルト想ヒシニ捕ハレテ逝ク我ハ悲シキ」（㊣350P）

伊藤　博　三二歳、海軍主計上等兵曹、茨城県、絞首刑、パプアニューギニア・ラバウル（オーストラリア軍）「敷島の大和島根に生れきて何惜しからん大君のため／皇国の御戦今日はならずともやがて来るらん花咲く春も」（㊣501P）

佐々木　東　四〇歳、海軍兵曹長、宮城県、絞首刑、パプアニューギニア・ラバウル（オーストラリア軍）「（妻子宛て）いよいよ私も明日絞首刑に処せられる事になりました。九ケ月の獄舎の生活で、とてもこれ以上世の中に生きているのは厭になりました。私としては死んだ方がどれだけ楽か知れないと思います。ただ後に残るお前達二人の行末の事を思う時、涙なくしてとても書けない」（㊣516P）

佐野猛男　四二歳、海軍主計上等兵曹、神奈川県／静岡県、絞首刑、パプアニューギニア・ラバウル（オーストラリア軍）「（独房の壁書き）戦の野辺に死すと覚悟せしに戦犯の汚名無念也」（㊮Ⅲ03）

二三日（金）

千葉常雄　二八歳、海軍主計上等兵曹、岩手県、絞首刑、パプアニューギニア・ラバウル（オーストラリア軍）「（同囚宛て）今は来るべきものも来、此処に入ると安心した感があります。皆様も同じ運命にある身何ともおなぐさめのし様もありません。来るものが来る迄はお体を大切になされましてお待ちあらん事をお祈り致します。短期間ではありましたが、閣下始め皆様種々ありがとう御座居ました／大和男子ト生レ生デ勉メ果セシ今　心静カニ我ハ行ク」（遺545P、資Ⅲ03）

平手嘉一　二九歳、陸軍大尉、北海道、絞首刑、東京・巣鴨（アメリカ軍）「ますらをの道にしあればひたすらに務はたして今日ぞ散りゆく／雷に送られてゆく旅路かな（八月二十二日）」（遺670P）

二五日（日）

中国軍が山東省に済南軍事裁判法廷を開廷

三〇日（金）

イギリス軍がマレーシアにペナン軍事裁判法廷を開廷

林江山（日本名・林義徳／義則）　三四歳、陸軍軍属（俘虜監視員）・台湾奉公団員、中国・廈門市、絞首刑、パプアニューギニア・ラバウル（オーストラリア軍）「御国に捧げまつらん若桜ここ『ラバウル』に今ぞ散り行く／只今、九時十分前デアリマス　天国行ノ自動車ハ参リマシタ　皆様方身体ヲ大事ニシテ下サイ　デハサヨウナラ　行ッテ参リマス　天国デ皆々様ノ健康ヲ祈リマス」（遺545P、資Ⅰ）

森　惣三郎　海軍兵曹長、香川県、病死（未決で拘置中）、インドネシア・メナド（オラ

ンダ軍）

三一日（土）

大久保政雄　陸軍大尉、広島県、絞首刑、パプアニューギニア・ラバウル（オーストラリア軍）「たとえ身は南海《みなみ》の果に果つるとも霊は帰りてみ国守らん（数分後に此処を去ろうというのに国に帰るような気がしてならぬ）」（遺542P）

佐藤彦重　三六歳（筆者注・この日が誕生日）、陸軍軍属（技手）、福島県、絞首刑、パプアニューギニア・ラバウル（オーストラリア軍）「防人にあらねど吾はみ戦さに尽せし心誰か知るらむ」（遺517P）

中村武男（武夫）　二五歳、陸軍憲兵大尉、福岡県、絞首刑、フィリピン・マニラ（アメリカ軍）「相変らず元気に楽しくこの世の終りを楽しんでいます。（略）一日も早く祖国の復興を祈っています。我々のこの死を日本人全体が有意義にされん事を熱願しています」（遺585P）

吉田徳次郎（徳二郎）　三三歳、陸軍大尉、福岡県、絞首刑、フィリピン・マニラ（アメリカ軍）「満ちてかけ晴れと曇りに変れどもとはに冴え澄む大空の月／いとし児を妻に残して征で立ちしはかなき命あわれとぞ思ふ」（遺595P）

九月

一日（日）

古性与三郎　陸軍大尉、神奈川県、死刑、中国・徐州（中国軍）

二日（月）

島　信雄　陸軍憲兵曹長、福島県、絞首刑、マレーシア・ベントン（イギリス軍）「（父宛て）本日執行の命を受け明朝七時死んで行きます。此の書及他の通信によってどんなにか驚かれる事でしょう。又私が重大犯行をなせるものと思われることでしょう。しかしながら私は天地神明に誓って入隊以来、一意国家のため、陛下の命によって行動したものですが、事ここに至っては誠に残念ながら喜んでお先き致します。ただ私は子としてなすことなく薄命お先に行きますこと幾重にもお詫び致します」（遺３２２Ｐ）

田中秀雄　陸軍憲兵曹長、山口県、絞首刑、マレーシア・ベントン（イギリス軍）

「軍人《イクサヒト》弾丸《タマ》ニアタリテ死ヌモノガ捕ラハレテ逝ク我悲シヤ」（遺３８６Ｐ）

五日（木）

大本清範　三四歳、陸軍憲兵少尉、広島県、絞首刑、マレーシア・マラッカ（イギリス軍）

「君がため咲きほこりたる山桜夜半の嵐に散るぞ悲しき」（遺４２５Ｐ）

亀沢松年（松平）　三八歳、陸軍大尉、富山県、絞首刑、マレーシア・マラッカ（イギリス軍）

「若桜生きながらへば恥を知る散るべき時には散るべきものぞ」（遺３５０Ｐ）

六日（金）

満淵正明　三二歳、陸軍大尉、兵庫県／石川県、絞首刑、東京・巣鴨（アメリカ軍）「（息子宛て）コンナコトデ早ク父ヲ失ッタ悲運ヲ徒ラニナゲイテハイケナイ。又単純ニ勝ニオゴル敵ヲウラムヨウナセマイ考ヘモイケナイ。（略）今目ヲツムルトキ瞼ニウツルノハ抱カレタオ前ノ可愛イ笑顔、ソシテ場面ガ一転シテ立派ナ青年ニナツタオ前ト相変ラズ母子相対シテ楽シク何カ語リ合ツテ居ル美シイ幻ダ。ドウカ元気デ立派ニ大

キクナツテクレ。サヨウナラ」（遺630P）

七日（土）

伊藤嫡男　陸軍大尉、青森県、絞首刑、パプアニューギニア・ラバウル（オーストラリア軍）

山本兵太郎　四六歳、陸軍大尉、東京都、絞首刑、パプアニューギニア・ラバウル（オーストラリア軍）「一筋に仕えまつりし臣の道我に悔いなし今日の旅立／（同囚宛て）四十六年の人生夢一阿に過ぎ去り、今夜中秋の晴れ月を眺め、慕郷の至情に還り去る可く候。家には十一歳と六歳の男健在、身賤しくも大楠公の父子の別れと奇しくも同じ小楠子に縁り、生育成人を祈り且つ家内にも申し遣り候。思わず駄言失礼乍ら申述候」（遺535P、資Ⅱ）

渡辺　彬　陸軍准尉、千葉県、絞首刑、パプアニューギニア・ラバウル（オーストラリア軍）「（同囚宛て）唯皆々様ノ一日モ早ク減刑ニナリ新シキ大日本帝国ノ復興ニ参加サレ活躍セラレン事ヲ衷心ヨリ御願ヒ致シマス。（略）百年後ノ理想実現ハ皆様ガ思ツテヰル通リデス。健康ヲ第一トシテ頑張ツテ下サイ。私ハ明日元気一パイデ旅立チ蕎（筆者注・まっしぐら）ニ祖国ニ帰還致シマス／毎週の劇は愉快に憂晴しに大いにやって下さい。それから明日の夜は、一つA群（筆者注・A囚人棟のこと）の人達で思い出の流行歌を御願い致します。（略）明日の神の御召を心より感謝し奉りて」（遺544P、資Ⅱ）

一一日（火）

阿南三蘇男　五四歳、陸軍中佐、大分県、絞首刑、シンガポール・チャンギ（イギリス軍）「人生五十亦五年　空々漠々如一夢　北馬南船有九年　雖滅雄図残雄志／七生報国、

生＝死＝空＝実＝蒼空に唯一つ○月　昭和二十一年九月十一日午前十時　昭南チャンギー　ひとやにて」（遺339P）

植田忠雄　陸軍大尉、石川県、絞首刑、シンガポール・チャンギ（イギリス軍）

鴨居義弘　三六歳、陸軍軍医大尉、香川県、絞首刑、シンガポール・チャンギ（イギリス軍）

「我も又天皇陛下万歳と三度叫びて逝かんとぞ思ふ」（遺317P、資Ⅲ13）

川井吉次郎　三五歳、陸軍曹長、奈良県、絞首刑、シンガポール・チャンギ（イギリス軍）

「（妻宛て）現身は南の果に散りぬとも霊魂は永く君を守らむ」（遺318P）

向　平八　二六歳、陸軍憲兵曹長、石川県、絞首刑、シンガポール・チャンギ（イギリス軍）

「（両親宛て）御先に失礼致します。必勝を確信せる聖戦も遂に敗戦の運命となり今は個人にも重罪を課せられる死刑執行の止むなきに至り永久のお別れとなりました。極楽にてお待ち申し上げます。（略）戦争中に死んでおればこんな事はないのですが仕方ありません。諦めて下さい。では失礼します。何も思い残すことはありません。さようなら／今日も亦戦友は逝きたり万歳の声のみ重く我に残して」（遺342P、資Ⅲ13）

倉島秀一　陸軍大尉、岡山県／新潟県、絞首刑、シンガポール・チャンギ（イギリス軍）

「（妻宛て）自分としては任務に対し尽すべきことを尽し又裁きの廷に立てば正々堂々心に臆することなく言うべきことを言いました。そして明日を控へ何時もと変らぬ明朗な気持でおりますが、ただ終戦下の皆様の事を思うと断腸の思いが致します。また夫として君に報いることの少なかったことを心よりお詫び致します。後に残りました母及子供のことくれぐれもよろしくお願いします」（遺３６２Ｐ）

原田賢正　陸軍憲兵大尉、熊本県、絞首刑、シンガポール・チャンギ（イギリス軍）「万歳を唱へて吾も武士のゆくとふ道をゆききわめばや／南溟の嵐に幹の吹き折れてみのらざるまま枯れはつるかも」（遺７４０Ｐ、㊮Ⅲ13）

佐瀬頼幸　三六歳、陸軍警部、千葉県、絞首刑、シンガポール・チャンギ（イギリス軍）「（妻宛て）敷島の大和男子の玉を緒をなどてゆだねん仇人の手に／東京駅で送られたあの日を瞼に浮かべつつ将来の幸福をはるかにお祈り致します。さようなら」（遺３７２Ｐ）

島田蔵之助　陸軍大尉、茨城県、絞首刑、シンガポール・チャンギ（イギリス軍）「（家族宛て）言われたように信念の男に成り得たと思います。『正義』『誠』これに一途に進み得た人間ほど幸福なものはないという事をつくづく感じます。『朝に道を聞けば夕に死すとも可なり』人間蔵之助一個人としては晴々とした日本晴です」（遺４２３Ｐ、㊮Ⅲ13）

清水喜代治　三六歳、陸軍憲兵少尉、新潟県、絞首刑、シンガポール・チャンギ（イギリス軍）「君の為国の為最後迄御奉公して喜んで死んで参ります。父上始め皆様には御世話ばかり掛けて何んの御恩返しも出来ませんでした御許し下さい。日本再建の礎として皆様の御幸福を祈りつつ逝きます／生きかひの無き身は此処に果つるとも国の鎮めとなるぞ嬉しき」（遺434P、資Ⅲ13）

世取吉三　四〇歳、陸軍少佐、福岡県、絞首刑、シンガポール・チャンギ（イギリス軍）

「（子どもたち宛て）御身等には親と言ふ言葉のみにして誠に短かい縁でした。親の義務を果さず逝くのは残念ですが、運命です。世の薄幸を嘆く必要はありません。（略）父は亡き母と共に御身等の生長と将来の幸福を祈って居ります」（資Ⅲ13）

寺越恒男　三七歳、陸軍衛生曹長、兵庫県、絞首刑、シンガポール・チャンギ（イギリス軍）

「（子ども宛て）仲良く元気で暮しなさい。祖父さんの言われる事を聞き、叔母さんの教を守り、祖父さんを大切にして上げなさい。祖母様、祖先の供養を怠らぬようにしなさい。世間の人から『親のない子供は』と笑われぬようにしなさい。父は二人の幸福をひたすら祈っております」（遺348P）

森　正男　三四歳、陸軍曹長、兵庫県、絞首刑、シンガポール・チャンギ（イギリス軍）

「（両親宛て）天皇陛下の為、日本軍人として喜んで死んで行きます。でも決して小生は悪いことはしておりません。御安心下さい。日本国家の為、一生懸命働いたものほどこんな結果です。（略）小生のこんな結果も敗戦の為です。仕方ありません」（遺386P）

一二日（木）

渡辺一正　二六歳、陸軍技術中尉、広島県、絞首刑、シンガポール・チャンギ（イギリス軍）「（両親宛て）私の罪の決して破廉恥罪にあらずして、戦死の如く表面は華々しからざるも私の死の不名誉にあらざること夢疑うことなく何卒『倅良く死んだ』と一言申聞かせ被下度候／散ればとて何ぞ惜しまん大君の御楯と生を享けし身なれば」（㊮393P）

一三日（金）

白天瑞　陸軍軍属（通訳）、朝鮮・平安北道、死刑、中国・北京（中国軍）オランダ軍がインドネシアにバリックパパン軍事裁判法廷を開廷

酒井　隆　五九歳、陸軍中将、東京都、銃殺刑、中国・南京（中国軍）「子の孫のその子の孫よ千代かけて祖国をまもれ心つくして／身はついに異国の土と朽ちぬともいつか芽生えん早蕨の春」（㊮108P）

二〇日（金）

芥川光哉　三四歳、陸軍憲兵中尉、熊本県、絞首刑、シンガポール・チャンギ（イギリス軍）「（妻宛て）決シテ俺ノ死ハ犬死デハナイ。無駄ナ死デハナイ。現ニ俺ト同ジ運命ニ陥ルデアラウ人ヲ何人カ救ッテ居ル。俺ハソレヲ誇トシテ居ル。一心同体ノオ前モソレヲドウカ誇リニシテ呉レ」（㊮336P）

阿部慶一　四八歳、陸軍中佐、宮城県、絞首刑、シンガポール・チャンギ（イギリス軍）「南に咲かせばやとの桜木も時を経ずして今ぞ咲くなむ／身はたとへ南の果に朽るともすめらみくにを忘れならめや」（㊮Ⅲ13）

二六日（木）

二八日（土）

辻　豊治　二八歳、陸軍憲兵曹長、滋賀県、絞首刑、シンガポール・チャンギ（イギリス軍）「（両親宛て）明日の日に当って最後の宴会が催され酒こそなけれ御馳走に夜の更けるのも知らず一同興に入り、童心になり、はては歌う躍ると愉快に時を過ごしました／七生の誠を尽せ大君に雄々しく行かん武夫の道」（遺389P）

洪思翊　五六歳、陸軍中将、朝鮮・京城府ソウル、絞首刑、フィリピン・マニラ（アメリカ軍）「昔より冤死せしものあまたありわれもまたこれに加わらんのみ」（資Ⅲ02）

斎藤寛二（寛治）　陸軍兵長、兵庫県、絞首刑、シンガポール・チャンギ（イギリス軍）「（妻宛て）永イ間苦労ヲ掛ケマシタ。好ク辛抱シテ呉レマシタ。心カラオ礼中シマス。私ハ国ノ為喜ンデ死ンデ行キマスガ貴女ハ父母、兄上ト相談シテ幸福ナ道ヲ進ンデ下サイ。余リ丈夫デナイ身体、充分気ヲツケテ長生キスル様祈ッテ居リマス／君国の為大和桜は散り行かん」（資Ⅲ11、資Ⅲ13）

山口利春　民間人（華北交通社員）、山梨県、死刑、中国・北京（中国軍）

志賀正成　海軍大佐、和歌山県、自決（未決で拘置中）、グアム（アメリカ軍）

村上清作　陸軍憲兵中尉、石川県、銃殺刑、シンガポール・チャンギ（イギリス軍）「（一同へ）将来オ国ノ人々ガ仲ヨクスル事ノミ計リテ呉レ、バ良イガ戦争ノ為ノ戦争ヤ殺人ハスルナ。人ヲ助ケ得ル宗教ニスガレ。（略）人生スベテサラバ。死シテ護国ノ鬼タラム／さすらひの日毎夜毎に思ふかな散り行く人の胸や如何にと」（資Ⅲ11、資Ⅲ13）

三〇日（月）　**藤井　豊**　三七歳、海軍上等兵曹、山口県、自決（未決で拘置中）、インドネシア・バンジャルマシン（オランダ軍）「（最後の便り）私共も一日も早く帰国を祈っていますが、何かとごたごた続きであるので、この上は唯皆々が良き年を迎えることを祈るのみです（昭和二十年十二月二十一日付）」（㊎355P）

一〇月

一日（火）　ニュルンベルク国際軍事裁判所で被告一二名に絞首刑判決（同月一六日に処刑）

山田規一郎　三〇歳、陸軍憲兵曹長、佐賀県、絞首刑、中国・香港（イギリス軍）「国の為つくせし事のあだ花と散り行く我はあはれなりけり／みだれたる国に囚はれいくばくの金に代へらるるわが命あはれ」（㊐461P）

二日（水）　オランダ軍がインドネシアにマカッサル軍事裁判法廷を開廷

伊佐喜源太　陸軍憲兵曹長、熊本県、絞首刑、マレーシア・クアラルンプール（イギリス軍）

尾崎義一　三〇歳、陸軍憲兵准尉、大阪府、絞首刑、マレーシア・クアラルンプール（イギリス軍）

四日（金）　**修多羅　浩**　三四歳、海軍警部、静岡県、自決（未決で拘置中）、インドネシア・マカッサル（オランダ軍）「（妻の手記）証人も事件を知らない人を出したため、結局浩に死刑の判決がありました。その夜の内に自決したそうです。（略）子供達に対する躾も厳格過ぎる位でしたが、その反面ユーモアを解する人でした。日曜日は必ずと云う位、お弁当をさげ家内中で遠足でした。今も思い出しては涙をさそっております」（自）215P）

七日（月）

金成　武　三八歳、陸軍主計大尉、茨城県、自決（イギリス軍輸送船で巣鴨からシンガポールに移送中）「（巣鴨で面会後に妻の詠んだ歌への反歌）ま幸くてきみよ待たせと祈りつつ都に佇てば日も暮れ果てぬ」（自）122P）

一〇日（木）

オランダ軍がインドネシアにモロタイ軍事裁判法廷を開廷

一二日（土）

山口健章　四五歳、海軍大尉、山梨県、絞首刑、ラバウル（オーストラリア軍）「責負うて逝く身はなにを惜しからん弓矢とる身の常の道ぞや」（遺）509P）

一七日（木）

王壁山（日本名・北村光太郎）　二四歳、陸軍軍属（俘虜監視員）、台湾・台南州、絞首刑、ラバウル（オーストラリア軍）「蓬萊の島の若草もラバウル島に散るが悲しき」（遺）543P）

蔣清全（日本名・川上清）　二五歳、陸軍軍属（俘虜監視員）、台湾・台南市、絞首刑、ラバウル（オーストラリア軍）「順逆不二　生死一如　恩親平等　是信仰法悦」（遺）539P）

李琳彩（日本名・鈴木三郎）　二五歳、陸軍軍属（俘虜監視員）、台湾・新竹州、絞首刑、ラバウル（オーストラリア軍）「（襦袢に血書で）母親大人尊前児大不孝平常膝下　民国

卅五年丙戌歳　九月廿二日子時帰終」（㊞521P）

一八日（金）

多田政市　三四歳、陸軍伍長、香川県、絞首刑、ラバウル（オーストラリア軍）「天皇陛下万歳　御奉公ハ残リ　命ハ足ラズ　一魂残リ　復興ニ参加ス」（㊞539P）

久保田　了　海軍兵曹長、熊本県、病死（未決で拘置中）、インドネシア・マカッサル（オランダ軍）

一九日（土）

山口輝夫　二七歳、陸軍憲兵軍曹、大分県、絞首刑、マレーシア・ジョホールバル（イギリス軍）「（教誨師から母への伝言を問われ）いいえ母は私の心を良く知っていてくれます。今心安らかに御国の為笑って死地に就けます事を嬉しく思って居ります」（資料Ⅲ13）

阿部一雄　三九歳、陸軍大尉、新潟県、絞首刑、ラバウル（オーストラリア軍）「軽き身に重き罪をば負せられ今日ぞ出で発つ黄泉の旅／天地に我をたよりの妻や子は今日のおとづれ何と聞くらん」（㊞524P）

山本正一　四三歳、陸軍大尉、山口県、絞首刑、ラバウル（オーストラリア軍）「けふの日は心も軽く身も軽く笑つて行かん極楽の里」（㊞491P）

二〇日（日）

岩切義一　陸軍少将、病死（未決で拘置中）、パプアニューギニア・ラバウル（オーストラリア軍）

二一日（月）

オランダ軍がインドネシアにポンティアナック軍事裁判法廷を開廷

奥中孝吉　三七歳、海軍兵曹長、大分県、事故死（未決で拘置中）、インドネシア・メナド（オランダ軍）

宮地春吉　二五歳、陸軍憲兵軍曹、静岡県、死刑、中国・漢口（中国軍）「獄窓のわくらば故にちる人の誠の心知る人ぞなし／ちる我はわらつてすめど故里のおいたる父母のすがたいたまし」（遺77P）

松村　忠　陸軍曹長、広島県、絞首刑、パプアニューギニア・ラバウル（オーストラリア軍）「至誠奉公　君国之為　死以護国之鬼成　天皇陛下万歳／われは今心おきなく笑つて逝けりさすらひの旅」（遺539P、資Ⅲ03）

二二日（火）

堤　正勝　陸軍軍属、茨城県、銃殺刑、中国・北京（中国軍）

二八日（月）

佐々木順治（順二）　三〇歳、陸軍憲兵曹長、秋田県、絞首刑、フィリピン・マニラ（アメリカ軍）「（教会宛て）私は死刑の宣告を受けています。（しかしこのことは私の家族に知らせない様にして下さい）私は死刑囚であるけれども本当に幸福者です。それは勿論天主を信じあるからです。（略）私は限られたこの文中に自分の気持全部は書けませんが、しかし死刑囚の幸福感はキリスト教のみが与へてくれることをお知らせしたいのです」（遺621P）

三〇日（水）

オランダ軍がインドネシアにメナド軍事裁判法廷を開廷

本多淳郎　陸軍大尉、自決（未決で拘置中）、パプアニューギニア・ハルマヘラ（オース

トラリア軍）

三一日（木） **小寺次郎平**　三二歳、陸軍少佐、岡山県、自決（未決で拘置中）、ベトナム・サイゴン（フランス軍）「今は死して部下を守るの外なし。仏印側（筆者注・フランス領インドシナ）の寛大な処罰を乞ふ。すべての責任は、皆私にあり」（自２８６Ｐ）

一一月

二日（土） **田島盛司**　三一歳、陸軍伍長、埼玉県、絞首刑、パプアニューギニア・ラバウル（オーストラリア軍）「事実を語れば私と米田（筆者注・本書51Ｐ記載の日本名・米田進こと潘進添）は救われるでしょうが事実を語れば十八名の罪人が出るのです。そして十一名が死刑七名の者が有罪になることは明かです。私と米田が犠牲になれば十八名の者が救われるのです。そして又彼等の家族のことも考えてみれば私にはとても事実は語れませんでした。（略）私は真犯人を出せば無罪となったでしょうが死刑の判決を受けた訳です。友情は最後迄失いたくありませんでした」（遺４８６Ｐ）

三日（日） 日本国憲法公布（翌四七年五月三日施行）

四日（月） **石川正一**　陸軍憲兵准尉、山口県、病死（有期刑七年で服役中）、中国・北京（中国軍）

五日（火） オランダ軍がインドネシアにアンボン軍事裁判法廷を開廷

三竹勇馬　民間人、兵庫県、病死（未決で拘置中）、インドネシア・バンジャルマシン（オ

ランダ軍）

六日（水）

上中常次郎　四〇歳、陸軍准尉、石川県、絞首刑、パプアニューギニア・ラバウル（オーストラリア軍）「（妻宛て）真相については後日内地に還らるる上官より報告あるはずです。決して不名誉な死でないことを信じて下さい」（遺510P）

平石国義　陸軍衛生伍長、鹿児島県、絞首刑、パプアニューギニア・ラバウル（オーストラリア軍）「天皇陛下万歳われは今心おきなく笑つて逝けりさすらひの旅」（遺539P）

山本　久　海軍警部、石川県出身、絞首刑、パプアニューギニア・ラバウル（オーストラリア軍）「神の導きに依り現在に立到るを感謝す。（略）遺族に対し此の状況を報せ得たならば御面倒ですがお願ひ致します。五日午後十一時頃。聖書をジープの来る迄読みます」（資Ⅲ12）

九日（土）

加藤広明　二九歳、陸軍憲兵曹長、愛媛県、絞首刑、ミヤンマー・ラングーン（イギリス軍）「万世に其の名留むる益良雄の後を慕ひて我は散るなり／愛し妹を思ひ鉄窓の外見れば美はし花の清く匂へる」（遺301P）

鈴木喜代司　三一歳、陸軍憲兵曹長、東京都、絞首刑、ミヤンマー・ラングーン（イギリス軍）

松岡憲郎　三二歳、陸軍憲兵大尉、神奈川県、絞首刑、ミヤンマー・ラングーン（イギリス軍）「自然は美しい、自然は清い、自然は澄んでいる、自然はやさしい、自然は強い、自然は恵み深い、見れば見る程、眺めれば眺める程、美しく尊くふかいものは自然だ。この数日私は自然を眺めよう。そして自然に帰ろう。そしてまた御奉公するのだ。御恩に報いるのだ。ああ、私は幸福である。（死を前にして）」（遺304P）

一二日（火）　**宮末末吉**　陸軍憲兵軍曹、福岡県、死刑、中国・香港（イギリス軍）

一五日（金）　**膳　英雄**　五三歳、陸軍憲兵大佐、愛媛県、銃殺刑、中国・徐州（中国軍）

山野泰典　陸軍憲兵大尉、自決（未決で拘置中）、ベトナム・サイゴン（フランス軍）

一六日（土）　**中屋義春**　四三歳、陸軍憲兵中尉、高知県、銃殺刑、中国・徐州（中国軍）

二〇日（水）　イギリス軍がマレーシアにゼッセルトン（現在名コタキナバル）軍事裁判法廷を開廷

二二日（金）　**伊藤勝三郎**　四四歳、陸軍主計曹長、静岡県、絞首刑、シンガポール・チャンギ（イギリス軍）「今は何も思い残す事は有りません。静かに死の旅に立つ事が出来ます。絞首刑と聞いた時皆さんは何と私に対して考えられましたか。私は統帥の大権を承行してひたすら俘虜収容業務に努めました。しかし西洋人の考えは東洋人の私の考えとは違いました。同志の者に送られて元気に行きます」（遺358P）

臼杵喜司穂　二八歳、陸軍中尉、北海道／新潟県、絞首刑、シンガポール・チャンギ（イギリス軍）「（母宛て）不幸にして刑場の露と消ゆるも是れ大君の命なりと諦め潔く散らんと欲しております。いや潔く散って行きます。（略）母上様、息子は大日本帝国の為大君の為尽すべきを尽し今此処に従容として父上の待つ泉国へと旅立ちます。どうぞ御安心下さい／屈辱を忍びて在りし我が身には何時の日花の咲き薫るかな」（遺385P、資Ⅲ13）

大西繁蔵　陸軍曹長、三重県、絞首刑、シンガポール・チャンギ（イギリス軍）「小生今死を前にして何も申上げる事はありません。唯々俯仰天地に愧じざる行動に終始し、かくなりました上は今更何も思い残す事なく静かに喜んで死んで参ります。皆々様の御幸福をひたすら御祈り致しております」（遺337P）

姜泰協（日本名・岩谷泰協）　二六歳、陸軍軍属（俘虜監視員）、朝鮮・忠清南道、絞首刑、シンガポール・チャンギ（イギリス軍）「永遠の東洋再起は東洋人の手に　肉体は死去するも霊魂は不滅なり　悲命二七青春」（遺436P）

金貴好（日本名・金岡貴好）　二八歳、陸軍軍属（俘虜監視員）、朝鮮・済州島、絞首刑、シンガポール・チャンギ（イギリス軍）「（執行前夜）時知らず夜雨に眼を醒まし明日より宿る床が気になる」（遺437P）

張水業（日本名・小林寅雄）　二九歳、陸軍軍属（俘虜監視員）、朝鮮・平安南道、絞首刑、シンガポール・チャンギ（イギリス軍）「正義　平和　信愛　望　永遠に忘るべからず」（遺436P）

小久保孫太郎　四六歳、陸軍大尉、千葉県、絞首刑、シンガポール・チャンギ（イギリス軍）

「（子どもたち宛て）父はお前等が一人前になるを見ずに逝く事は誠に残念ですが仕方ありません。天なり命なりです。（略）父は南方万里の『シンガポール』の野辺に朽ちるとも魂魄御前等の傍にありて守らん／身は遠き異国の野辺に朽つるとも守りをかまし皇御国を」（㊣340P、㊮Ⅲ13）

平松愛太郎　三七歳、陸軍准尉、岩手県、絞首刑、シンガポール・チャンギ（イギリス軍）

「（家族宛て）裁判ハ四日間ニ亘リ行ハレ、元俘虜タリシ大尉ガ態々自分ノ為ニ法廷ニ出頭シ、自分ニ最モ有利ナル尽力セシ事実ヲ証言シタルモ遺憾ナガラ其ノ効果ナク、遂ニ死刑執行サルルノ止ムナキニ至レリ。（略）死して護国の鬼となる　魂魄この土に留りて鬼畜英帝国を滅さん　大日本帝国の再建を祈る」（㊣373P）

水谷藤太郎　六一歳、陸軍少佐、栃木県、絞首刑、シンガポール・チャンギ（イギリス軍）「人生意気あり意気天に通ずれば前途光明認め得ん。希くば再生を祈るのみ」（㊣365P）

二三日（土）

川本　要　二九歳、陸軍憲兵軍曹、広島県、死刑、中国・香港（イギリス軍）

岡部直三郎　五九歳、陸軍大将、東京都、病死（未決で拘置中）、中国・上海（中国軍）

陳添錦／天金　海軍軍属（通訳）、台湾、絞首刑、中国・広東（中国軍）

二五日（月）

津田孝次郎　三一歳、海軍兵曹長、山形県、病死（未決で拘置中）、フィリピン・マニラ（アメリカ軍）

一二月

一日（日）　中国軍が山西省に太原軍事裁判法廷を開廷

二日（月）　**小笠原　操**　二九歳、陸軍憲兵軍曹、島根県、絞首刑、マレーシア・クアラルンプール（イギリス軍）「（伝言）死刑になった事を知ると『どんな悪い事をしたのか』と思われる、それが残念だ。しかし親兄弟は信じてくれるだろう。父、妹、嫁ぎし姉にすまない。正義とは力なり。七度生まれて再建を図る。天皇陛下万歳」（㊞325P）

四日（水）　**栗原栄太郎**　陸軍軍曹、埼玉県、死刑、中国・広東（中国軍）

山本　学　三八歳、陸軍憲兵中佐、東京都／福岡県、自決（未決で拘置中）、インドネシア・チビナン（オランダ軍）「（妻宛て）国敗れて人心の頼りなきを痛感す。何かと苦労多き事と思うが砕けてはならぬ。ただ雄々しく再起あるのみ。（略）関係事件は証人に立ったが全員無罪になり大安心です／益良男が我身と変へし日の本も国は敗れて山河あるのみ」（㊞171P、㊞290P）

五日（木）　樺太からの引き揚げ第一船が函館に入港

七日（土）　**曽根憲一**　三五歳、陸軍大尉、和歌山県、銃殺刑、インドネシア・グロドック（オランダ軍）「日の再び来る黎明に稜威四周に輝き抜かん／妻の瞳やいとし子等のほゝえみし可愛き顔のなつかしく見ゆ」（㊞239P）

八日（日）　シベリアからの引き揚げ第一船が舞鶴に入港

一三日（金）

青井真光　四五歳、陸軍中尉、山口県／岡山県、死刑、中国・済南（中国軍）「御楯たる民とし秋の晴を逝く／挙措なべて神慮のま、の草枯るる」（遺43Ｐ）

岡平菊夫　民間人、長崎県、死刑、中国・済南（中国軍）

一七日（火）

石川信吾　三〇歳、陸軍憲兵曹長、宮城県、絞首刑、マレーシア・コタバル（イギリス軍）「青山と思はば獄も極楽ぞ死場所得たり吾は嬉しき／国の為笑顔で今ぞ我は逝く地獄の鬼は如何に執るらむ」（遺342Ｐ）

今井今朝五郎　三〇歳、陸軍憲兵曹長、群馬県、絞首刑、マレーシア・ペナン（イギリス軍）「逆縁に結ばれし身ぞあわれなるせめて告げたや詑の一言／敷島の大和男の子と歌はれて果てる此の身を花にたとへて」（遺334Ｐ）

小川　敬　三三歳、陸軍憲兵准尉、茨城県、絞首刑、マレーシア・ペナン（イギリス軍）「我ガ父母ニ言ノ葉告ゲヨ初燕／日本晴筑波山（ツクバ）ニカカル雲モナシ」（遺422Ｐ）

江草忠義　二三歳、陸軍憲兵伍長、岡山県、絞首刑、マレーシア・ペナン（イギリス軍）「君の為従容と散らんペナン島　天皇陛下万歳　祈帝国永遠隆昌」（遺324Ｐ）

郭張興　三七歳、陸軍通訳、台湾・台南州、絞首刑、マレーシア・ペナン（イギリス軍）

鎌田喜悦　三三歳、陸軍憲兵准尉、宮城県／福岡県、絞首刑、マレーシア・ペナン（イギリス軍）「何もかも水に流して俺は逝く／もろもろの世の味合や塩加減／天は日本

晴笑ひ談じつゝ逝く」（遺422P）

許祺禅　二三歳、陸軍通訳、台湾・台南州、絞首刑、マレーシア・ペナン（イギリス軍）

佐伯一二　陸軍憲兵曹長、宮城県、絞首刑、マレーシア・ペナン（イギリス軍）「神霊ハ頼ルベキモノニ非ズ。自己ノ最善ヲ尽シテ後、照覧ヲ賜ハラン事ヲ祈ルベキモノナル事ヲ知ル。『世ハ一局ノ碁ナリケリ』」（遺432P）

清水定夫　三一歳、陸軍憲兵曹長、兵庫県、絞首刑、マレーシア・ペナン（イギリス軍）「身はたとへ馬来（筆者注・マレー）の涯てに散り行くも魂遥か故郷の空／散りて行く吾が身は更に不安なし弥陀の御手に引かれ行く身は　法悦合掌」（遺425P）

東西　寛　三〇歳、陸軍憲兵曹長、茨城県、絞首刑、マレーシア・ペナン（イギリス軍）「山桜夜半の嵐に散りぬれど又来る春に花を開かむ」（遺387P）

永田作之進　二七歳、陸軍憲兵軍曹、長崎県、絞首刑、マレーシア・ペナン（イギリス軍）

橋本芳一　陸軍憲兵伍長、京都府、絞首刑、マレーシア・ペナン（イギリス軍）

東川好信　陸軍憲兵少佐、石川県、絞首刑、マレーシア・ペナン（イギリス軍）「（妻宛て）今般敗戦と運命を共にする裁判にて昭和の吉田松陰として国事に倒れ、散り行く身と相成申候。（略）『桜花嵐のために早く散る』これが私の辞世句に候」（遺401P）

三浦市蔵　三七歳、陸軍憲兵准尉、福島県、絞首刑、マレーシア・ペナン（イギリス軍）「国の為誠一途《すじ》務めしも今は敗れて夢と散りぬる／帰り待ち妻子よ我を怨むなよ誠尽

くして我は逝くなり」（遺421P）

村上誠毅　三二歳、陸軍憲兵准尉、山口県、絞首刑、マレーシア・ペナン（イギリス軍）

「国の為散りし屍を踏み越えて吾も進まむ敷島の道／人知れず夜嵐に散る山桜」（遺739P）

村上徳二　陸軍憲兵曹長、兵庫県、絞首刑、マレーシア・ペナン（イギリス軍）

楊樹木　三八歳、陸軍通訳、台湾・台北市、絞首刑、マレーシア・ペナン（イギリス軍）

横見忠夫　二八歳、陸軍憲兵曹長、広島県、絞首刑、マレーシア・ペナン（イギリス軍）

「南海の小島の野辺に散りゆくも魂《こころ》は祖国《くに》の礎石《いしづえ》たらん」（遺317P）

涌井三郎　三五歳、陸軍憲兵准尉、長野県、絞首刑、マレーシア・ペナン（イギリス軍）

「つゆの身を伝へて呉れよ椰子のつき」（遺403P）

和斯倖嗣　三一歳、陸軍憲兵曹長、奈良県、絞首刑、マレーシア・ペナン（イギリス軍）

「御民我尽して果てむペナン島」（遺391P）

渡辺正作　三七歳、陸軍憲兵軍曹、徳島県、絞首刑、マレーシア・ペナン（イギリス軍）

「戦ひの犠牲はペナンに朽ちるとも護り尽さん故国の吾子達／人や知る殊勲仇なし逝く吾れは再び生まれ故国にま見えん」（遺402P）

二〇日（金）

植野　誠　三〇歳、陸軍憲兵曹長、広島県、死刑、中国・広東（中国軍）「（母宛て）戦犯として戦争裁判に起訴せられた事件は、大東亜戦争完遂の為我々憲兵として任務

遂行上の当然な行為が戦犯としての審判を受けたこと、軍人として天地神明に恥づるところはありません」（㊮85Ｐ）

二六日（木）

陳水雲　陸軍軍属（元警察官）、台湾、死刑、台湾・台北（中国軍）

松本芳雄　三〇歳、陸軍憲兵曹長、島根県、死刑、中国・徐州（中国軍）「（両親宛て最後の手紙）事件取扱者が現在ことごとくおりませんため、芳雄が全責任を負わせられた様な次第で芳雄には何等関係なき事件です。芳雄は何時も父上様の御教訓に依りまして決して中国民衆より投書を受ける等という行いは致しておりませんのに人のやった事に嫌疑を掛けられ遂に死刑という恥辱ある判決を受けたのです。（略）身に覚えなき事件にからまり果てるのは最も武人として恥ずべきところとして返す返すも残念至極です。年老いたる父母様に最後迄御迷惑を掛ける事は誠に申訳ない次第です」（㊮87Ｐ）

二七日（金）

青地鷲男　民間人、長崎県、病死（有期刑十年で服役中）、インドネシア・バタビア（オランダ軍）

三一日（火）

鶴丸光吉　陸軍憲兵曹長、福岡県、死刑、中国・南京（中国軍）

一九四七（昭和二二）年

国鉄八高線（八王子―高崎間）で買い出し列車が転覆、死者一七四人（二・二五）
公共職業安定所（職安）が発足（四・八）
広島市で平和式典を挙行（八・六）
キャスリーン台風、関東地方で死者二二四七人（九・一四）
臨時国勢調査で総人口七八〇九万一四七三人（一〇・一）
東京地裁・山口良忠判事が配給生活を守り、栄養失調で死亡（一〇・一一）
［世相］
第一次ベビーブーム始まる。この年の出生二六七万八七九二人、出生率三・四三
電球を一世帯に一個配給
〝パンパンガール〟（アメリカ人相手の売春婦）、六大都市で推定一万四八〇〇人
NHKラジオ放送の菊田一夫作『鐘の鳴る丘』が人気沸騰
［出版］田村泰次郎『肉体の門』、竹山道雄『ビルマの竪琴』、太宰治『斜陽』、石坂洋次郎『青い山脈』
［映画］『戦争と平和』（東宝）、『銀嶺の果て』（東宝）
［流行歌］岡晴夫『啼くな小鳩よ』、菊地章子『星の流れに』、川田孝子『みかんの咲く丘』

一月

二日（木）　**岩政文久**　二七歳、陸軍憲兵軍曹、山口県、死刑、ベトナム・サイゴン（フランス軍）「（伝言）自分は帝国軍人としてするだけの事をしたまでで、決して悔も悩みもしない。平然として刑に就くつもりだから家族の者にも心配しない様に言ってくれ」（㊮558P）

四日（土）　**田村寛治**　陸軍主計少尉、石川県、銃殺刑、ベトナム・サイゴン（フランス軍）

服部泰三　陸軍主計少尉、東京都、死刑、ベトナム・サイゴン（フランス軍）

GHQが公職追放を経済界・言論界・地方公職などに拡大、約二〇万人が対象

五日（日）　**永野修身**　六六歳、海軍大将、青森県、病死（未決で拘置中）、東京・巣鴨（連合国軍）

七日（火）　**小田村利武**　三七歳、陸軍憲兵少佐、佐賀県、病死（未決で拘置中）、フィリピン・マニラ（アメリカ軍）

金奎彦（日本名・金沢朝雄）　陸軍軍属（通訳）、朝鮮・平安北道、死刑、中国・北京（中国軍）

九日（木）　**笠井次雄**　二八歳、陸軍憲兵大尉、静岡県、絞首刑、マレーシア・ミリ（イギリス軍）「時処へだてて遥けき身なれども心は通ふ大和魂／罪なきにみたてとなりて行く我の神の姿の貴くもあるかな」（㊮429P）

前田　清　三七歳、陸軍憲兵准尉、兵庫県、絞首刑、マレーシア・ミリ（イギリス軍）

一〇日（金）　**岸田嘉春**　三六歳、陸軍憲兵准尉、大阪府、死刑、中国・広東（中国軍）「咲くもよ

し散るも吉野の山桜花の心を知る人ぞしる」（遺67Ｐ）

木下尊祐　陸軍憲兵大尉、東京都／福岡県、死刑、中国・広東（中国軍）「（最後の手紙）死刑ノ判決ヲ受ク。裁判ニ非ズ復讐ナリ。既ニ覚悟シアリタル所ナレバ何等動ズル所ナシ。（略）遂ニ生ヲ完フスルヲ得ザランカ之天命ナリ。何等憂フル所ナシ、怡然護国ノ英霊ノ後ヲ追ハン」（遺64Ｐ）

小橋偉志　陸軍憲兵軍曹、兵庫県、銃殺刑、中国・広東（中国軍）

山田恒義　陸軍憲兵軍曹、徳島県、死刑、中国・広東（中国軍）「今の身は気慨ばかりの淋しさよ真実の春を何時の日か見ん／征く日よりささげし生命惜しまねど口惜しき科を如何にとやせむ」（遺69Ｐ）

下沢隆治　二八歳、陸軍少尉、神奈川県、死刑、マレーシア・サンダカン（イギリス軍）「（盲目の兄へ）君一人残るこの世は憂きならん我は護らん神の国にて／（両親へ）つもる恩に報い得ぬ身はひたすらに神の恵みを祈りてぞゆく」（遺431Ｐ）

安藤茂樹　陸軍憲兵准尉、香川県、死刑、中国・広東（中国軍）「今ここに両手をついて詫ぶるなり愚かなる子を父よ許せと／その上のもののふの如我もまた白羽の矢をば笑ひつつ受く」（遺94Ｐ）

一一日（土）

糸満盛忠　四七歳、陸軍警部、東京都、絞首刑、マレーシア・クアラルンプール（イギリス軍）「敗戦の根本たづねて刈りつくし世界に樹てよ日の丸の旗／戦犯に問はれ

て吾は散るものを残る妻子は如何に聞くらん」（遺434P）

鄭錦樹（日本名・藤山照芳）　二四歳、陸軍軍属（通訳）、台湾・台南市、絞首刑、マレーシア・クアラルンプール

一三日（月）

田中政雄　三五歳、陸軍憲兵准尉、山口県、死刑、中国・済南（中国軍）「秋風漸く泌まんとする頃、死所を得ざる武人の最後は余りにも哀れであるが之を以て過去一切の事実を清算することが出来るらしく信ずる。歴史は反復する。中日提携の実が果して何時の日に実現するか、武器を失った大和民族は至誠以外に生き得る途はあるまい」（遺65P）

一五日（水）

高橋久雄（通称・鉄雄）　三八歳、陸軍軍属、北海道、銃殺刑、中国・北京（中国軍）「私の大陸に於ける足跡は必ず遠からず中日親善となり表現せられる時の来るを望みます。中国とは今日迄-不幸な関係にありましたが国民全部が民族愛に真心を以て第一歩より踏み出し交はられん事を願ふ。これが将来日本の為ばかりでなく民族の幸福であると痛感するのです」（遺34P）

一七日（金）

横西春吉　二九歳、陸軍憲兵曹長、広島県、死刑、中国・北京（中国軍）

一八日（土）

全官公庁労組共闘委員会（二〇〇万人）が二月一日からの無期限スト突入を宣言（一月三十一日にGHQが中止命令）

矢村三郎　海軍軍属（通訳）、山形県、銃殺刑、インドネシア・バリックパパン（オランダ軍）

二一日（火）

劉長流（日本名・豊島長助） 陸軍軍属（通訳）、台湾・台北州、絞首刑、マレーシア・クアラルンプール（イギリス軍）

河井篤四 二九歳、海軍法務大尉、東京都／埼玉県、自決（未決で拘置中）、インドネシア・バリックパパン（オランダ軍）

大川喜三郎 四八歳、陸軍准尉、三重県、絞首刑、シンガポール・チャンギ（イギリス軍）
「敗戦ノ罪ハ国民ノ誰カ負フベキモノ。計ラズモ大川ガ負フベキト古キ以前カラ因縁ヲ持ッテ居タモノト考ヘテ下サイ。軍人ニシテ戦ノ罪ハ当然デアロウ／祖先おもひ夫おもひの愛し妻今日のおとづれ何と聞くらん／囚庭に浄き囚衆集ひ寄り国幸祈る初日かな」㊱316P、㊮Ⅲ13）

小野寺庄治 陸軍衛生兵長、山形県、絞首刑、シンガポール・チャンギ（イギリス軍）
「（遺言）自宅宛のものありしも其儘送付せり」（㊮Ⅲ13）

千光麟（日本名・千葉光麟） 二六歳、陸軍軍属（俘虜監視員）、朝鮮・京畿道京城府、絞首刑、シンガポール・チャンギ（イギリス軍）「私の死に対して皆様悲しく思わないで下さい。私が愚な為に皆様を心配させました。（略）皆様の幸福を祈りつつ、東洋平和の犠牲として潔く散って行きます」（㊱435P）

工藤彦作 六一歳、陸軍少佐、千葉県／青森県、絞首刑、シンガポール・チャンギ（イギリス軍）「散り果つる今朝の嵐の老桜日出づる国へかへり咲きする」（㊱433P）

二二日（水）

穂積　鋭　四二歳、陸軍大尉、三重県、絞首刑、シンガポール・チャンギ（イギリス軍）
「君恩の有難さに感涙し天皇陛下の万歳を絶唱し新興日本の礎石として神仏に縋りつつ雄々しく静かに逝く。必ずやあの世とやらより一家の御多幸を祈念す。永久に御安意あれ」（遺315P）

山本辰雄　陸軍衛生曹長、兵庫県、絞首刑、シンガポール・チャンギ（イギリス軍）「何モ悪イ行為ハ露程モシテマセン。但ダ何事モ上司ノ命令ニ従ツタノデス。両親ニ対シ何トモ申訳アリマセン。コレモミナ運命トアキラメテ下サイ。辰雄ハ大和桜トシテ華々シク元気デ散ツテ逝キマス」（遺400P）

鈴木荘平　四四歳、陸軍大尉、千葉県、絞首刑、シンガポール・チャンギ（イギリス軍）
「（妻宛て）私は国家の為に働いて死刑になるのです。残念ではあるが仕方ありません。その『仇』は必ず子孫の代になっても取る覚悟を以て新しい日本国家の為に働いて下さい／白菊や威ありて猛からず」（資Ⅲ11、資Ⅲ13）

弘田栄治　二八歳、陸軍大尉、和歌山県、絞首刑、シンガポール・チャンギ（イギリス軍）「チャンギーの絞首台に祖国の万歳を絶叫しつつ散った人々は皆祖国の礎石となって残る国民を信じて立派に安心して逝くのです。此の戦争犯罪人とは皆祖国愛の最も高かった人々と云っても差支へないと思います。（略）今すぐチャンギーの獄に恨を呑んで散華した神達、仏達のいる事を認識して頂きたいと思いませんが、一人で

も多くの方々に認識せしめられたく、これがせめてもの功徳であると考えられます」（遺409P、資Ⅲ13）

二四日（金） **井上源一** 陸軍憲兵軍曹、愛媛県、死刑、中国・徐州（中国軍）

二五日（土） **伴野宗之助** 三一歳、海軍上等機関兵曹、長野県、銃殺刑、ベトナム・サイゴン（フランス軍）「南海の嵐に此の身散り失せどとどめおかまし丈夫の道」（遺557P）

朴成根（日本名・木村成根） 二四歳、陸軍軍属（俘虜監視員）、朝鮮・全羅北道、銃殺刑、グロドック（オランダ軍）

二七日（月） **伊庭治保** 二九歳、陸軍大尉、滋賀県、死刑、中国・漢口（中国軍）「独房の散る桜には未練なし清き真心神のみぞ知る」（遺71P）

二八日（火） **内山秀雄** 二七歳、陸軍憲兵軍曹、愛媛県、死刑、中国・北京（中国軍）

佐々木薫 二七歳、陸軍憲兵軍曹、北海道、死刑、中国・北京（中国軍）

中野政治（正治） 民間人（満鉄駅員）、鹿児島県、病死（有期刑七年で服役中）、中国・瀋陽（中国軍）

二九日（水） **木村亀登** 満洲国軍大佐、東京都／広島県、死刑、中国・瀋陽（中国軍）

二月

四日（火） **曳三千（日本名・曳茂松）** 陸軍軍属（通訳）、朝鮮・慶尚北道、死刑、中国・徐州（中国軍）

六日（木）　オランダ軍がインドネシアにメダン軍事裁判法廷を開廷

石尾　清　陸軍憲兵曹長、北海道、死刑、中国・北京（中国軍）「事件は八年前望都という県城にて部隊の討伐に随行し三名を刺殺したというのでありますが私はこの事件の年月日には望都に赴任しておらず、何等関係が無いので取調の時頑張りましたが聴入れてくれません。（略）私に何等記憶なき事件で処分されるので非常に残念ですが敗戦国国民の悲しさ如何ともなし難く、成るがまま成るより致し方ありません」（㊣63Ｐ）

七日（金）　**及川　勉**　陸軍憲兵軍曹、北海道、不慮死（未決で拘置中に逃亡、射殺される）、インドネシア・アンボン（オランダ軍）

八日（土）　**柿副善治**　三〇歳、蒙疆政府職員（元陸軍上等兵）、佐賀県、死刑、中国・太原（中国軍）

篠川睦積　二九歳、陸軍憲兵曹長、福岡県、病死（未決で拘置中）、インドネシア・アンボン（オランダ軍）

一四日（金）　**池上宇一**　陸軍中尉、熊本県、絞首刑、東京・巣鴨（アメリカ軍）「母上様　宇一は、今出発します。念仏白道以外に、なにもありません／わが心念珠の丸さとおぼえたり」（㊣665Ｐ）

一七日（月）　**工藤政男**　陸軍少佐、大分県、不慮死（有期刑二十五年、逃亡し射殺される）、パプアニューギニア・ラバウル（オーストラリア軍）

二三日（土）

田中寅一　三二歳、陸軍憲兵曹長、愛知県、死刑、中国・広東（中国軍）「十六夜《いざよひ》ノ月影淡シ鉄ノ窓／夢ニ見ル母ノ姿ヤ寂シケレ」（遺61Ｐ）

二四日（月）

進　房太郎　陸軍少尉、福岡県、絞首刑、フィリピン・マニラ（アメリカ軍）

板井久木　三〇歳、陸軍兵長、福岡県／大分県、絞首刑、フィリピン・マニラ（アメリカ軍）

平川富蔵（富造）　三一歳、陸軍憲兵曹長、秋田県、絞首刑、フィリピン・マニラ（アメリカ軍）「米軍軍事裁判ハ決シテ神聖且公正ナラズシテ被告ノ主張ハ全然認メラレズ一方的ナリ。正義人道ヲ唱フル米軍政策ニ如斯裏面ノアル事ヲ身ヲ以テ体験セリ。所謂神様ナラズシテ米軍政策裏面ヲ脱シ得ナイ。神様ヨ、不幸ナル我等ヲ憐ミ給へ、アーメン」（遺617Ｐ）

二五日（火）

槇田時三　三〇歳、陸軍曹長、広島県、絞首刑、フィリピン・マニラ（アメリカ軍）「（最後の言葉）死刑台ノ上ニ上弦ノ月ガ出テ居ル。元気デ行ツタ。七時五十五分」（遺604Ｐ）

馬杉一雄　陸軍中佐、兵庫県、絞首刑、シンガポール・チャンギ（イギリス軍）「わが児等はすぐにのびなん親《おや》なくも神も守らん人も見るらん／わが児等につがしめたきはわが心まこと日本の民となりて死ぬ」（遺415Ｐ）

金長録（日本名・金子長録）　二七歳、陸軍軍属（俘虜監視員）、朝鮮・全羅北道、絞首刑、シンガポール・チャンギ（イギリス軍）「思えば、英国人も、にくいにはにくいが、君と僕と、彼らの当番をさせられた時、キャングという男が自分の煙草の缶の中から

煙草をソッと出して置いて行きながら吸えといったヤンキーもあったね」（遺435P）

金沢振（日本名・武本幸治）　二六歳、陸軍軍属（俘虜監視員）、朝鮮・慶尚南道、絞首刑、シンガポール・チャンギ（イギリス軍）「青春二十六歳　獄中春風落花」（遺437P）

小見　正　三〇歳、陸軍曹長、新潟県、絞首刑、シンガポール・チャンギ（イギリス軍）「玉の緒のたゆる境に尚し思ふ桜よ如何に不二よいかにと／生死去来只是生死去来南無阿弥陀仏」（遺408P）

趙文相（日本名・平原守矩）　二五歳、陸軍軍属（俘虜監視員）、朝鮮・開城府、絞首刑、シンガポール・チャンギ（イギリス軍）「初めて識る大なる悲観は大なる楽観に一致するを／蓋し真実なり。悠々たる大自然に帰するのみ／（壁書き）よき哉　人生　吾事　了れり」（遺438P）

朴栄祖（日本名・新井宏栄）　二五歳、陸軍軍属（俘虜監視員）、朝鮮・慶尚北道、絞首刑、シンガポール・チャンギ（イギリス軍）「（落書き）生神と云へる我輩も死ぬとなるとかなはん（略）死を前にして爽やかな笑声、東より昇る朝日の如し」（遺437P）

信沢　寿　四一歳、陸軍軍医中尉、群馬県、絞首刑、シンガポール・チャンギ（イギリス軍）「大空の青の深さを唯知らん白雲去りて一物もなし／去し方を思へばむなし今朝の露」（資Ⅲ13）

蜂須賀邦房　五六歳、陸軍少佐、大阪府／神奈川県、絞首刑、シンガポール・チャンギ（イギリス軍）「一番俘虜に理解の深かった私が此の運命に陥るとは全く理非が通らぬ。戦い敗れ国が亡びては是が非に、表が裏になるのも如何する事も出来まい。喜んでも死ねない。まして笑っても逝かれまい／異境座戦犯　憂憤独断腸　無褫（筆者注・うばう）武夫胆　刎首尚拝郷」（遺332P）

星　愛喜　四九歳、陸軍大尉、東京都／福島県、絞首刑、シンガポール・チャンギ（イギリス軍）「（妻宛て）大君の詔畏み何事も忍びて生きん御民われらは／三人の子供の母として最後迄頑張って戴きたい。寝ても醒めても君の側を忘れず守り通している事を信じて戴きたい」（遺354P）

山川保二　四四歳、陸軍主計中尉、岡山県、絞首刑、シンガポール・チャンギ（イギリス軍）「（妻宛て）敵人（英人）に三年半も種々苦労いたして俘虜のため何かと努めてやったのですが其のことが全て反対となりて俘虜はこれを反対に感じ日本上司は全て責任を感ぜず、不幸不運の現在の小生の心情御推察下さい／君ならで誰にか見せん梅の花色をも香をも知る人ぞ知る／生雲流水　無礙自在」（遺434P、資Ⅲ13）

二八日（金）　アメリカ軍がマニラ裁判をフィリピンに移管すると発表

三月

三日（月）　**山田秀雄**　三九歳、海軍兵曹長、宮崎県、銃殺刑、インドネシア・メナド（オランダ軍）

「戦争後の決死隊です。三月三日桃の節句に、戦争犯罪者として死刑を受けるのです。（略）三月三日死刑となる。メナド第一回死刑二名。戦争犯罪者は皆血の出るギャクタイを受ける」（遺178P）

八日（土）

平山辰己　二八歳、陸軍憲兵曹長、鹿児島県、銃殺刑、インドネシア・メナド（オランダ軍）

「心中爽快ニシテ恰モ春ノ野ニ遊ブガ如シ。父母兄弟妹ヨ、歎クナカレ。天晴レ出カシタトホメテ下サル様／数ナラヌサザレ小石ノ誠ヲバ積ミ重ネテゾ国ハ泰ケレ」（遺155P）

一〇日（月）

中斎松次郎　三一歳、陸軍軍属、長野県／岐阜県、病死（有期刑二十年で服役中）、東京・巣鴨（アメリカ軍）

山本惣一　三九歳、海軍中尉、岡山県、銃殺刑、インドネシア・ボンティアナック（オランダ軍）

一三日（木）

石松熊雄　陸軍憲兵少佐、福岡県、死刑、中国・徐州（中国軍）

福沢博親　三二歳、海軍上等兵曹、鳥取県、銃殺刑、インドネシア・アンボン（オランダ軍）

「故郷の弥生の春は巡りしが花は散りけり時にそむきて」（遺179P）

一四日（金）

平野幸治　四四歳、陸軍憲兵中佐、千葉県、自決（有期刑八年で服役中）、インドネシア・モロタイ（オランダ軍）

佐野五月　三三歳、海軍上等兵曹、富山県、銃殺刑、インドネシア・ボンティアナッ

ク（オランダ軍）

一七日（月）

田畑盛順　三八歳、海軍軍属（通訳）、鹿児島県、銃殺刑、インドネシア・メナド（オランダ軍）「罪なき一人の普通人として私を記憶して戴きたい。そうしてくれたら私は永遠の天国へ安らかに行くことが出来るでしょう。（略）此の世に於いては私が犯して来た罪やいろいろな悩み、まずしさは許して頂けないものであります。どうぞ神様私の罪をお許し下さってわが魂を救ひ上げて下さい（筆者注・原文はマレー語）」（㊣224P）

中野　正　四二歳、海軍軍属（通訳）、大分県、銃殺刑、インドネシア・メナド（オランダ軍）「（家族宛て）自分自身が反対の立場に立って我が身にそれを感じる時、全く悪い事をしたと後悔しておりますが、後悔した頃は既に遅かったのです。全く人に苦痛を与えるべきものではないという事をつくづく感じます。唯私達がやったのは戦争中の出来事です。こうしなければ戦争を益々不利にしたかも知れません。私自身の名誉の為にやったものでもなければ、自分自身の利益の目的の為にやったものでも無い事は断言出来ます。どうか信じて下さい」（遺205P）

柳井　稔　四八歳、海軍軍属（通訳）、東京都／兵庫県、銃殺刑、インドネシア・メナド（オランダ軍）「（四人の子ども宛て）冬過ぎて春うららかな死出の旅／散ればとて惜しくもあらぬ老母桜唯心に残る吾子の事ども／父は明日死すとも決して恨みを持たず

殉国す。再言す世を恨む勿れ。父なき後は兄が父ぞ、愛せよ弟妹、弟妹は兄を敬せよ」（㊟194P）

一九日（水）

石山有三郎　海軍兵曹、新潟県、銃殺刑、インドネシア・ボンティアナック（オランダ軍）

平山誠一　陸軍軍属（通訳）、大分県、銃殺刑、インドネシア・ボンティアナック（オランダ軍）

二一日（金）

石上　保　三二歳、陸軍憲兵曹長、死刑、中国・北京（中国軍）「（家族宛て）日本軍隊の最後も実にみじめなものでした。吾等の上級者として今日迄指揮して来た連中も終戦と共に責任を免れる為逃走したり或は部下たる兵卒下級士官にその責任を負わしめ己は平然として帰国して行った。（略）日本の侵略行為に対する中国の仇は今此の吾々数百名に肉体的苦痛となって遺憾なく示されているのです」（㊟75P）

小谷野正七　二八歳、陸軍憲兵軍曹、埼玉県／東京都、銃殺刑、中国・北京（中国軍）「戦犯も笑って行くぞ靖国の友／桜花笑って散ろう国の為（死に際して　正風）」（㊟49P）

米田英則　民間人、奈良県、死刑、中国・北京（中国軍）

二三日（日）

趙允台　二三歳、陸軍軍属（通訳）、朝鮮・平安北道、死刑、中国・済南（中国軍）

二六日（水）

黒木伊作　陸軍憲兵曹長、宮崎県、不慮死（未決で拘置中、逃亡後射殺される）、インドネシア・バタビア（オランダ軍）

石井民恵　五八歳、陸軍大佐、石川県／岡山県、絞首刑、シンガポール・チャンギ（イギリス軍）「（妻宛て手紙）英国の奴がホントに何とも云へぬ気持ちがしますが日本が戦争に負けた第一線の犠牲でありまして運命と思っております。（略）神様に御祈りしておりましたがその甲斐もなき様に思います。何卒運命とあきらめて下さい。皆様の御幸福をひたすら御祈り申上げます」（遺363P）

後藤辰次　三一歳、陸軍憲兵曹長、長崎県、絞首刑、シンガポール・チャンギ（イギリス軍）「（姉宛て）ただ鬼畜の如き英豪和蘭（筆者注・イギリス、オーストラリア、オランダ）を恨み、彼等の滅亡のみを念じて行きます」（遺427P）

小林庄造　六一歳、陸軍法務少佐、福岡県、絞首刑、シンガポール・チャンギ（イギリス軍）「私ハ如何ニ考ヘテモ死刑ニ処セラレルベキ理由ヲ発見スルコトガ出来ナイ。（略）之ハ総テ公判ト云フ美名ノ下ニ全クノ報復手段デアルト考ヘル他ニ考ヘ様ガナイカラ私ハ従容トシテ死ンデ行ク気持ニハナレナイ／身はたとえ南の土と化するとも皇御国を護り通さむ」（遺323P、資Ⅲ13）

矢島光雄　陸軍軍医大尉、長野県、絞首刑、シンガポール・チャンギ（イギリス軍）「国の為ほゝえみ我は逝くなれど刑死と聞かば如何思ふらん／我が魂は富士うるわしく桜咲く大和島根に天翔るらん」（遺374P）

中村鎮雄　六一歳、陸軍大佐、熊本県、絞首刑、シンガポール・チャンギ（イギリス軍）「敗戦のにゑと散りゆくわれはまたただ立ち上る国祈るのみ／罪なくて散るも浮世の

ならいぞと吹き行く風はつれなかりけり」（遺363P、資Ⅲ13）

大野忠治　陸軍憲兵曹長、不慮死（未決で拘置中、逃亡し射殺される）、インドネシア・バタビア（オランダ軍）

二七日（木）

田中久一　五八歳、陸軍中将、京都府／兵庫県、死刑、中国・広東（中国軍）

教育基本法・学校教育法を公布、六・三・三・四制と男女共学を規定

三一日（月）

大塚則行　三八歳、陸軍少尉、熊本県、絞首刑、フィリピン・マニラ（アメリカ軍）「肩の傷触る、度に思ふ哉あの激戦に倒れし兵を／ひそかにぞ待ちに待ちたる今日ぞ今日大和桜の香をぞ止めん」（遺588P）

加藤　実　二七歳、陸軍少尉、宮崎県、絞首刑、フィリピン・マニラ（アメリカ軍）「うつし世の覇者権勢のいたづらと笑つて死なん大丈夫《ますらを》の友」（遺615P）

長浜　彰　五一歳、陸軍憲兵大佐、東京都、銃殺刑、フィリピン・カンルーバン（アメリカ軍）「桜花南のはてに散り行くも咲き遷りては国を興さん」（遺601P）

戸塚良一　四九歳、陸軍中佐、静岡県、絞首刑、フィリピン・マニラ（アメリカ軍）

「（家族宛て）戦犯と言っても自分は決して不法行為を命じたり、勿論自分で非戦闘員一人殺した事はない。決して破廉恥的の罪ではない。戦争に負けたことが罪となったのだ。米国の裁判も形式は整っているが決して適正なものではない。幾年かの後には戦犯達が如何に無念の涙を含んで刑に服したかが判明するだろう。殺されたと思うな」

（遺586P）

菅野金吾　四二歳、海軍少尉、福島県、銃殺刑、インドネシア・バリックパパン（オランダ軍）「大和心を心として椰子の木蔭で散り行く早や桜花」（遺238P）

近藤周一　陸軍軍医中尉、福岡県、銃殺刑、インドネシア・グロドック（オランダ軍）

四月

一日（火）

菅原亥三郎　三六歳、海軍上等兵曹、山形県、銃殺刑、フィリピン・マニラ（アメリカ軍）

「（家族への手紙）私の小隊長より死刑（筆者注・捕虜三名）の現場に行く様と言われたから行って実行しただけです。（略）我々戦犯者の上官連は昔豪語した事は知らん振りをして又部下を沢山殺した事も忘れ精神の抜けたごむ人形の様な者です。それでも私は誰も恨みません。むしろそういう人間を憐れと思ひます」（遺621P）

田鋤清人　海軍少尉、福岡県、銃殺刑、フィリピン・マニラ（アメリカ軍）

山口専太郎　四五歳、海軍中尉、京都府、銃殺刑、フィリピン・マニラ（アメリカ軍）

二日（水）

国連安全保障理事会が旧日本委任統治領に対し、アメリカの単独信託統治協定案を可決

常光五一郎　四四歳、海軍上等兵曹、石川県、病死（未決で拘置中）、インドネシア・バリックパパン（オランダ軍）

三日（木）　**安島末蔵**　三〇歳、陸軍憲兵軍曹、福島県、銃殺刑、インドネシア・マカッサル（オランダ軍）「戦犯の汚名にわれは甦るとも心は清き大和魂／国敗れ罪に問はれて逝く身にも思ひは皇国の前途なりけり」（遺160P）

四日（金）　**堀本武男**　三六歳、陸軍大尉、広島県、銃殺刑、中国・広東（中国軍）「千万の軍かへして異つ国に無実の罪負ふ戦争犯罪者はや／悠久の大義に生くる道にして我は逝くなり物思ひもせず」（遺57P）

六日（日）　**小野美夫（義夫）**　三五歳、海軍兵曹長、香川県、自決（死刑判決後または未決で拘置中）、インドネシア・マカッサル（オランダ軍）

七日（月）　**清水光雄**　満洲国警察官、山梨県、病死（死刑判決を受け拘置中）、中国・瀋陽（中国軍）

八日（火）　**白岩定夫**　三〇歳、陸軍大尉、福島県、死刑、中国・太原（中国軍）「残念なのは友邦中国の一部の人々の日本に対する無理解であります。将来何んといっても中国とは手を握って相協力して行かねばならぬ日本の状況であります。私が最後に内地の皆様にお伝え致したきは私がかくの如き結果に陥ったからとて決して友邦中国を恨むが如きこと無く、今後益々中国の理解提携に努力され、そして上は陛下の聖旨にお諭しの如く人類愛の完成に向い貢献されんことを切に懇願致します」（遺35P）

一〇日（木）　**吉田　豊**　三二歳、海軍軍属（通訳、元陸軍軍曹）、東京都、銃殺刑、インドネシア・アンボン（オランダ軍）「つゝ音に玉散る花や朝の露／君見ずや露紅に染む我が血潮

その紅ぞ御国護らむ」（遺244P）

栗原文雄　二四歳、陸軍憲兵軍曹、千葉県、銃殺刑、インドネシア・メナド（オランダ軍）
「君国の為に死すは軍人の本分とする。本懐とする。御両親に先立つ罪並に御生育の恩陳謝す」（遺211P）

一二日（土）

陳見華（日本名・山本次郎）　陸軍軍属（俘虜監視員）、台湾・高雄州、事故死（有期刑十年で服役中）、パプアニューギニア・ラバウル（オーストラリア軍）

吉雄　順　三五歳、民間人（通訳）、長崎県、銃殺刑、インドネシア・ポンティアナック（オランダ軍）

一四日（月）

水元匡（水本登）　警察署長、福島県、死刑、中国・瀋陽（中国軍）

飯間学二　四二歳、海軍警部、神奈川県、銃殺刑、インドネシア・バリックパパン（オランダ軍）

越智義光　三六歳、民間人（元陸軍二等兵）、山口県、銃殺刑、インドネシア・バリックパパン（オランダ軍）

武山慎一　海軍軍属（元陸軍二等兵）、神奈川県、銃殺刑、インドネシア・バリックパパン（オランダ軍）

成清幸男　二七歳、海軍軍属、福岡県、銃殺刑、インドネシア・バリックパパン（オランダ軍）

一五日（火）　**小林登喜次**　二三歳、海軍嘱託、東京都、銃殺刑、インドネシア・メナド（オランダ軍）

一七日（木）　**大塚　操**　陸軍法務少将、長野県、絞首刑、シンガポール・チャンギ（イギリス軍）

「（長男宛て）今迄先行した犠牲者も何れも裁判には承服しないが、ただ君国の為にという精神で皆立派にいさぎよく刑場の露と消えています。全く神そのものの如き崇き姿でした。僕ももはや此等に負けぬ立派な最後を為し得る確信があります。（略）生の執着もなし、死の恐怖もなし、心は明鏡止水の如し。立派な最後が出来そうだ」（㊮412P）

木村　武雄　三三歳、陸軍軍曹、滋賀県、絞首刑、シンガポール・チャンギ（イギリス軍）

「いはれなき罪に問はれて独房に国を憂いて涙乾かず／理不尽の風に散り行く桜花祖国の土にかえり咲かめや」（㊮433P、㊬Ⅲ13）

日高巳雄　五三歳、陸軍法務少将、静岡県／鹿児島県、絞首刑、シンガポール・チャンギ（イギリス軍）「（妻宛て）世人は戦犯者の家族と蔑視するかもしれぬが私は少しもまがったことはしていない。この事はよく承知してくれ。ただの犠牲になったのだ。しかし私は黙々として死んで行くことが君の為、国の為と思い私の死も祖国再建の礎石となるものと確信している。私は名誉の戦死を遂げたものと思ってくれ／罪なくて散るも皇国再建の礎なりと心きはあって」（㊮356P、㊬Ⅲ13）

一八日（金）　**李　安**　三〇歳、陸軍軍属（通訳）、台湾・台南州嘉義市、死刑、中国・広東（中国軍）

「(父宛て)一、我誓って国法を犯さず　二、一妻一子あり　三、他人と金品の貸借なし　四、我処刑さるるも、何人といえどもこれが報復を許さず」(遺32P)

二一日(月)

水馬猛雄　陸軍憲兵准尉、富山県、死刑、中国・広東(中国軍)

高谷巌水　二八歳、陸軍憲兵軍曹、大阪府、死刑、中国・広東(中国軍)「われもまた醜のみ盾とかへりさく時機《とき》来りなば美事さかなん」(遺98P)

中村三郎　三六歳、民間人(厚生公司支配人)、和歌山県、死刑、中国・広東(中国軍)「ひたすらに唯ひたすらに祈るのみ皇国の永久に栄えを/さして行く高峰の月も見えそめて吹く風すがし春の夜の路」(遺96P)

二四日(木)

河野　毅　陸軍中将、神奈川県/山口県、絞首刑、フィリピン・マニラ(アメリカ軍)

藤井　一　三八歳、陸軍大尉、愛媛県/広島県、絞首刑、フィリピン・マニラ(アメリカ軍)

三上孝衛　三二歳、陸軍少佐、東京都/埼玉県、絞首刑、フィリピン・マニラ(アメリカ軍)「(家族宛て手紙)悪い事は絶対にしていない私なのだが何故こんな姿にならねばならないのか、私には全くただの運命とは思われない。こんな判決を受けても決して私はやけなどにはなっていないが何としても私達が受けた裁判に於いてその事件の根本原因の責任は私達ではないと思っている。(略)何故私は殺されねばならないのか、どうしても私にはわからない。ただ人生の無情を感ずるのみである」(遺601P)

二五日(金)

金田政夫(政男)　陸軍大尉、兵庫県、絞首刑、シンガポール・チャンギ(イギリス軍)

館石吉太郎　二八歳、陸軍憲兵軍曹、東京都、銃殺刑、インドネシア・メナド（オランダ軍）「（両親宛て）別に御知らせする事なきも戦犯者として此処に死刑さる。君国の為の戦死と思わば何等変わらず。軍人としてかつ憲兵として勤務地に於て死するは本分としてかつ喜びとす」（遺211P）

中田新一　三六歳、陸軍憲兵大尉、大阪府、絞首刑、マレーシア・サンダカン（イギリス軍）「次の世は聾となりて生まれ来む花も美はし月も美はし／やがて果つるはかなきいのち生きてわれ今日も雲みるひとやの庭に」（遺443P）

二六日（土）

犬島　章　二八歳、陸軍憲兵曹長、富山県、絞首刑、マレーシア・コタキナバル（イギリス軍）

宮本　久　二九歳、陸軍憲兵曹長、兵庫県、絞首刑、マレーシア・コタキナバル（イギリス軍）「死処を得ず汚名の風に散る身にも巡り来らん春を夢みつ」（遺420P）

谷　寿夫　六六歳、陸軍中将、東京都、銃殺刑、中国・南京（中国軍）「（妻宛て）中国側ノ誤マレル認定ノ下ニ只今死刑執行セラル、ハ誠ニ遺憾ニ有之、将来私ノ無実ノ罪ニ死スルコトガ必ズ判明スルコト、確信候。（略）身ハタトへ異域ノ土ニナルトテモ魂ハ返ラン君ガ御側へ」（遺50P）

三〇日（水）

岩政真澄　四一歳、陸軍憲兵大尉、山口県、自決（死刑判決を受け拘置中）、インドネシア・チビノン（オランダ軍）「今ははや為すべき事の終へぬれば静かにたたむあけの浄土

へ／弾丸と散り神となる身に濡れ衣を無実の罪にきるぞ悲しき」（遺740P、自334P）

徳本光信　五六歳、陸軍大佐、愛媛県、死刑、中国・広東（中国軍）「身はたとひ南支の果てにくちるとも魂かけりゆき御国守らむ／親に受け君にさゝげし此の血もて空しく染むる刑場の土」（遺95P）

若松鎮雄　陸軍大尉、新潟県、絞首刑、シンガポール・チャンギ（イギリス軍）「萬歳を叫んで行かん我も亦桜花咲く父母の国／わが魂は鐘馗となりて蹴散さん桜や不二にあだす白鬼ども」（資Ⅲ11、資Ⅲ13）

五月

三日（土）

日本国憲法施行

車釣福　陸軍軍属（通訳）、朝鮮・平安北道、死刑、中国・北京（中国軍）

天皇陛下「日本の安全につきマッカーサーに期待」と発言

六日（火）

鬼頭寛二　二六歳、陸軍憲兵上等兵、愛知県、死刑、中国・広東（中国軍）「祖国の為科なき罪にはつるとも何時かは花咲く時もありけり」（遺86P）

貝塚泰勇　陸軍憲兵軍曹、茨城県、死刑、中国・広東（中国軍）「死の刑もいとふ事なき身にしあれど村の社の母を夢みぬ／運命かと静もり行くか吾が心必ず罪を待つと

なければど」（遺91P）

鈴木　明　陸軍憲兵軍曹、栃木県、死刑、中国・広東（中国軍）「力こそ正義なりとふ原理《ことはり》を此処にして知る死刑囚我れは／如何ならむ罪に堕つとも天地に恥づるものなき我が歩みかも」（遺95P）

一〇日（土）

鮫島宗義　四〇歳、海軍警部（元陸軍伍長）、鹿児島県、死刑、中国・広東（中国軍）「日本の為喜んで死んで行きます。将来の判決の際には明確なる判断の下に採決をお願い致します。将来の日本を助けて下さい。中日紛争は軍閥財閥にして我々に非ず。下級者に何の罪き無き旨申立つ」（遺67P）

一二日（月）

イギリス軍がミヤンマーにメイミョウ軍事裁判法廷を開廷

五十嵐孫三郎　四一歳、陸軍憲兵大尉、福島県、死刑、中国・広東（中国軍）

平野儀一　五七歳、陸軍少将、静岡県、死刑、中国・広東（中国軍）「自分の部下のした事では無いが日本は敗戦の結果、血の賠償を求められるのだ。その犠牲になるのだ／今宵より仏華の萼（うてな、筆者注・蓮台のこと）に住居《すまい》して真如の月をめでる楽しさ」（遺81P）

一四日（水）

森木五郎　陸軍憲兵大佐、熊本県／佐賀県、死刑、中国・北京（中国軍）

一六日（金）

園　正喜　二八歳、海軍上等兵曹、長崎県、銃殺刑、インドネシア・マカッサル（オランダ軍）「日本軍人として自分の任務を完全に遂行し軍の作戦行動に基づき上司の命に依り行いたる事実である。罪悪なる事、非人道の事を行いたる事は何もないのである。天地神明に恥じざる行為であったと自分は信じております」（遺238P）

吉田朝直　三六歳、海軍上等兵曹、愛媛県、銃殺刑、インドネシア・マカッサル（オランダ軍）

堀沢荘六　陸軍軍属（元警察官）、新潟県、死刑、中国・瀋陽（中国）

納富季雄　三七歳、海軍兵曹長、佐賀県、銃殺刑、インドネシア・マカッサル（オランダ軍）「皇国の永遠の栄へを祈りつゝ心やすけく南溟に散る／右は刑執行前における私の心境であります。毎日歌を唄いトランプ、将棋と遊び戦友と共に明かしたものです。死も極むれば案外安らかなものです。決して御悲歎遊ばされぬ様お願いします」（遺242P）

一八日（日）

山中朝夫　二五歳、海軍中尉、広島県、銃殺刑、インドネシア・マカッサル（オランダ軍）「大君の千代に八千代を祈りつゝ心静かに花と散るらん」（遺238P）

二五日（日）

柳雲南（日本名・柳川廣雄）　三三歳、陸軍通訳、朝鮮・慶尚北道、死刑、中国・徐州（中国軍）

二七日（火）

野間賢之助　五一歳、陸軍憲兵大佐、東京都／岡山県、絞首刑、香港（イギリス軍）

増田三好　二七歳、陸軍憲兵軍曹、熊本県、銃殺刑、インドネシア・アンボン（オランダ軍）

二八日（水）

上谷喜多一　三三歳、陸軍曹長、岡山県、絞首刑、シンガポール・チャンギ（イギリス軍）

「大君の為には何か惜しからむシンガポールの土と化すとも／散り果てし桜の後の撫子はいかなる色に露やおくらむ」（㊤323P）

原田熊吉　五八歳、陸軍中将、香川県／東京都、絞首刑、シンガポール・チャンギ（イギリス軍）「南溟の嵐に花と散りぬれど君のためなりとはにかほらむ／君がため花と散れりと世に宣べよ海をわたりてかへるみつばめ（筆者注・「死んでゆく気持」と題し、死刑囚の思いを赤裸々に綴った長文の記録がある）」（㊤375P）

二九日（木）

押木三喜蔵　二七歳、陸軍憲兵軍曹、新潟県、銃殺刑、インドネシア・メナド（オランダ軍）

植村良四郎　五四歳、満洲国官吏（衛長）、宮崎県、病死（死刑判決を受け拘置中）、中国・瀋陽（中国軍）

六月

九日（月）

石坂　巌　陸軍憲兵伍長、福井県、絞首刑、フィリピン・マニラ（アメリカ軍）「（父宛て）男子と生まれて来て戦の庭に立ちつつ死するのは元より覚悟、然し戦は止みて祖国の平和を知りつつ他国の土と化さねばならないのが残念です。勿論原告の正しい証言があって死を宣告されたのでしたら何も此の様な事は申しませんが、しかし嘘八百の造り事を証言されたのです。全然無関係なる者まで死の宣告をされてお別れ致します」（㊤609P）

宇内文次（文治） 四八歳、陸軍憲兵中尉、山口県、絞首刑、フィリピン・マニラ（アメリカ軍）「（妻宛て手紙）男子として戦場に散華することは本望なりと覚悟するも戦犯の名を負う事は残念至極、自分の心には何も悪いと思う事は一つも無い。（略）多くの戦友を失い多くの部下を失いたる私は生残りの責任を負わされたので、私は悪事をしたのではない。判決には大不満である」（遺583P）

吉田忠志 陸軍憲兵曹長、熊本県、絞首刑、フィリピン・マニラ（アメリカ軍）

河野三郎 陸軍憲兵曹長、大分県、病死（有期刑七年で服役中）、中国・瀋陽（中国軍）

一〇日（火）

高橋敬逸 陸軍曹長、宮城県、死刑、中国・漢口（中国軍）

中川正雄 三二歳、陸軍憲兵准尉、京都府、死刑、中国・北京（中国軍）「吾は今義の為恥を忍ぶれど踏みたる道に悔ぞ残らじ／何事も語り継ぐべき名も立てず身の恥のみを遺す憂世に」（遺69P）

一一日（水）

松本　潔 三三歳、陸軍憲兵曹長、奈良県、銃殺刑、中国・南京（中国軍）

汐海　茂 四四歳、陸軍憲兵准尉、富山県、銃殺刑、中国・北京（中国軍）「（子ども宛て）父の死は決して私的のものでない。事件にタッチせずというも公務上に基因するもの故、いささかも世の中の誰に憚ることなきを承知する様、むしろ一同の誇りなりと確信しあるを以て、正々堂々各自の所信に突進せられよ。くれぐれも申し置く」（遺71P）

一二日（木）

朴亨俊 陸軍軍属（通訳）、朝鮮・平安北道、死刑、中国・北京（中国軍）

一三日（金）　**福田永助**　陸軍憲兵曹長、秋田県、死刑、中国・済南（中国軍）

一七日（火）　**下田治郎**　二九歳、陸軍憲兵軍曹、広島県、死刑、中国・上海（中国軍）「（母宛て）刑場に引出される前にあたり一筆最後の筆を取ります。老後の孝養も出来なかったことをくれぐれもお赦し下さい。厳島神社のお礼参りは決して忘れぬ様にお願い致します（六月十七日二時二十分　於上海監獄）」（遺76Ｐ）

米村春喜（春樹）　五二歳、陸軍憲兵大尉、熊本県、死刑、中国・上海（中国軍）

一九日（木）　**池田末吉**　海軍嘱託、長崎県、銃殺刑、インドネシア・マカッサル（オランダ軍）「暁に椰子の葉露の落るとき未だ見ぬ国の橋を渡らん／美しき神の国へ招かれて暮れ行く空へ明日ぞ旅立つ」（遺244Ｐ）

金井　清　二二歳、海軍嘱託、群馬県、銃殺刑、インドネシア・マカッサル（オランダ軍）「死シテ尚君ニ尽サム益良夫ノ心ハ祈ル国ノ彌栄」（遺154Ｐ）

畑田　実　二五歳、海軍嘱託、山梨県／福井県、銃殺刑、インドネシア・マカッサル（オランダ軍）「死（四）は悟（五）の下なり。悟れば之悠々快々／身は縦ひ南の果に朽ちぬとも守らでおかじ大和島根を」（遺153Ｐ）

桜井好文　四七歳、海軍軍医大佐、東京都／千葉県、銃殺刑、インドネシア・マカッサル（オランダ軍）「（妻宛て）子供等に特に申したきは、小生死刑（銃殺）に処せらるるとも破廉恥罪に非ず、戦に破れしが故に国家の人柱として死するものに有之、世間

の者が如何に批評するとも決して『ひがみ』の心を持たざること、自分を知る貴女に関しては心配せず」（遺204P）

阿部孝壮　五五歳、海軍中将、神奈川県／東京都、絞首刑、グアム（アメリカ軍）

伊藤喜久二　六二歳、陸軍中佐、栃木県／東京都、絞首刑、グアム（アメリカ軍）「千代八千代かけて護らん日の本を我も神の子一人となりて」（遺730P）

酒井原繁松　五二歳、海軍少将、東京都／山形県、絞首刑、グアム（アメリカ軍）「（巣鴨の元部下宛て）貴官には大鳥島に於て小生の部隊に配属されありし間に戦争犯罪の科を蒙らる、誠に申訳なし、何卒御容赦被下度候。降て小生本日死刑執行に御座候。永い間の御苦労に対し謝する言葉も無之候。御機嫌好う」（遺731P）

庄司幸寿　二五歳、海軍上等水兵、茨城県、絞首刑、グアム（アメリカ軍）「（家族宛て）お前は私の事件を知ってどう思うだろう。鬼と思うだろう。無理もない。思う存分恨んでくれ。今はあれもこれも書きたいことばかりで何から書いてよいか見当もつかない。いや何にも言えない。ただお前にわびるのみ。達者で暮らしてくれ」（遺731P）

高階喜代志　二五歳、陸軍上等兵、宮城県、絞首刑、グアム（アメリカ軍）「（友人宛て）時候挨拶が真先になるのだが今度だけは許してくれ。しかもこれが最初の手紙だったし、また最後のものであろう。そして何を書こうかという纏まったものもなく甚だ気を楽に思い出し思い出し書いて行く積りだ。（略）昭和二十二年六月十八日午後四時近く終る。後残るところ生命僅かに四時間。書きたいこともある様で書けない。素直に書こうと思ったことも変に表現してしまう。ただ最後の手紙なる故に書いた様だ。それでも許してくれ」（㊧721Ｐ）

二五日（水）

中島　昇　陸軍大尉、新潟県、絞首刑、グアム（アメリカ軍）

沢　栄作　五四歳、陸軍大佐、東京都／神奈川県、銃殺刑、中国・広東（中国軍）「心あるもの忘るなよ　戦敗れし其の陰に　無念の涙しのびつゝ　祖国の方を伏拝み　国に殉ぜし戦犯を　国に殉ぜし戦犯を」（㊧97Ｐ）

山口久美　三八歳、陸軍憲兵少尉、佐賀県、死刑、中国・広東（中国軍）「死は固より覚悟の上、今日国破れ皇軍亡ぶ秋に当り吾等武人のその生命を共にするは良き死処を得たりと武人の本望とする処に御座候。然るに吾人として血あり、涙あり。敗戦の今日静かに家郷を偲ぶ時真に胸を打たるるもの有之候。（略）吾等の生命も余す数日と思われ候もそれまでは元気に極めて朗らかな日々を送る積りにて候（昭和二十二年四月三日）」（㊧88Ｐ）

二六日（木）

大石正幸　五〇歳、陸軍憲兵大佐、栃木県／石川県、銃殺刑、シンガポール・チャンギ（イギリス軍）「（両親宛て）私は責任ありと云ふわけで、全く不合理な不明瞭な理由をつけられて死刑に処せられるのです。ですから私自身少しも罪ありとは考えて居ません。英国の支那に対する政策上の犠牲になったのだ、復仇の犠牲になったと思って

諦めてゐます／心にはかげやどすべきもののなしおのづからなるさだめと思へば」（遺351P、資Ⅲ13）

河村参郎　五二歳、陸軍中将、東京都／石川県、絞首刑、シンガポール・チャンギ（イギリス軍）「英軍司令官閣下、何卒賢明なる判断に依り政治的考慮と博愛的精神の下、真に戦争裁判の目的とせる世界恒久平和達成の見地に立帰り本裁判の在るべき態度を再検討せられたいのであります。（略）獣的復讐の念を以て裁判を苛酷に取扱うが自国民の感情緩和の為有利なりとのみの見解をとるのか、神的公正友愛の念を以て温情妥当の取扱いを為すことが将来の友好平和の為採らざるべからざるものなりとの信念を以て事に当るか、要はこの二者何れを採るべきやの判断に存するのであります。英軍司令官閣下の切なる熟慮再考を促す次第であります（処刑前日）」（遺311P）

合志幸祐　三八歳、陸軍憲兵大尉、熊本県、絞首刑、マレーシア・クアラルンプール（イギリス軍）「散りて行く此の身は如何で惜しからむ愛しき部下のためと思えば／ひたすらに還りを待ちわぶ妻子らは今日のおとづれ何と聞くらむ」（遺334P、資Ⅲ13）

二七日（金）

岡見　弘　陸軍中尉、香川県、絞首刑、ミヤンマー・ラングーン（イギリス軍）

片山四郎　三八歳、陸軍伍長、徳島県、絞首刑、ミヤンマー・ラングーン（イギリス軍）「（妻宛て）月の夜に窓にもたれて君想ふ」（遺303P）

神野保孝　二八歳、陸軍中尉、岡山県、絞首刑、ミヤンマー・ラングーン（イギリス軍）

「（故郷宛て）国民斉しく此の身代りとして喜んで散っていった勇士の霊を抱き遺志を継ぎ、国家の為此の尊き犠牲者の為個人の生活を犠牲にしても祖国の再建に邁進しなくてはなりません。（略）終戦まさに二年にもならんとする今日に於いて、今なお戦の犠牲となり痛恨の涙をのみ、ただ一筋に聖寿の万歳と祖国の再建のみを祈り従容として死につく姿を永久に忘るべきではありません」（遺）３０７Ｐ）

二八日（土）　**清水豊緒**　三九歳、陸軍憲兵少佐、三重県／奈良県、死刑、中国・北京（中国軍）

小林愛男　陸軍憲兵曹長、東京都、死刑、中国・済南（中国軍）

七月

二日（水）　**鈴木直臣**　二九歳、海軍少佐、神奈川県／千葉県、絞首刑、パプアニューギニア・ラバウル（オーストラリア軍）「余の不徳により多数の部下を犠牲にせしことは最後まで遺憾のことなり。（略）戦時中部下九十七名を失う。指揮官として生還することは毛頭考慮しおらざりき。任務完遂武人の名誉に生く。部下の遺族と知らば皆様より慰問されたし」（遺）４９５Ｐ）

五日（土）　**江口末広**　陸軍憲兵准尉、佐賀県、銃殺刑、インドネシア・アンボン（オランダ軍）

八日（火）　**伊藤秋由**　三四歳、陸軍憲兵軍曹、福岡県出身、銃殺刑、インドネシア・メナド（オランダ軍）

九日（水）**田沢　勇**　陸軍憲兵准尉、新潟県、銃殺刑、インドネシア・メナド（オランダ軍）「ゆるされて寝棺に納まる果報者」（遺177P）

西浦堯三　陸軍軍属（刑務所長）、大阪府、銃殺刑、インドネシア・メダン（オランダ軍）「かからんとかねて知りせばみいくさのさ中に華と散りにしものを／罪はなし赤き心は天地の神知りまさん赤き心は」（遺237P）

守屋　博　陸軍憲兵軍曹、岡山県、銃殺刑、インドネシア・メナド（オランダ軍）

鶴野信雄　満洲国警察官、熊本県、死刑、中国・瀋陽（中国軍）

一二日（土）

渡辺荘蔵　三七歳、海軍軍属、福岡県、銃殺刑、インドネシア・バリックパパン（オランダ軍）「自分は決して恥かしいことをして罪を受けたのではない。ただ国のため、一生懸命、働きつくした事が、敵国人の気に入らず処刑をされるのだから、立派に刑を受ける。妻子のことを思うと何とも可哀想であるが、苦しくとも人々に笑われないよう生活と戦って行って貰いたい」（遺252P）

秋田正義　満洲国官吏、宮城県、病死（有期刑三年六月で服役中）、中国・瀋陽（中国軍）

一三日（日）

今川三郎　二五歳、海軍二等兵曹、千葉県、事故死（未決で拘置中）、グアム（アメリカ軍）

一六日（水）

佐野久一　三三歳、陸軍憲兵曹長、愛知県、事故死（有期刑五年で服役中）、パプアニューギニア・ラバウル（オランダ軍）「（最後の手紙）国を出てから丸五年、積る話も山程ある。毎夜床の中で神仏に祈念し爾後帰国したら何から話そうかと何時も考えている。よく

今までの五年間の試練にたえたと思う」（遺５３９Ｐ）

花村善之　陸軍憲兵軍曹、岐阜県、銃殺刑、ベトナム・サイゴン（フランス軍）「大東亜戦争ニ御奉公致スモ終戦ノ止ムナキニ至ッタ事ハ誠ニ残念デスガ天命ノ致ス処致シ方アリマセン。（略）此ノ死ヲ心ヨリ喜ンデ死ニ付キマス。此ノ死コソ戦場ニ於ケル戦死ト何等気持ニ変リ有リマセン」（遺５５７Ｐ）

原　徹郎　二九歳、陸軍憲兵少佐、島根県、銃殺刑、ベトナム・サイゴン（フランス軍）「丈夫はかくなる運命悔ゆるかも驄て（筆者注・やがて）咲かせん山桜花」（遺５５９Ｐ）

大槻富夫　三一歳、陸軍憲兵曹長、京都府、銃殺刑、ベトナム・サイゴン（フランス軍）「我れ今正に従容として死に就かんとす。戦に勝たんが為、努力して御奉公したるが為の戦犯ならば、今更何ら悔ゆる事なし。ただ日本軍人として恥じざる態度で進まんのみ。（略）我が死、我は名誉の戦死に外ならずと信ず。希くば、大東亜戦の名誉の戦死者の遺家族と同様、日本軍人遺家族としての恥じざる態度を執らんことを切望す」（遺５５８Ｐ）

一七日（木）

長島熊雄　満洲国官吏、京都府／熊本県、死刑、中国・瀋陽（中国軍）

萩原四郎　民間人、神奈川県、病死（有期刑十五年で服役中）、中国・瀋陽（中国軍）

一八日（金）

朴永俊（日本名・林永俊）　二四歳、陸軍軍属（俘虜監視員）、朝鮮・全羅北道、絞首刑、シンガポール・チャンギ（イギリス軍）「（戦犯仲間への言葉）悪いことはしていない。

それだけはわかってほしい」（資Ⅲ12）

一九日（土） **狩野里一** 民間人、北海道、死刑、中国・北京（中国軍）

二〇日（日） **山元政雄（正雄）** 民間人（華北交通社員）、鹿児島県／奈良県、死刑、中国・北京（中国軍）

池谷鉷一 海軍二等衛生兵曹、静岡県、自決（未決で拘置中）、グアム（アメリカ軍）（筆者注・自決日は七月二日の記述もある）

二一日（月） **本間孝雄** 二八歳、陸軍憲兵軍曹、新潟県、絞首刑、マレーシア・ジョホールバル（イギリス軍）「（兄宛て）戦い敗れ国家と運命を共にして散って行く今日、孝雄は立派な戦死です。決して悲しまないで下さい。家の『坪の内』の陽当りの良い所に八重桜を一本植えて下さい。孝雄の魂は故郷の父上母上の下に帰ります／尽すべき道を尽して吾は死す誠の心神ぞ知るらん」（資Ⅲ13）

二二日（火） **久保内重則** 陸軍軍属（通訳）、高知県／大阪府、死刑、中国・北京（中国軍）

山田通尉 二六歳、陸軍一等通訳、埼玉県、死刑、中国・北京（中国軍）「戦犯に問われたるも俯仰天地に恥づること無し。ただただ国力の及ばざる所、千歳の痛恨事なり。今異域に刑場の露と消ゆるともこれ天の命ずる所、父上始め家族一同御健在に」（遺61P）

二五日（金） **岡崎久輔** 陸軍准尉、福島県／熊本県、死刑、中国・瀋陽（中国軍）

二六日（土） **兼石　續** 四一歳、海軍大尉、山口県、死刑、中国・広東（中国軍）「私は無実の罪

で死刑になるのは誠に残念である。しかし日本が無条件降伏後に於て日本の国体と国土を護り日本民族の滅亡を止めるためには血の代償は是非必要なるを肝に銘じ、国家の犠牲となる私の心中を親も兄弟も妻子も知って戴きたい。（略）私は無実の罪にて死刑になるも将来日本民族は感情により事を処すことなく、中国の報復手段に徳を以て応え立国の大本とせられ度。東亜の和平、中日親善について将来必ず一致するを信じて従容として死に就く」（㊟38Ｐ）

田中勇高　三一歳、陸軍伍長、北海道、死刑、中国・広東（中国軍）「（父宛て）小生は死刑の判決を受けしが一方的審判に依って報復手段の犠牲となる。小生の身に覚えなきことなり。また我々の行動は何等天地に恥じることなく死刑執行を受くる際も見醜い死に方は致しません。何分その点は御安心下さい」（㊟63Ｐ）

富田堯人　四九歳、海軍大尉、山口県、死刑、中国・広東（中国軍）「落ちて浮く椿の花の赤きかな／葉陰れに散っても赤き椿かな」（㊟46Ｐ）

水谷正勝　陸軍憲兵軍曹、奈良県／大阪府、死刑、中国・広東（中国軍）

望月為吉　四一歳、海軍中尉、広島県／三重県、死刑、中国・広東（中国軍）「私は死刑の執行を受くるも全然無実の罪なり。子孫はこれがため処刑されたるに依り何ら恥じる必要なし。（略）私はここに帝国海軍軍人として従容として死地に就く。遺族は私の意を体して将来を処せられたし」（㊟47Ｐ）

二八日（月） **奥村光男**　二八歳、陸軍憲兵軍曹、岐阜県、銃殺刑、インドネシア・メナド（オランダ軍）
「罪なき者罪に問はれて吾も又南溟の野辺に今ぞ散り行く／木曽川のほとりに咲きし山桜今ぞ散りゆく『メナド』河原に」（遺２３５Ｐ）
小関正義　二五歳、海軍軍属、北海道、銃殺刑、インドネシア・メナド（オランダ軍）「君国の為現在の様な事情になりましたことを御許し下さい。何も言い遺すことはありません。七度生れ変りて君国に尽さん。御両親始め御一同様の御多幸を祈る。天皇陛下万歳」（遺２３７Ｐ）

三〇日（水） **近藤秀雄**　陸軍軍属（元陸軍一等兵）、愛知県、銃殺刑、インドネシア・メナド（オランダ軍）

七月中 オランダ軍がインドネシアにクパン軍事裁判法廷を開廷
陣内春雄　民間人（画家）、福岡県、病死（死刑判決を受け拘置中）、中国・瀋陽（中国軍）

八月

一日（金） フィリピン軍がマニラ軍事裁判法廷を開廷

三日（日） **西村平八郎**　陸軍憲兵少佐、福岡県、死刑、中国・北京（中国軍）

四日（月） **姜延寿**　海軍巡査補、台湾、死刑、中国・広東（中国軍）

七日（木） **馬場正郎**　五十五歳、陸軍中将、東京都／神奈川県、絞首刑、パプアニューギニア・ラバウル（オーストラリア軍）「（オーストラリア軍司令官宛て）此等ノ入所者ハ仮令戦犯トシテ挙ゲラレテオリマスルトモ当時ノ戦況ヲ考ヘマスト実ニ同情ニ堪エナイモノガアリマス。（略）日豪関係マタイツマデモ仇敵視スベキモノデモナイト考ヘマス。日本ノ将来ヲ担フ者ハ此等入所者ノ如キ歳若キ人々ト其指導的人物デアリマシテ今ノ時ニ於テ相互理解シアイテ将来ノ計ヲタテルコトハ緊要ノコトト考ヘマス。ココニ刑ノ執行ヲ前ニシ閣下ノ御健勝ヲ御祈リスルト共ニ右御願イイタシマス（八月六日）」（遺５０４Ｐ）

八日（金）

五十嵐政蔵　陸軍憲兵曹長、山形県、銃殺刑、インドネシア・メナド（オランダ軍）

昆　達雄　陸軍憲兵軍曹、岩手県、銃殺刑、インドネシア・メナド（オランダ軍）

花房　丘　陸軍通訳、岡山県、銃殺刑、インドネシア・メナド（オランダ軍）「戦い利あらずして破れた現在何も言残すこともありませんが、今日に至るまで御心配ばかり相掛け何一つ孝養出来得なかった不孝の罪、これのみ心残りであります。日本人として恥じぬ立派な態度を以て行きますから御安心下さい」（遺２１１Ｐ）

九日（土）

安村大熊　陸軍憲兵曹長、広島県／鹿児島県、銃殺刑、インドネシア・アンボン（オランダ軍）「山桜無情の風に散りぬとてふたたび咲かん春は来ぬべし」（遺１９０Ｐ）

一二日（火）

市川　茂　五一歳、陸軍憲兵大尉、東京都／長野県、銃殺刑、ベトナム・サイゴン（フランス軍）「五十路すぎ草餅こひし里の暮／幾歳か愛でし皐月や今何処」（遺５６４Ｐ）

織田　進　二八歳、陸軍憲兵曹長、愛媛県、銃殺刑、ベトナム・サイゴン（フランス軍）

「皇国《くに》の為何ぞ此の身の惜しからん散りて甲斐ある桜花なりせば」（遺557P）

加納俊定　二七歳、陸軍憲兵伍長、富山県、銃殺刑、ベトナム・サイゴン（フランス軍）

「私ハ軍人トシテ張切ッテ御奉公致シタ次第ナリ。嬉々トシテ靖国ノ門ニ入ルモノナリ。日本ノ若人ヨ、新興日本ヲ担ッテ日本人ノ真姿ヲ発揮シテ下サイ。戦友各位ノ御健闘ヲ御祈リ致シマス」（遺555P）

苅田清二（清三）　陸軍憲兵准尉、兵庫県、銃殺刑、ベトナム・サイゴン（フランス軍）

桑畑次男　三七歳、陸軍憲兵少尉、宮崎県、銃殺刑、ベトナム・サイゴン（フランス軍）

「平戦を問わず人間には人道上最高の理想を実現すべき義務があり、戦時中といえども万難を排し其の具現に努力すべきである。この観点に於て厳密なる意味に於ける個人の責任の帰趨を云々するに非ず、仏側の表現せる如く日本軍の負うべき責任である。其の責任に殉ずるは本懐なり。隊内の一切の事情を知悉した今静かに反省する時、人間の思索力乃至注意力には一定の限度があり『知るべきを知らざりしこと』『気づかざりしこと』『思索の徹底を欠きたること』（搭乗員事件の如し）等始めて知り始めて気付くこと多し。（略）私が父母上の教えに反し法律も人道も無視する程品性が低下しているとせば、搭乗員数名を日本軍に於て処刑し、今日またこの処刑に関係した日本軍将兵多数が戦犯として処刑されたであろう。幸にしてこの惨事を未然に防止するを得、両者共に救はれたるを思えば私は満足です。これも父母上の御蔭と感謝します」（遺

568P）

笹　邦義　二七歳、陸軍憲兵軍曹、長野県、銃殺刑、ベトナム・サイゴン（フランス軍）「三千歳の皇国の生命に殉じては名を百千世にあげて逝かばや／父母の御墓に参らず我は逝く不孝なる子は悲しからずや」（遺564P）

富田文市　三五歳、陸軍少佐、静岡県、銃殺刑、ベトナム・サイゴン（フランス軍）「我国は神の国なり神祭る富士が根と共に永久にゆるがじ／越南の土に我魂留りて皇国の花咲く春を祈らん」（遺556P）

古川信一　陸軍大尉、三重県、銃殺刑、ベトナム・サイゴン（フランス軍）

横溝道之助　陸軍憲兵曹長、神奈川県、銃殺刑、ベトナム・サイゴン（フランス軍）

黒沢次男　三四歳、陸軍嘱託／陸軍憲兵軍曹、栃木県、死刑、中国・上海（中国軍）「力を尽して生への欲求とともに死の恐怖と闘って来た。私の全能の限りを。しかし今は安らかならざる心を平静にしてすべてを待とう。天然の命ずるまま　美しく、美しく」（遺4P）

一三日（水）

長谷川貞造　三〇歳、陸軍大尉、群馬県、銃殺刑、インドネシア・グロドック（オランダ軍）「（両親宛て）戦争犯罪の汚名の下に処断されるということは返す返すも残念のことですが、これも祖国敗戦の犠牲として誰がこの職にあってもこの苦痛を忍ばねばならぬので、たまたま自分がその職にいたのであると諦めております。（略）聞く所によれ

ば戦犯で死刑に処せられた者は戦死と同様の取扱いを受けるとのことで私も幾分心の安まる気が致します」（遺181P）

一四日（木）

富田　徳　二九歳、陸軍憲兵軍曹、愛知県、死刑、中国・上海（中国軍）「青山を哭き枯らすとも飽き足らぬ己が涙を神ぞ知るらん／吾れいざ逝かん聖寿の彌栄を祈りつつ」（遺81P）

一六日（土）

尾前政楠　海軍上等機関兵曹、和歌山県、病死（未決で拘置中）、インドネシア・バンジャルマシン（オランダ軍）

井野勝太郎　三六歳、海軍警部、東京都／山梨県、銃殺刑、インドネシア・マカッサル（オランダ軍）「（義父宛て）何ら破廉恥罪に非ず。戦争中日本国民の一員として職場を守り、一意、完勝の為努力したることが、敗戦の結果、戦犯者として問わるることとなりたるものにて、今更言い訳がましきことを附言するの要なきも、愚婿の意中何卒察し相成度」（遺251P）

田中藤重　海軍警部、新潟県／東京都、銃殺刑、インドネシア・マカッサル（オランダ軍）

中山（旧姓・名嘉山）興純　三六歳、海軍警部、沖縄県、銃殺刑、インドネシア・マカッサル（オランダ軍）「宿命《さだめ》とぞ悟りて逝かむ永遠の旅御代安かれと吾祈りつゝ／欲もなく名もなく果つる今吾の思ふは誠一条の道」（遺213P）

二二日（金）

岩広一二　二七歳、陸軍伍長、鹿児島県、死刑、中国・広東（中国軍）「（妻宛て）永

い間苦労させて済まなかった。縁あって夫婦になったが十年近くも海を距てて数百里西と東に別々に暮しついに相見る機会を得なかったことは誠に遺憾である。（略）大東亜建設の戦も幾百万の犠牲者を出しただけでついに空しく終りを告げた。我々もこの歴史の遷り変りの犠牲として祭壇に供せられたのだ。自分はこの犠牲によって将来日本の再建に役立つことが出来るなら喜んで死ぬ」（遺84Ｐ）

河村伍郎　陸軍憲兵准尉、山口県、死刑、中国・済南（中国軍）

二六日（火）

井上神奈雄（神奈男）　三三歳、陸軍軍属（通訳）、東京都／石川県、死刑、中国・香港（イギリス軍）

二八日（木）

市川正広　四二歳、陸軍憲兵大尉、静岡県／東京都、銃殺刑、中国・広東（中国軍）「夜半にさめふと寝かへれば足枷の鎖の音に我と驚く／一すじに吾れを頼りに生きし妹の死刑のしらせ何ときくらん」（遺52Ｐ）

遠藤勘一郎　二八歳、陸軍伍長、群馬県、死刑、中国・広東（中国軍）「（父宛て）私は何ら一つとして戦犯として引掛かるようなことは致しておりません故、このことだけは信じて下さい。ただ私は不運にも国家賠償の一員として散るのだと思っております。それを唯一のなぐさめとして長い間海山の御恩ある二親様に何一つ孝行のまねごとも出来得なかったことを残念に存じます。幾重にも御詫び致します」（遺62Ｐ）

二九日（金）

小川和一　四〇歳、海軍上等衛生兵曹、千葉県、自決（未決で拘置中）、東京・巣鴨（ア

メリカ軍）「（妻宛て）「最愛の妻よ、お前に苦労をかけてすまない。子供達五人がひがまないように育ててくれ。この戦争ではお前達のような可哀想な者が沢山出来たのだ。（略）俺の霊魂はお前達の幸いになるように守っている」（遺676P、自229P）

星野正二　陸軍曹長、新潟県、銃殺刑、インドネシア・グロドック（オランダ軍）

九月

一日（月）

山下時満　二五歳、陸軍伍長、鹿児島県、銃殺刑、中国・広東（中国軍）「無実の許に裁かれゆく我が身ぞ悲しき」（遺50P）

二日（火）

陳煥彩　陸軍軍属（通訳）、台湾、死刑、中国・北京（中国軍）

三日（水）

萩野舜平　二九歳、陸軍少尉、奈良県、銃殺刑、フィリピン・マニラ（アメリカ軍）「（父宛て）もしも米国の告発者が正しき判断を以て調査すれば小生は有罪にては無之候えども、今や最早生き延びるべき望みは無之候。何とぞ小生申上ぐる処を御信用被下度候。（略）小生は『力は主人公にして正義は召使人なり』と信じ候」（遺608P）

南條正夫　二七歳、陸軍中尉、宮城県、絞首刑、フィリピン・マニラ（アメリカ軍）「運命の皮肉をかこち戦犯で比島の露と消えてゆくかな／故郷の隆昌祈り我は逝く先立つ部下の御跡慕ひて」（遺593P）

西川清志　二七歳、陸軍中尉、福井県／大分県、絞首刑、フィリピン・マニラ（アメリカ軍）

浜崎直記　三七歳、陸軍曹長、熊本県、絞首刑、フィリピン・マニラ（アメリカ軍）「わすれじと行く末までは難けれど今日を限りの生命ともがな」（遺618P）

山口正一　五七歳、陸軍大佐、京都府／千葉県、絞首刑、フィリピン・マニラ（アメリカ軍）「一、吾等断ジテ戦犯者ニアラズ、大命ニヨリ行動ス。大命ニヨリ敵ニ投ゼリ。二、戦闘行動中ヤムニ止マレズ行ハレタルコトガ戦犯ナル罪名ニ問ハル。三、祖国ノ人々、斯クシテ吾等及ビ吾等ノ部下ノ所謂戦犯ナル罪名ニ問ハレテ、逝ケル者ヲ観ジテハ遺憾ノ想ヒニ堪ヘズ。遺族亦断ジテ戦犯者ノ遺族ニアラズ。是ヲ白眼視シテハ日本ノ将来推シテ知ルベキ而巳」（遺591P）

岡田為次　五二歳、海軍少将、奈良県／東京都、銃殺刑、パプアニューギニア・ラバウル（オーストラリア軍）「（同囚宛て）共に内地に帰れば及ばずながらとは考えていましたが、とうとう御恩報じの機会なくして逝きます。再建日本は命も名誉もいらないという南洲（筆者注・西郷隆盛）の如き人傑をもっとも必要とします。（略）万事熟慮断行です。計画（戦略）は細心に実行（戦闘）は勇敢に、これは徳川家康の耳に怯に目に勇にとその臨終に残した言と聞いています」（遺546P）

阿部正博　陸軍軍属、新潟県、絞首刑、マレーシア・クアラルンプール（イギリス軍）

中村鶴松　五六歳、陸軍軍属、岩手県、銃殺刑、マレーシア・クアラルンプール（イギリス軍）「神代よりゆるぎなかりし日の本も戦ひ破れ生きて甲斐なし／我なくもあ

とをたのむぞくれぐれもやがては伸ばせ我が子孫ひこ」(遺398P)

五日（金）

芦田昭二　三三歳、陸軍大尉、東京都、銃殺刑、インドネシア・グロドック(オランダ軍)

「(母宛て)僕平生の修養未熟にして慎独天地を格す事出来申さず、大事に立ち到りました。かつ部下若干名に対してもそれぞれの負担を生ぜしめしこと、僕の不徳故、まことに申訳なし。すべては戦に敗れしことに在りとのほか、ただ今何も説明の言なく自ら釈然として後日の批判を俟つのみ。(略)戦陣に臨みて身予ねて僕の念頭になし。今このことに及ぶも従容平静を失することはありません。よくよく御休心下さい」(遺177P)

大塚盛男　陸軍憲兵准尉、大分県、銃殺刑、インドネシア・グロドック(オランダ軍)

崔昌善(日本名・大山隆正／隆昌)　三〇歳、陸軍軍属(俘虜監視員)、朝鮮・咸鏡南道、銃殺刑、インドネシア・グロドック(オランダ軍)

卞鐘尹(日本名・柏村欽信)　二七歳、陸軍軍属(俘虜監視員)、朝鮮・忠清北道、銃殺刑、インドネシア・グロドック(オランダ軍)

朴俊植(日本名・松岡茂正)　三一歳、陸軍軍属(俘虜監視員)、朝鮮・開城府、銃殺刑、インドネシア・グロドック(オランダ軍)

窪田典人　三〇歳、海軍軍属(中尉相当官)、福岡県、自決(未決で拘置中に鈴木信、和田末美の三名で脱走・交戦中死亡)、インドネシア・クパン(オランダ軍)「終始一貫至誠奉公の信念に生きる、これが男の道です。ただ気になるは家族のこと、私のことは一切忘れて下さい。とても平凡なる意味の親孝行は出来ません。どうぞくれぐれも御身大切に御達者で暮されるよう遠くより祈っております」（㊮171P、㊠225P）

鈴木　信　陸軍憲兵少佐、秋田県、自決（未決で拘置中に脱走・交戦中死亡）、インドネシア・クパン（オランダ軍）

和田末美　二六歳、陸軍中尉、大分県、自決（未決で拘置中に脱走・交戦中死亡）、インドネシア・クパン（オランダ軍）

六日（土）　**野口秀夫**　三一歳、陸軍通訳、愛知県、銃殺刑、インドネシア・アンボン（オランダ軍）

「かくなるは天の命と人の言ふその言の葉のやる瀬なきかな／悪と云ふ名もて呼ばれし人の有り温き血も涙もあれど」（㊮245P）

上田十三郎　民間人（警務員）、島根県、病死（有期刑十年で服役中）、中国・北京（中国軍）

七日（日）　**衛藤　学**　満洲国官吏、大分県、死刑、中国・瀋陽（中国軍）

八日（月）　**間山己八**　陸軍伍長、青森県出身、自決（有期刑七年で服役中）、パプアニューギニア・ラバウル（オーストラリア軍）「（伝言）今更何も言うことはない。私は身体の前後を写真に取られた。しかし罪があれば喜んで受ける。父母一同の健闘を祈る」（㊮522P、㊠165P、㊮Ⅱ）

一〇日（水）　**安達二十三**　五七歳、陸軍中将、東京都、自決（終身刑で服役中）、パプアニューギニア・

ラバウル（オーストラリア軍）「（他将官宛て）十万に及ぶ青春有為なる陛下の赤子を喪ひ而して其大部は栄養失調に基因する戦病死なることに想到する時御上に対し奉り何と御詫びの言葉も無之候。（略）小生の心中堅く誓ひし処は必ず之等若き将兵と運命を共にし南海の土となるべく縦令凱陣の場合と雖渝（筆者注・いえどもかえ）らじと決心致し居り候。（略）今や諸般の残務も漸く一段落となり小官の職責の大部を終了せるやう存ぜらるゝにつき此時機に予ねての志を実行致すことに決意仕候。何卒小生の微衷を諒とせられ御海容あらんことを希望候」（遺496P、自461P、資Ⅱ）

大熊正雄　四一歳、海軍兵曹長、香川県、銃殺刑、インドネシア・メナド（オランダ軍）

「拾九勇士の後を慕ひて我も行くなり身はたとへ南の果に朽ちるとも偲ぶ今宵は故里の夢　昭和二十二年九月九日」（遺251P）

一四日（日）

オーストラリア軍が香港軍事裁判法廷を開廷

一六日（火）

田村禎一　五六歳、陸軍大佐、香川県／北海道、銃殺刑、香港（イギリス軍）

永友吉忠　四八歳、陸軍中佐、千葉県、絞首刑、シンガポール・チャンギ（イギリス軍）

「（同じ収容者宛て）戦勝諸国が今我々に課しつつある戦犯裁判は誠に不合理かつ非人道的のものであります。彼らが一刻も早くこの点に目覚め、そしてこの無益なる殺生に終止符を付けてこの上一人といえども被害をすくなからしむことこそ小生いまはの唯一の願望であります」（遺319P）

二一日（日）

前田三郎　二八歳、海軍中尉、石川県、銃殺刑、中国・広東（中国軍）「今更に散る身惜しとは思はねど心にかかる国のゆくすゑ／ほね拾ふ友なき野辺にくちるとも天翔けるたま国をまもらむ」（㊟94Ｐ）

平野　昇　三一歳、陸軍少佐、千葉県／東京都、銃殺刑、中国・香港（イギリス軍）「（所有した聖書への書き込み）主の恵みによる私は私の信仰と神学上の全知識を傾注して獄中の日本人にお話しました。その結果多数のかつての将校がキリスト教を信ずるようになりました。このことは私の最大の喜悦の一つです。決して決して御心配なさらぬように」（㊟470Ｐ）

小野亀寿　民間人（炭鉱職員）、山梨県、病死（死刑判決を受け拘置中）、中国・瀋陽（中国軍）

二二日（月）

酒井勇一　陸軍憲兵軍曹、福島県、死刑、中国・漢口（中国軍）

林　貞彦　三二歳、陸軍憲兵曹長、鹿児島県、銃殺刑、マレーシア・ジョホールバル（イギリス軍）「私ノ死ヲ悲シマナイデ下サイ。私ハ悪イコトヲ為シタノデハアリマセン。国家ノ重大ナル仕事ヲ果タシタ事ガ、日本ガ敗戦ノ為メニ戦犯ニ問ハレタダケデス。（略）私ハ何百万人ノ人命ヲ保護シタ人間デスカラ悲シンデ下サルナ。私ハ今戦場デ戦死スルノハ無上ノ名誉デス」（㊟359Ｐ）

二四日（水）

井川忠男　三九歳、海軍警部、山口県、絞首刑、グアム（アメリカ軍）「（伝言）万事宿命と考え何ら言うべきことはありません。ただ妻に後をくれぐれも宜しく頼む、子

供はどうかひがまぬように育てて欲しいと言って下さい。それ以外は何もありません」（㊣731P）

立花芳夫（芳雄）　五七歳、陸軍中将、愛媛県／広島県、絞首刑、グアム（アメリカ軍）

田中政治　海軍大佐、鳥取県／愛知県、絞首刑、グアム（アメリカ軍）

的場末男　陸軍少佐、大阪府／岡山県、絞首刑、グアム（アメリカ軍）

吉井静雄　四五歳、海軍大佐、千葉県、絞首刑、グアム（アメリカ軍）

林田富士雄（富士夫）　二七歳、陸軍憲兵曹長、熊本県、銃殺刑、中国・北京（中国軍）「（両親宛て）国の為働いて犠牲となり斃れるのですから無理な願いですが御嘆き下さらないように御願い致します。（略）祖国の復興に少しも尽し得ませず、また何らの孝養も致すことなく斃れること返す返すも残念です」（㊣91P）

池内正清　四九歳、海軍嘱託、石川県／神奈川県、銃殺刑、パプアニューギニア・ラバウル（オーストラリア軍）「（同じ収容者宛て）明朝七時半に銃殺されますが、『銃音に笑って散るよ山桜』です。何も心配はないですが、九歳の小娘がどうして生き延びるかだけが心配です。しかし『親はなくとも子は育つ』ということがありますから、そう思って逝きます。御元気で」（㊣530P、㊮Ⅱ、㊮Ⅲ03）

宮崎凱夫　二六歳、海軍大尉、高知県、銃殺刑、パプアニューギニア・ラバウル（オーストラリア軍）「思ひても術なき身とは知りながら皇御国の道は如何にと／行く道は

二五日（木）

けわしかるらむ心してつとめ尽せよ残る吾が妻」（㊣502P、㊮Ⅲ03）

白水　洋　四九歳、海軍大佐、福岡県／神奈川県、銃殺刑、パプアニューギニア・ラバウル（オーストラリア軍）「（子ども宛て）父は戦死のつもりで潔よく刑に服する。しかし良心に恥じるような悪いことをしたのではないということは御許等も信じていることであろうし時日の経過とともにわかって来ることと思う。そうかと言って父は決して豪州人を恨んでいる訳ではない。我々が日本の為にやってたと同様に豪州人は豪州の為にやっているのである。何ら個人的怨恨がある訳ではないのである。父はむしろ父の死が日豪親善の楔となることを希望している次第である。（略）父が死刑に処せられたからと言って御許等が豪州なり豪州人に対して恨みを持つような気の小さいことでは新日本の建設という大事業に参画する資格はなかろうと思う。過去のことはこれを反省の資とし日本の将来を見透して旧来の弊にとらわれることなく理想の国家を築き上げることに努力すべきであろうと思う」（㊣505P、㊮Ⅱ、㊮Ⅲ03）

二七日（土）

土田幸三郎　四〇歳、陸軍警部、石川県、絞首刑、マレーシア・クアラルンプール（イギリス軍）

前崎正雄　五七歳、陸軍大佐、熊本県、病死（未決で拘置中）、中国・上海（中国軍）「唐土の戦の庭に立ちし我が誠は神ぞ知し召すらむ／身はたとへ唐土の野に朽ちぬとも誠や神のしろし召すらむ」（㊣94P）

二八日（日） **伊藤準一** 陸軍軍曹、福島県／新潟県、銃殺刑、中国・香港（イギリス軍）

三〇日（火） **武山英一** 三八歳、陸軍憲兵少尉、宮城県、死刑、中国・済南（中国軍）

一〇月

一日（水） **横山春芳** 三二歳、陸軍憲兵曹長、長崎県、銃殺刑、インドネシア・モロタイ（オランダ軍）「（家族宛て）決して不実なる罪を犯せしに非ず、一天万乗の大君の為、戦勝に導かんが為、我が身を顧ず敵前に身をさらし、敵諜者の索出に任じたることが、かくの如き敗戦の結果罪人とせらる。（略）実に裁判の不法なるを恨む。そして今更哀しんだとて何になろう。この上は堂々日本人の最後を彼ら毛唐に見せるのみなり」（㊚190P）

三日（金） **広瀬安生** 陸軍軍曹、大分県、絞首刑、フィリピン・マニラ（アメリカ軍）

村上正吾 三一歳、海軍通訳、山口県、銃殺刑、インドネシア・クパン（オランダ軍）「散らばこそいとど桜は目出たけれ浮世になどか久しかるべき／至らざる我が身を悔いて後にこそ世に恨みなき旅出ぞせむ」（㊚206P）

六日（月） **藤野良雄** 四〇歳、海軍警部、鹿児島県、自決（未決で拘置中）、インドネシア・セレベス（オランダ軍）「（昭和二十一年七月一日付手紙）お家の皆様、御変りもありませんか？　私はとても元気です。私のことは心配ありません。私の日本への復員は延びるでしょう。どうぞ御手紙を下さい」（㊚172P）

一一日（土）

軽込（旧姓・根本）英和　陸軍憲兵曹長、千葉県、病死（有期刑十年で服役中）、中国・瀋陽（中国軍）

谷口三郎　二七歳、陸軍憲兵伍長、京都府、病死（有期刑二年半で服役中）、中国・瀋陽（中国軍）「（最後の手紙）獄中…自由ニ筆ヲ執ルコトモ出来ズ残念…（略）一日モ早ク帰ッテト思フガ是モ運命ノ悪戯デ如何トモスルコトアタワズ」（遺89P）

一四日（火）

幣旗吉胤　陸軍軍曹、大分県、死刑、中国・広東（中国軍）

永松純人　三二歳、陸軍軍属、大分県、銃殺刑、インドネシア・グロドック（オランダ軍）

鎌田　泰　陸軍憲兵軍曹、鹿児島県／福岡県、銃殺刑、中国・香港（イギリス軍）

一五日（水）

片山真也　官吏、熊本県、死刑、中国・瀋陽（中国軍）

一六日（木）

新居隆雄　陸軍伍長、熊本県、死刑、中国・広東（中国軍）

外山文二　二五歳、陸軍中尉、大阪府、銃殺刑、中国・広東（中国軍）「小春日や『夕暮れ』さらふ囚徒あり／うららかや獄窓《まど》まで潤い春の空」（遺70P）

小場安男（安雄）　二七歳、陸軍兵長、熊本県、死刑、中国・広東（中国軍）「ますらをのみち果してぞ重き罪背負ひ逝くなりもの想ひもせず」（遺36P）

一七日（金）

宮本司馬夫　二九歳、陸軍伍長、熊本県、自決（未決で拘置中）、フィリピン・マニラ（アメリカ軍）「（兄宛て）家族のことにつきましては今後ともよろしく御配慮下さいますようお願い致します。（略）最後に皆様の御健康をお祈りしております」（遺615P、

㊖358P）

一八日（土）

秦　由光　海軍中尉、鳥取県、病死（未決で拘置中）、インドネシア・バンジャルマシン（オランダ軍）

鎌田道章　五七歳、海軍中将、愛媛県、銃殺刑、インドネシア・ポンティアナック（オランダ軍）

二一日（火）

牛山幸男　四〇歳、陸軍憲兵大尉、長野県、銃殺刑、中国・香港（イギリス軍）「大君のみことかしこみますらをの尽せしまこと神ぞ知るらむ／鉄窓《まど》にさす月影の如清らかに心もすみて明日をしぞ待つ」（㊨467P）

二三日（木）

片山日出雄　二九歳、海軍大尉、広島県、銃殺刑、パプアニューギニア・ラバウル（オーストラリア軍）「（妻宛て）私は地上を去る最後の日まで幸福でありました。地上を去って私を待っていものは主より賜う『義の冠』と、先に召された兄弟達（筆者注・キリスト教の同信者）と再会することです。（略）過去はすべて無です。私達には現在と将来あるのみです。怨の心の起きることがありましたら、ロマ書十二章十七〜二十一の聖句を想い出して下さい」（㊨506P、㊮Ⅱ、㊮Ⅲ03、㊮Ⅲ04）

高橋豊治　二五歳、海軍中尉、宮城県、銃殺刑、パプアニューギニア・ラバウル（オーストラリア軍）「（両親宛て）これも戦争の生んだ一つの犠牲ではありますが、祖国新日本の復興のため否世界平和のための礎石たることを固く信じて雄々しく刑場に立たんとするものであります。（略）思えば死刑者として囚屋生活一年八ケ月間些かは修養した積りでおりますので父上様母上様の御膝下に帰るようなつもりで行きます。どうか御両親様悲しまれることなく雄々しく何かと不自由な世間を渡って乗り越えて下さい。御願い致します」（遺518P、資Ⅲ03）

二八日（火）

山岡　繁　陸軍大尉、山口県、絞首刑、パプアニューギニア・ラバウル（オーストラリア軍）「すがすがし暁気澄みゐて白けゆく天地とともに我は生きなん」（遺494P）

二九日（水）

井本朋貞　海軍警部、福岡県、病死（未決で拘置中）、インドネシア・ポンティアック（オランダ軍）

三〇日（木）

奥　正成　三二歳、海軍上等兵曹、鹿児島県、銃殺刑、インドネシア・マカッサル（オランダ軍）「朝露は小川に注ぎ海遠く大和島根に波は尽きまじ」（遺244P）

坂井長兵衛　海軍兵曹長、長崎県、銃殺刑、インドネシア・マカッサル（オランダ軍）

芝　嘉寛　三四歳、海軍兵曹長、高知県、銃殺刑、インドネシア・マカッサル（オランダ軍）「夢さめて友の寝顔を眺むれば何時か涙は頬をぬらすなり」（遺210P）

清水　勇　海軍上等兵曹、愛媛県、銃殺刑、インドネシア・マカッサル（オランダ軍）

土井　昇　二六歳、海軍嘱託（通訳）、和歌山県、銃殺刑、インドネシア・マカッサル（オランダ軍）

中島　進　海軍兵曹長、福岡県、銃殺刑、インドネシア・マカッサル（オランダ軍）

真鍋茂雄　三五歳、海軍兵曹長、福岡県、銃殺刑、インドネシア・マカッサル（オランダ軍）「オメイヲキルモハヅルナシ。ヤガテハサキテ、ワカザクラ、ユクスエマモル、オンミラヲ。ヘンムヨウ。サラバ」（遺271P）

南　亨　三六歳、海軍兵曹長、宮崎県（または神奈川県、宮城県）、銃殺刑、インドネシア・マカッサル（オランダ軍）

本村茂樹　海軍中尉、長崎県、銃殺刑、インドネシア・マカッサル（オランダ軍）

南部義一　海軍少尉、熊本県、銃殺刑、インドネシア・メナド（オランダ軍）

三一日（金）

近藤新八　五四歳、陸軍中将、香川県／広島県、死刑、中国・広東（中国軍）「空蝉の身は広東に甦るとも天翔りなむ我が荒魂《あらみたま》は」（遺51P）

同月下旬

隈元孝雄　警察官、鹿児島県、病死（無期刑で服役中）、中国・瀋陽（中国軍）

一一月

一日（土）

高橋雷二　陸軍憲兵曹長、福岡県、死刑、中国・北京（中国軍）

オランダ軍がインドネシアにバンジャルマシン軍事裁判法廷を開廷

四日（火）

中山伊作　三八歳、陸軍憲兵少尉、富山県、絞首刑、ミャンマー・ラングーン（イギリス軍）「身はたとえ南の涯に朽ちぬともともとはに護らん皇護国を／新代《あらたよ》を固めなすべく吾も今戦友《とも》を慕ひてなき数に入る」（遺292P）

一四日（金）

東　　登　四二歳、陸軍大尉、熊本県、絞首刑、ミャンマー・ラングーン（イギリス軍）

吉田保男　二八歳、陸軍憲兵曹長、島根県、死刑、中国・済南（中国軍）「（日記の一部）諦めというものは他から強いられてするものではない。自分自身で……いざという時の覚悟はしているつもりなのに他から引導を渡すようなことは言ってもらいたくない。（略）最後まで戦うべきだ。――そして最悪の場合の準備だけしておけば狼狽することはないだろう（八月二十五日）」（遺8P）

一五日（土）

肥後市次　海軍大佐、広島県、死刑、中国・広東（中国軍）

二二日（土）

顔新富／新福　商業、台湾、病死（有期刑八年で服役中）、中国・広東（中国軍）

芝原平三郎　四八歳、陸軍軍曹（軍属）、徳島県、銃殺刑、中国・上海（中国軍）「（妻宛て）敗戦ノ犠牲ニシテ遂ニ死刑執行セラル。事茲ニ至ッテハ何等言フベキ言葉ナシ。子供ヤ老母ヲヨク守ッテ俺ノ遺志ヲ継イデ呉レ／愛児二人の後追いて異国の果で果敢なくも散る」（遺60P）

小田国夫　陸軍憲兵大尉、鹿児島県、絞首刑、ミャンマー・ラングーン（イギリス軍）

塩田源二　二四歳、陸軍中尉、栃木県、絞首刑、ミャンマー・ラングーン（イギリス軍）「まごころの道に貫く益良夫はほゝゑみのぼる絞首台上／国思ふ心は永遠に生き抜かん我が身はここに散り果つるとも」（遺295P）

二六日（水）

吉田耕三　陸軍軍医大尉、病死（未決で拘置中）、東京・立川（アメリカ軍）

二八日（金）　**日高保清**　二九歳、陸軍大尉、鹿児島県、死刑、中国・広東（中国軍）「汝が性はなど罪科を造らめや親なるが故知ると宣ふ／格子ごし友と相ひ見て朗らかに今日を最後と言葉交はしぬ」（㊜73Ｐ）

一二月

一日（月）　**藤本正美**　陸軍通訳、香川県、絞首刑、フィリピン・マニラ（アメリカ軍）

四日（木）　**高貝　勝**　三九歳、陸軍憲兵准尉、秋田県、死刑、中国・北京（中国軍）「（最後の手紙）取調公判は至極簡易で昨年四月二十六日に死刑の判決をもらったが俺だけは未だ執行されずにおります。他には七、八名仏になっている方があります。誠に気の毒なことで詳しいことは書けない。また俺の生活内容もいずれ解放の暁にお話し致します。（略）死刑執行も華北だけで二月四日以後ないようでありますから御安心下さい（四月九日）」（㊜88Ｐ）

五日（金）　**菅原　功**　二七歳、陸軍大尉、東京都、銃殺刑、インドネシア・モロタイ（オランダ軍）「曇りなき月を眺めて思ふかなわが心境はこの月のごと」（㊜159Ｐ）

根本　栄　三一歳、陸軍憲兵曹長、千葉県、銃殺刑、インドネシア・メナド（オランダ軍）「国亡びたてしいさをが仇となり罪なき罪に我は逝くらむ」（㊜212Ｐ）

六日（土）　**醍醐忠重**　五六歳、海軍中将、東京都、銃殺刑、インドネシア・ポンティアナック（オランダ軍）「（伝言）何卒日本再建の各自の使命に全力を注がれたし。私も霊界よりまた何遍も生れかわり、日本再建に全力を注ぐつもりです。私の部下の戦死者遺族たちのことも心に留められたし」（資Ⅲ00）

一〇日（水）　**浅野隆俊**　三一歳、陸軍憲兵准尉、石川県／大阪府、死刑、中国・上海（中国軍）

一一日（木）　**高山正夫**　三六歳、陸軍憲兵准尉、群馬県／新潟県、絞首刑、中国・香港（イギリス軍）
「めぐり来る春もあるらん山桜今日の嵐に名残りとどめず／生きてまた相見むすべなし永久にわが魂はみもと守らん」（遺472P）

増木欽一　二七歳、陸軍大尉、三重県、死刑、中国・広東（中国軍）「私と云ふものが、日本人の記憶の中より忘却されてしまふのを、心配して居るのが私の現在の心境だ。古人も『無』より『忘却』を恐れた／ふるさとの母はまつらんすめらぎの醜の御楯と征で立ちし吾を」（遺43P）

一六日（火）　**岩城　喬**　二九歳、陸軍憲兵曹長、兵庫県、絞首刑、ミヤンマー・ラングーン（イギリス軍）
「とつくにの涯に散るとも益良夫は名こそ止めて悔いを止めず／現し世に果し終らぬ殉忠を死出の旅路に背負ひ行くらん」（遺298P）

癸生川　清　三〇歳、陸軍憲兵准尉、栃木県、絞首刑、ミヤンマー・ラングーン（イギリス軍）「しみじみと故郷《くに》の父母しのべよと夜もすがら鳴く秋虫の声／殉忠の志魂いだきつつわれは今黄泉路遥るかに旅立たん哉」（遺299P）

二〇日（土）

鼻野忠雄　三一歳、陸軍憲兵曹長、兵庫県、絞首刑、ミヤンマー・ラングーン（イギリス軍）

雫石隆治　陸軍兵長、宮城県、不慮死（終身刑で服役中）、ベトナム・プロコンドール（フランス軍）

二七日（土）

馬上匡司（正）　満洲国警察官、愛知県、病死（有期刑五年で服役中）、中国・瀋陽（中国軍）

二九日（月）

一條幸真　三二歳、陸軍憲兵曹長、福島県、絞首刑、フィリピン・マニラ（アメリカ軍）

「小生国敗れて異国の地に在りて皆様の幸福を御祈りしております。この度は再度故郷の地を歩むこと不可能のことと思います。元より覚悟のこと故、将来のことにつき一筆中上げます。（略）一．妻子は離婚戸籍削除のこと。一．長女、長男は相続に支障なきよう戸籍削除のこと」（遺609P）

小郷幸男　三四歳、陸軍伍長、熊本県、絞首刑、フィリピン・マニラ（アメリカ軍）

「（妻と弟宛て）良く聞いてくれ、かつての夫としてまた兄として最後の頼みを述べる。さきに手紙にて再三再四お願いした通り、君たち二人夫婦になって御両親を安心させ孝養を尽してくれ、頼む。結婚は人生旅路の出発点である。仲良く二人手をとって大きく強く希望をもって第一歩を踏み出してくれ」（遺602P）

笹倉林治　二八歳、陸軍憲兵軍曹、富山県、絞首刑、フィリピン・マニラ（アメリカ軍）

「嵐吹き桜の花は散り行くも我が魂魄は国を守らん」（遺607P）

中村通則　陸軍憲兵大佐、熊本県、絞首刑、フィリピン・マニラ（アメリカ軍）

三〇日（火）

小方文次　三一歳、陸軍憲兵准尉、神奈川県、銃殺刑、インドネシア・グロドック（オランダ軍）「今日こそは晴れてうそぶく海ゆかば草むす屍と椰子の浜辺に／吾をかも岩木と言へる外国人に見せむ逝く日の武士の旅」（遺227P）

長　幸之助　三一歳、陸軍憲兵少佐、福岡県、銃殺刑、インドネシア・グロドック（オランダ軍）「夜が明けてまいりました。南の空は薄曇りですが、心は日本晴というところです。何か面白い夢でも見ないものかと思いましたが、何も見ませんでした／たらちねの母の心にくらぶれば月の光はつめたかりけり」（遺273P）

加藤道太郎　四八歳、陸軍憲兵大尉、東京都、銃殺刑、インドネシア・グロドック（オランダ軍）「終戦の詔をば畏みて我が身捧げん『ポツダム』の約」（遺227P）

五家重雄　三二歳、陸軍憲兵曹長、三重県、銃殺刑、インドネシア・グロドック（オランダ軍）「獄中に磨き磨きし大和魂天かけり行く大君の辺に」（遺250P）

鈴木千代喜　三〇歳、陸軍憲兵軍曹、福島県、銃殺刑、インドネシア・グロドック（オランダ軍）「死待つ身の囚屋の夢や母恋し／吹く風に心おきなく散りてこそ色も香もあれもののふの道」（遺158P）

谷口　清　四六歳、陸軍憲兵少佐、岐阜県、銃殺刑、インドネシア・グロドック（オランダ軍）「幽明の境に立ちて国想ふわが誠心は神ぞ知るらむ」（遺182P）

三樹　寛　陸軍憲兵曹長、神奈川県／北海道、銃殺刑、インドネシア・グロドック

（オランダ軍）「散り行くも世に咲き出るも一すじに行くへはおなじもの、ふの道」（遺
277P）

一九四八（昭和二三）年

皇居二重橋を渡る国民参賀が再開、二日間で一三万人（一・一）
「帝銀事件」（帝国銀行椎名町支店で行員一二名の毒殺と現金強奪）起きる（一・二六）
関西汽船「女王丸」沈没、死者一八三人（一・二八）
昭和電工社長が贈賄容疑で逮捕、「昭電疑獄」（六・二三）
福井県で大地震、死者三七六九人、家屋全壊三万六千戸（六・二八）
アイオン台風で関東・東北地方の死者二三六八人（九・一五）
全学連（全日本学生自治会総連合）結成、官公私立一四五校が加盟（九・一八）

［世相］
日本脳炎が流行、死者二六二〇人
米兵と結婚した「戦争花嫁」九〇人が初渡米
水泳の古橋広之進が一五〇〇《メートル》自由形で一八分三七秒〇の世界新記録
ＮＨＫ、第一回のど自慢全国コンクール優勝大会を東京で開く

［出版］ベネディクト『菊と刀』、永井隆『この子を残して』、大岡昇平『俘虜記』、太宰治『人間失格』
［映画］『酔いどれ天使』（東宝）、『王将』（松竹）
［流行歌］竹山逸郎・中村耕造『異国の丘』、近江俊郎『湯の町エレジー』、岡晴夫『憧れのハワイ航路』

一月

二日（金）

岩田光儀　四三歳、陸軍少佐、広島県／山口県、絞首刑、マレーシア・クアラルンプール（イギリス軍）「死刑になることで極悪非道の人間だったのだろうと一般の人に思われる。何としても残念だ。正直者、忠実者が馬鹿を見たという訳だ。尚一度声を高くして叫ぶ。信じてくれ。小生の過去に於ける正しき行為を、そして作戦命令による行為を。俯仰天地に恥ぢずだ／国の為め笑つて散らん晴れぬ身ならば」（㊣399P）

郷端逸人　三二歳、陸軍少尉、広島県、絞首刑、マレーシア・クアラルンプール（イギリス軍）「（妻宛て）私は犯罪者の一員として処刑せらるるも現在迄再三再四伝言せる如く、破廉恥的行為に基くものでなく、上官としての責任を追及せられた結果に基くもので皇軍指揮系統の上、万やむを得ぬこととなれば、国の礎となりたるものと思って諦められたし」（㊣318P）

橋本　忠　陸軍中尉、広島県、絞首刑、マレーシア・クアラルンプール（イギリス軍）「此も全て運命のなさしめた事です。只私は御国の為に取った行動です」（㉗Ⅲ12）

五日（月）

渡辺綱彦　五五歳、陸軍大佐、三重県、銃殺刑、マレーシア・クアラルンプール（イギリス軍）「（妻宛て）一同無事新正を迎えたるを信じ喜びおり候。いよいよ明日銃殺せらるることとなりしも御蔭を以て心は極めて平静、不肖なる身としては多幸なりし一生なりしことを思い感謝致しおり候。（略）三名犠牲者を出し申し訳なく気の毒に存じおり候。しかれども同君らは往々聞くが如き責を上に帰せんとするが如きことは毛頭なく常に私を庇護せられ感激致しおり候」（㉛415P）

和田久四郎　民間人（旅館業、元憲兵曹長）、岩手県／大阪府、死刑、中国・瀋陽（中国軍）

一二日（月）

山田鹿三　三二歳、陸軍軍属、岐阜県、絞首刑、マレーシア・クアラルンプール（イギリス軍）

一三日（火）

坂井丈七郎　満洲国検察官、新潟県、病死（終身刑で服役中）、中国・瀋陽（中国軍）

一五日（木）

石田光行　四一歳、海軍警部、佐賀県、自決（未決で拘置中）、インドネシア・バンジャルマシン（オランダ軍）「護持剣縄渡南海　錦旗不振折利刃　不動施縄断自中　慷慨就義警察魂　奉体軍令収一剣　二歳有半在柵中　友去幕舎涼然焉　朝夕静拝故郷空」（㉛172P、㉜357P）

一六日（金）

清水辰雄　四四歳、陸軍憲兵中尉、神奈川県／山梨県、絞首刑、シンガポール・アウトラム（イギリス軍）「（遺詠『緬甸に散る』の一部）戦犯の名に企みの　裁きの庭の裁き受け　判決下るあゝ絞首刑　覇道の権と知りつゝも　詔畏み我はゆく／想出深き緬甸の地　獄舎に屍さらすとも　仏陀の胸に抱かれて　もののふの魂永久に　国の栄を護らなむ」（遺368P）

菅原永三　三〇歳、陸軍憲兵准尉、宮城県、絞首刑、シンガポール・アウトラム（イギリス軍）「連合軍の一方的裁判により戦争犯罪者となり獄中に朽死するとも、戦場の武勲者の一人なるを銘肝し、（略）戦犯者の一族として窮屈なること多々あるは予想せらるるもすべてを耐え忍び時代の来るのを待つべし」（遺391P）

屋　政義　三二歳、陸軍憲兵曹長、鹿児島県、絞首刑、シンガポール・アウトラム（イギリス軍）「星州（筆者注・シンガポール）に果かなく露と消ゆるとも魂は帰りて御国守らん／時来れば咲き出でなんと思ひしに吹く仇風に散るぞくやしき」（遺370P）

橋口正男　三四歳、陸軍憲兵曹長、佐賀県、絞首刑、シンガポール・アウトラム（イギリス軍）「雲低きシンガポールに今ぞ散る益良武夫の香り留めて」（遺435P）

正木宣儀　五八歳、陸軍大佐、東京都、絞首刑、シンガポール・アウトラム（イギリス軍）「国のため尽せしすべも今はただ野晒しとなる身こそ哀しき」（遺360P）

溝江八蔵　陸軍中佐、佐賀県／大阪府、銃殺刑、シンガポール・アウトラム（イギリス軍）

渡辺　勉　三〇歳、陸軍憲兵准尉、広島県、絞首刑、シンガポール・アウトラム（イ

ギリス軍）「嵐吹く異国の果に山桜散りて薫らんすめら御国に」（遺395P）

二〇日（火） **都留義広** 五〇歳、陸軍憲兵大尉、大分県、絞首刑、マレーシア・ペナン（イギリス軍）「暫くはＡＢＣ（筆者注・アメリカ、イギリス、中国）にまかすともやがて時得て光る日の本／持ちものはとられ果てしと思へども尚あまりある大和だましひ」（遺364P）

戸川 章 三一歳、陸軍憲兵曹長、和歌山県、絞首刑、マレーシア・ペナン（イギリス軍）

山内 覚 三〇歳、陸軍憲兵軍曹、福島県、絞首刑、マレーシア・ペナン（イギリス軍）「吾が身には試錬の嵐荒ぶとも耐へて春待つ山桜花」（遺434P）

二一日（水） **左近允尚正** 五七歳、海軍中将、鹿児島県、絞首刑、中国・香港（イギリス軍）「（息子宛て）判決が政策的なる点遺憾なるもこれも『勝てば官軍負ければ賊』『might is right』と思えば恨む必要もなし。復しゅう、報復、仇に対し仇を以てすというようなことは将来平和に害ありと思う。（略）幾十年か幾百年かの後、日本がまた連合軍と戦争をし勝ったと仮定した場合、日本に於ける戦犯処理は今日以上不法となるようではよくない。仇に対し仇を以て報いるという考えは改めなければならぬ」（遺447P）

二三日（金） **金守仁（日本名・金子守一）** 商業（元通訳）、朝鮮・平安北道、死刑、中国・瀋陽（中国軍）

森 覚 炭鉱職員、愛知県、死刑、中国・瀋陽（中国軍）

二四日（土） **三宅鹿衛** 商工公会職員（通訳）、岡山県、死刑、中国・瀋陽（中国軍）

二八日（水） **田中軍吉** 四二歳、陸軍少佐、東京都／鹿児島県、死刑、中国・南京（中国軍）「君

が代は千代に八千代にさざれいしのいはをとなりて苔のむすまで　是が我が熱祷にして同時に信仰且絶対の讃歌なり。我身を以て之を祈り、信じ、且歌へり。一世を通じ之を行ぜんが為に学び、鍛へ、研み、戦へり。斯くして生き斯くして死せむとす。而して君が代と共に生き、永遠に亡びざるものなり。（略）身の幸を思ひ、身の責に慎め。我確信す。大君の『いはを』たりますを」（遺82Ｐ）

向井敏明　三七歳、陸軍少佐、千葉県／三重県、銃殺刑、中国・南京（中国軍）「我は天地神明に誓い捕虜住民を殺害せること全然なし。南京虐殺事件等の罪は絶対に受けません。死は天命と思い日本男子として立派に中国の土になります。しかれども魂は大八州島に帰ります。我が死を以て中国抗戦八年の苦杯の遺恨流れ去り日華親善、東洋平和の因ともなれば捨石となり幸いです。中国の御奮闘を祈る。日本敢闘を祈る

中国万歳　日本万歳　天皇陛下万歳　死して護国の鬼となります」（遺40Ｐ）

野田　毅　三五歳、陸軍少佐、鹿児島県、銃殺刑、中国・南京（中国軍）「（中国当局宛て）俘虜、非戦闘員の虐待、南京虐殺事件の罪名は絶対にお受け出来ません。お断り致します。死を賜りましたことについては天なると観じ命なりと諦め、日本男児の最後の如何なるものであるかをお見せ致します。（略）我々は死刑を執行されて雨花台に散りましても貴国を怨むものではありません。我々の死が中国と日本の楔となり、両国の提携となり、東洋平和の人柱となり、ひいては世界平和が到来することを喜ぶもの

であります。何卒我々の死を犬死、徒死たらしめないよう、これだけを祈願致します。中国万歳　日本万歳　天皇陛下万歳」（遺1P）

二九日（木）

味岡　操　陸軍憲兵准尉、奈良県、自決（有期刑二十五年で服役中）、グアム（アメリカ軍）

三一日（土）

野上　誠　三〇歳、陸軍憲兵軍曹、広島県、銃殺刑、中国・漢口（中国軍）「清く散る此の身惜まじ若桜東洋平和の犠牲ならば／身はたとへ湖北の野辺に散りしとも大和丈夫の心ぞ忘れじ」（遺77P）

古川　武　三二歳、陸軍憲兵曹長、京都府、銃殺刑、中国・漢口（中国軍）「君が代を思ふ心の一筋に吾身ありとは思はざりけり／潔く大和桜の散際を言継せよみ山吹く風」（遺84P）

二月

四日（水）

木村長五郎　五三歳、陸軍憲兵准尉、福岡県／山形県、銃殺刑、インドネシア・モロタイ（オランダ軍）「ぬば玉の露の命と知りつゝも尚はげみなんのちの世のため／醜草の花野嵐に散りぬとも実はまた春を待ちて萌ゆらむ」（遺198P）

安藤義寿　陸軍憲兵曹長、岡山県、銃殺刑、インドネシア・モロタイ（オランダ軍）「君がへに仕へまつらむわがたまはいまモロタイの露ときゆとも／天の川我身をのせて永久にながれてかよふ故里の空」（遺236P）

新垣恒重　陸軍憲兵准尉、沖縄県、銃殺刑、インドネシア・モロタイ（オランダ軍）

萩原悟郎　陸軍憲兵中尉、福岡県、銃殺刑、インドネシア・モロタイ（オランダ軍）

小川正造　三五歳、海軍主計少佐、東京都／千葉県、銃殺刑、インドネシア・マカッサル（オランダ軍）「身はたとへ南の果に朽ちるとも吾が魂永遠に汝が傍に在り／大いなる時の流れに父は逝く吾子等が幸を深く信じて」（遺264P）

沢田栄人　五五歳、海軍少佐、熊本県、銃殺刑、インドネシア・マカッサル（オランダ軍）「（息子宛て）父の死罪に関しては色々と考えることもあると思うが、決して歎くこともない。また世間的に恥入ったり、肩身をせまくしたりする必要は全然ありません。父は公明正大であり、身極めて潔白である。部下の個人犯罪に対し、その上長として責任を負いたおるるものである。その罪の軽重は別として、正々堂々部下の責任を取りたおるることは父としても決して苦しくも、恥しくも思わない／吾子等に幸多かれと念じつつ父はたつなり永遠の旅」（遺253P）

杉林武雄　三八歳、陸軍警部、富山県、銃殺刑、インドネシア・メダン（オランダ軍）「鉄格子子の顔うつる月みたり／さわやかに心もすめり秋の空」（遺267P）

吉川悟保　三二歳、陸軍憲兵曹長、神奈川県、銃殺刑、中国・広東（中国軍）「益良夫の道に二つはなかりけり散りて護国の花となるらん／敵を撃ち神となりたる己が身は天地に恥ぢぬ大丈夫の道」（遺62P）

一七日（火）　**佐々木正（別名・鈴木健一）**　居留民（元陸軍上等兵）、愛知県／長野県、死刑、中国・漢口（中国軍）

金沢朝雄　四八歳、陸軍憲兵中佐、愛知県、死刑、中国・香港（イギリス軍）「もののふの水漬く屍に月も冴えいつか映ゆらん山桜花／わが霊に強く正しき妹子あり行くての幸を永遠に照さん」（遺４７６Ｐ）

二〇日（金）　**津川　続**　二九歳、陸軍憲兵軍曹、熊本県、絞首刑、マレーシア・ペナン（イギリス軍）「（両親宛て）不孝の仕通しです。お許し下さい。終戦後不幸にしてずうっととらわれの身です。とても満足に帰れません。残念ですがこれも天命だと諦めて下さい。（略）私のことは余りあてにせず弟妹に希望を持たれ、将来幸福に暮して下さい。一家の繁栄と御両親の長寿を祈っております」（遺３５５Ｐ）

二四日（火）　**平尾好雄**　陸軍憲兵少佐、徳島県／香川県、絞首刑、中国・香港（イギリス軍）

二五日（水）　**相坂長一**　民間人（満蒙開拓団）、青森県、病死（有期刑六月で服役中）、中国・瀋陽（中国軍）

二七日（金）　**柳川　悌**　陸軍中将、香川県／高知県、病死（無期刑で服役中）、中国・漢口（中国軍）

二八日（土）　**鈴木庄蔵**　五四歳、陸軍大尉、長野県、病死（有期刑十年で服役中）、シンガポール・チャンギ（イギリス軍）「（臨終時の伝言）自分は戦犯の罪を受けたが何もかも再生を契って御奉公するのだ。（略）自分の亡きあと、家内仲よく暮らせよ。がんばり通せよ」（遺４２６Ｐ）

三月

一日（月）

桑島恕一　三〇歳、陸軍軍医大尉、山形県、絞首刑、中国・上海（アメリカ軍）「過去を省み、今は謙虚な気持ちで神の命に従う決心です。新生日本の平和と将来の発展のために私一身の死が役立つことがあればと思い悲しまず、誰をもうらまず、元気で神仏のもとへ往く決心です／新しき生命に生きん幼児の幸を祈りて吾は往くなり」（遺106P）

九日（火）

中島徳造　三〇歳、陸軍憲兵軍曹、長野県、絞首刑、中国・香港（イギリス軍）「（両親宛て）今刑死するは人類最大の破廉恥を犯した如く田舎の御両親を初め思われるかも知れませんが、私は俯仰天地に愧じるが如き行為は絶対に有りませんから信じて御安心下さい。（略）勿論私ばかりでなく他にも同じ運命をたどった同僚も居ります。古今東西乱世の世に於いて冤罪にたおれた者は数多く有り敗戦の惨めさとして歴史の証明する処です」（遺450P）

一一日（木）

オランダ軍がインドネシアにホーランディア軍事裁判法廷を開廷。

近藤三郎　三五歳、海軍軍属、兵庫県、不慮死（未決で逃亡、射殺される）、インドネシア・マカッサル（オランダ軍）

一二日（金）

白鳥吉喬　五〇歳、陸軍嘱託、千葉県、銃殺刑、中国・北京（中国軍）「（妻宛て）戦犯制度は将来に於ける戦争予防を以て目的となすといえどもこれ単に表面に過ぎずして実は戦勝国の戦敗国民に対する報復制度たるに過ぎず。故に最も証明力を有する物的証拠も顧みられず専ら中国人の証言により審判されたる結果にして、余は全く関係なき惨虐事件に対する中国人の復讐の犠牲となりたるものというべし。（略）天なお吾れに利あらざれば『北支の白鳥らしく』従容として祖国の敗戦に殉ずるとともに魂魄は御身の内に留めて御身及二児が強く正しく明るく生き抜くのを守るであろう。安んじて大道を進まれよ」（遺80P）

一五日（月）

久保江保治　三五歳、陸軍憲兵准尉、山口県、死刑、中国・上海（中国軍）「私は例え江南の露と消ゆるとも全人類否神仏に対して恥かしいことは一つもありません。それは私が犯罪の実行者でも無ければまた責任者でも無いからであります。私が公明正大であった、ということは後世人が伝えるでありましょう／露と落す露と消えぬる我身かな現世の事は夢の又夢」（遺25P）

野間貞二　陸軍憲兵軍曹、広島県、死刑、中国・上海（中国軍）

実松勇雄　三一歳　陸軍憲兵軍曹、佐賀県、自決（未決で拘置中）、インドネシア・スラバヤ（オランダ軍）

一六日（火）

田村劉吉　五八歳、海軍少将、群馬県／神奈川県、絞首刑、中国・香港（オーストラリア軍）「武士のつとめ果してけふぞゆくこころもかろく身もかろく／東風ふきて梅が香しのぶかどでかな」（遺465P）

一七日（水）　**山口子郎**　三五歳、海軍少尉、佐賀県、銃殺刑、インドネシア・メナド（オランダ軍）「軍の命令に従って実行致したるに過ぎません。しかし異国の地にて果てますが愚者の意志は前と変化なく、ただこれが軍人の本分と信じております。（略）ああ、余命いくばくも無し。愉快々々で高笑い。ではこれで訣別の言と致します」（遺175P）

山内卯助　陸軍嘱託（三井物産社員）、宮崎県、病死（有期刑で服役中）、中国・漢口（中国軍）

三〇日（火）　**坂田朝男**　三二歳、陸軍憲兵少佐、長野県、不慮死（有期刑七・五年で服役中に逃亡、射殺される）、中国・上海（中国軍）

瀬戸秀太郎　陸軍憲兵少佐、自決（イギリス軍によって逮捕され身柄の移送中）、山口県岩国（イギリス軍）

四月

一日（木）　ソ連がドイツ・ベルリンの陸上交通を遮断（ベルリン封鎖）

五日（月）　**岩谷　勉**　四二歳、海軍一等兵曹、石川県、銃殺刑、インドネシア・バンジャルマシン（オランダ軍）「（長女宛て）国の為に死するのだ。父無き後は母の言い付けをよく守って、立派に一人前になるんだよ。（略）父は草ばのかげからお前の身を必ず守ってやるよ。決して心配もひかんもしてはいけない。つねにからだに気をつけて病気せぬよう、くれぐれも祈ってやまない。（四月四日書く）父より」（遺270P）

佐藤三郎　四三歳、海軍大尉、新潟県／山形県、銃殺刑、インドネシア・バンジャルマシン（オランダ軍）

上杉敬明　二九歳、海軍大尉、熊本県、銃殺刑、インドネシア・ポンティアナック（オランダ軍）「（両親宛て）御喜び下さい。判決を受領した瞬間すら、敬明は顔色を変えることなく、唯々運命に対しいとも朗かに対応しております。数々の不孝の件冥途とやらへ行ってから必ず御返し致します。層一層最後の判決の日迄努力鍛錬をして、来世に於ては欠点のない日本人に生まれ変って来ます」（遺200P）

海野馬一　五〇歳、陸軍少佐、岡山県、銃殺刑、インドネシア・ポンティアナック（オランダ軍）「（子ども宛て）父の死を嘆く勿れ。父は決して決してお前たちを不幸にはしない。世の人は父の死を笑いはしまい。世の多くの人はお前たちを白眼視することはないであろう。否同情して可愛がって下さるであろう。なぜなら父は戦争犯罪者として今ポンチャナックで死するとも、父は何の悪事をしたのではない。私は自ら言う『俺は立派な人間だ。東条大将や山下大将と共に国家の為に斃れるのだ』と。世の人はいつか父を認めてくれる時が来る」（遺228P）

岡村亀喜代　三六歳、陸軍憲兵准尉、兵庫県／鳥取県、銃殺刑、インドネシア・アンボン（オランダ軍）「今暫し映る大地の吾が影を見れば浮世の儚さを知る／精魂をこめて打ち振り薪を割るその一と時ぞ浮世を忘る」（遺210P）

六日（火）

山岸延雄　三七歳、陸軍憲兵准尉、長野県、銃殺刑、インドネシア・アンボン（オランダ軍）「国破れ大和桜に風寒く土くれないに今朝ぞ散りゆく／国を興し何時の日か来よ此の島に父は笑顔で吾子を迎へん」（㊣186P）

河村　明　三〇歳、陸軍法務曹長、愛知県、銃殺刑、インドネシア・グロドック（オランダ軍）「（指を切って上衣に血書きで）国敗れ今は術なく醜の矢にちるますらをの道はかなしも／あらん限り声はり上げて見たきかも灯りなき獄に母をおもひて」（㊣278P）

山村秀次郎　三三歳、陸軍憲兵軍曹、山形県、銃殺刑、インドネシア・グロドック（オランダ軍）「南の椰子の葉かげに朽ちる身も夢に忘れじ伊勢の御社」（㊣161P）

栗原　厚　三一歳、陸軍法務曹長、兵庫県、銃殺刑、インドネシア・グロドック（オランダ軍）「（母宛て）僕の死は今は犬死になることですけれどもまた新しい日本として独立再出発する時には、晴れて靖国神社に神として皆の人と祭られる日がやがてくると思います。母様もくやしいことと思いますが今しばらくの御辛抱を御願い致します」（㊣182P）

鈴木　昇　陸軍憲兵曹長、静岡県、銃殺刑、インドネシア・グロドック（オランダ軍）「今更に何か惜まん吾が命国の御楯になると思へば」（㊣740P）

竹本忠男　三九歳、陸軍法務曹長、高知県、銃殺刑、インドネシア・グロドック（オランダ軍）「踏み来る途は落葉に埋れども下に流る、水の清けき／一陣の風にまかせて行く春もやむにやまれぬ人臣の道」（㊟２３７Ｐ）

堀　重吉　三八歳、陸軍憲兵大尉、北海道、銃殺刑、インドネシア・グロドック（オランダ軍）「避くべきものは戦争にして勝つも敗くるも人類最大の悲惨事なり。闘いなき真の平和世界の実現を希求するも精神文明の進歩の遅々としてこの理想を隔つること未だ遠し。（略）しかしながら有為転変、栄枯盛衰曲折極りなき人類興亡の歴史も一度眼を転じて悠々たる大自然、この宏大なる宇宙の深さを観る時、まことに大河の泡沫にも過ぎぬ動きであろう」（㊟２６１Ｐ）

七日（水）

植手多一　六〇歳、陸軍少佐、愛知県、死刑、中国・香港（イギリス軍）

久留田　巌　四四歳、陸軍中尉、福岡県、死刑、中国・香港（イギリス軍）「すじみちの立たぬ裁きに散り逝きし大和桜のもゆるうらみは／犠牲《にえ》の身に心残りはなけれどもただ気にかかる子等の行く道」（㊟４６８Ｐ）

吉岡栄造　陸軍憲兵曹長、福岡県、絞首刑、中国・香港（イギリス軍）

川井田進　陸軍中尉、鹿児島県、死刑、中国・香港（イギリス軍）

田中　透　五六歳、陸軍少将、東京都／佐賀県、銃殺刑、インドネシア・アンボン（オランダ軍）「日の本の民は逞し百難を乗越えて立つ時ぞ待たるる／今一度逢はんと思ふ望絶えて身にしみじみと我を憐む」（㊟２７２Ｐ）

八日（木）

豊田弘三　二六歳、陸軍憲兵軍曹、大阪府、銃殺刑、インドネシア・グロドック（オランダ軍）「捨つるとも何か惜しまん今更に捧げ余せし此の身なりせば／夢に見し故郷の家は変らねど老いにし母の枕濡らしつ」（遺197P）

大庭早志　陸軍憲兵曹長、福岡県、銃殺刑、中国・上海（中国軍）「総ては神明に恥じざる行為であります。ただ責任の問題により責任を転嫁せられたのであります。（略）何も心配は要りません。破廉恥罪の如き不名誉にて親の顔を汚すようなことは絶対にありません」（遺11P）

相馬竹三郎　二八歳、陸軍憲兵軍曹、青森県、銃殺刑、インドネシア・メナド（オランダ軍）「とことはに我が身は『セ島（筆者注・セレベス島）』に朽ちぬとも世に語りつぐ人もこそあれ／国破れ捕はれの身となりつれど天地の神に恥づる事なし」（遺161P）

曽根健夫（建夫）　陸軍憲兵軍曹、福岡県、銃殺刑、インドネシア・メナド（オランダ軍）

中野久勇　三〇歳、陸軍憲兵軍曹、岐阜県、銃殺刑、中国・上海（中国軍）「（日記）三月十二日（金曜日）今日は朝から母宛の遺書を書く。事件の内容から自分が今日に至った原因等を詳しく書く。今は全てが過去とは云へ、罪なき我々を斯く迄も苦しめ、復讐せんとしてある告訴人達に対しては怨み骨髄に達す。ジャンバルジャン以上だ。如何なる事になろうと我々としてもきっと此の怨だけは果さんと決す。（略）四月八日（木曜日）今朝はなんとなく気分も変で愈々お迎へに来るかと思ひ準備して心を落ち付けて待つ。やっぱり私の思ったのが当っていました。ただ今迎えに来ました。準備をして男らしく死んで行きます。皆様元気で、さようなら」(遺17P)

一〇日(土)

久崎日出晴(日出清) 二七歳、陸軍兵長、千葉県/東京都、銃殺刑、インドネシア・グロドック(オランダ軍)「過去一切の私の行動を返り見てなんら良心に恥じることはなく、また結果として極刑を宣告されバタビヤの地に朽ちる私であるが、公判廷に臨んで告訴に対しては自分が実際に行った行為を余す処なく語り、悔ゆる所なく話し切った点には自己満足しかつ吾れながら巧く行ったと喜んでいる」(遺739P)

本田(本多)初治郎 二七歳、陸軍兵長、愛媛県、銃殺刑、インドネシア・グロドック(オランダ軍)「かくなりし世のこといたみ父母らはも吾奥津城(筆者注・おくつき、墓所)の草にあはれむや/現身はいづくの野辺か知らぬ名の花下露にぬれつづけむか」(遺240P)

正井政雄 陸軍伍長、兵庫県、銃殺刑、インドネシア・グロドック(オランダ軍)

上村輝雄 陸軍中尉、鹿児島県、銃殺刑、インドネシア・グロドック(オランダ軍)「(同時処刑の部下である久崎、本田、正井の遺族宛て)注意程度の殴打を針小棒大に作り上げての裁判、しかも戦勝の余力を背景とする一方的裁判の結果が今日の状態であります。(略)御遺族の人々の心中察するに余りありますが、この上はただ何事も運命と諦めて故人の冥福を祈りつつ御供養第一に生活されんことを御願い致す次第でありま

す」（㊟181P）

一九日（月）

金山弓雄　炭鉱職員、大分県、死刑、中国・瀋陽（中国軍）「（牧師宛て）先生の我々（筆者注・平頂山事件で処刑の七名）の身上に就きての御芳情、誠に感激の極みであり、なお御老体を風雪の日も酷寒も物ともせず、一途に我々を御救い下されんとする聖き御心に対し我々は何を以てお酬いすれば良いでしょうか。（略）日本国民共同の責任の贖罪の為、犠牲となるべく覚悟の臍を決めています」（㊟45P）

久保　孚　炭鉱局長、高知県、死刑、中国・瀋陽（中国軍）

坂本春吉　四二歳、満鉄職員（元警察官）、茨城県、死刑、中国・瀋陽（中国軍）「安らかに後事を友に託しつつ心静かに呼出しを待つ」（㊟92P）

西山茂作　炭鉱職員、福岡県、死刑、中国・瀋陽（中国軍）

藤沢末吉（米吉）　炭鉱職員、栃木県、死刑、中国・瀋陽（中国軍）

満多野仁平　四五歳、炭鉱職員、宮崎県、死刑、中国・瀋陽（中国軍）「（妻宛て）いよいよ最後の日が来た。何日の日か運さえよければ再会の日をと願っていたが、それもかなわぬこととなった。運命の力には抗すべくもない。どこまでも無罪を信じつつこの刑に服せねばならぬのは天命の然らしむる所、私はすべてをあきらめ皆の幸福を祈りつつ行きます。何卒皆は体を丈夫に助け合いながら仲善く暮して行って下さい」（㊟36P）

二〇日（火）

山下満男（満雄） 民間人（炭鉱労務管理官）、大分県／熊本県、死刑、中国・瀋陽（中国軍）

小西新三郎 三八歳、陸軍憲兵曹長、大阪府、死刑、中国・上海（中国軍）

田島信雄 三〇歳、陸軍憲兵曹長、熊本県、銃殺刑、中国・上海（中国軍）「（日記）四月二十日 火曜日 曇 ◎本日遂に来ました、皆様最後です。今日迄の皆様の御恩に報いもせず一足先に失礼致します。何れ天国で御礼申上げます」（遺21P）

妻苅 悟 三四歳、陸軍憲兵大尉、広島県、死刑、中国・上海（中国軍）「報国の念醒めやらず雄々しくも吾れ広東に花と散らなむ／散る花を追う刎れ出づる月を待つべし」（遺83P）

住本 茂 三六歳、陸軍憲兵准尉、兵庫県、銃殺刑、ベトナム・サイゴン（フランス軍）「（刑場にて）大楠公精神ヲ継承シ七度生レ代ッテ皇国ニ報ゼン。日出ズル国日ノ本ニ生ヲ享ケタル大丈夫ガ今旭日ヲ浴ビツ、従容トシテ国ニ殉ズ、男子ノ本懐之ニ過グルモノナシ」（遺554P）

二二日（木）

三島光義 二九歳、陸軍憲兵曹長、岐阜県、銃殺刑、中国・南京（中国軍）「国の為何を惜まんこの命数にもあらぬ我身なりせば／異国の露と消えゆくこの命御国にのこす大和魂」（遺95P）

二三日（金）

佐々 誠 五八歳、陸軍少将、滋賀県／東京都、絞首刑、シンガポール・アウトラム（イギリス軍）「敷島の大和男子の甲斐ありき大御戦の玉と散る身は」（資Ⅲ11）

二四日（土）　**引地　進**　四四歳、海軍少尉、鹿児島県、絞首刑、シンガポール・チャンギ（イギリス軍）
「（父宛て）回顧スルニ今日迄霊的内的ノ罪唯悪寒ヲ感ズルノミ。因果応報ノ理我ヲ責ム。唯天命ノ正シキ審判ニ依リ喜ンデ服シ罪ヲ償ウ／目に見えぬ神の御胸に抱かれて希望楽しみ涯しもなし」（㊟424P）
服部　直　二三歳、陸軍通訳、静岡県、銃殺刑、インドネシア・グロドック（オランダ軍）
「冬さりて春うららかに死出の旅／白妙の富士の高嶺を夢みつつ我はねむらん南国のつち」（㊟151P）

二六日（月）　**桑原起一**　満洲国嘱託、熊本県、病死（有期刑十年で服役中）、中国・瀋陽（中国軍）

五月

一日（土）　海上保安庁設置（英国・ソ連は反対、米国が強行する）

一九日（水）　**鐘水吉（日本名・金重吉雄）**　陸軍軍属、台湾・高雄州、事故死（有期刑十二年で服役中）、パプアニューギニア・マヌス（オーストラリア軍）

二三日（日）　**有地　勇**　警察官、兵庫県出身、病死（無期刑で服役中）、中国・瀋陽（中国軍）

二四日（月）　オランダ軍がインドネシア・ビンタン島にタンジュンピナン軍事裁判法廷を開廷

六月

一〇日（木） **光安春吉**　陸軍憲兵曹長、福岡県、不慮死（死刑判決を受け、逃亡後に射殺される）、ミャンマー・マンダレー（イギリス軍）

一五日（火） **十文字（一文字）重威**　陸軍通訳（大学講師）、三重県、病死（有期刑二年で服役中）、ベトナム・プロコンドール（フランス軍）

中島　環　陸軍憲兵准尉、大分県、銃殺刑、インドネシア・グロドック（オランダ軍）「露と消ゆ我が身は更にいとわねど心に残る日本の行末／南の異郷の土に消ゆるともやがて残らむ日本魂」（㊤176P）

和田　実　二三歳、陸軍憲兵軍曹、福岡県、銃殺刑、インドネシア・バタビヤ（オランダ軍）「（伝言）ホッとした。これで気がせいせいした。何故だか知らないが非常に自分はうれしい。私は生きる喜びを初めて知って嬉しい。ただ皆と別れるのが一番悲しい／（刑場に行く途中の川を見ながら『この川はどこへ流れる川ですか』と教誨師に尋ねた）」（㊤155P）

一六日（水） **吉田正人**　三八歳、陸軍大尉、福島県、病死（未決で拘置中）、東京・巣鴨（アメリカ軍）「旅立ちを嘆くな花と武士は嵐の庭にちるものと知れ／再びは帰らぬ旅に立つとても必ず帰る汝が夢路に」（㊤676P）

一九日（土） 衆参両院が教育勅語、軍人勅諭などの失効と排除に関する決議案を可決

二二日（火）

澤井秀男　三二歳、陸軍軍曹、大分県、絞首刑、フィリピン・マニラ（アメリカ軍）「（妻宛ての手紙）『マニラ』では雨降り続きで内地の五月のような気がする。いやな天気の空変りのする時、ついに我々の裁判も八月三日より開かれ、無実を主張する悪戦苦闘の結果、九月五日に驚くなかれ絞首刑を言い渡されルパオに収容の身となった。この世に於ける総ての希望を失った。（略）私の亡き後には父親が無いからといってヒガンダ人間にはしないように頼む。愛する子供の写真にそひねをし元気でほがらかだ。九月十六日」（遺602P）

勝村良雄　三〇歳、陸軍憲兵少佐、静岡県、銃殺刑、インドネシア・グロドック（オランダ軍）「（父宛て）明朝ボゴール関係（筆者注・ボゴール憲兵隊事件）の部下二名と共に死刑の執行になります。恵まれた時、恵まれた状況下に、恵まれた心境を以て、三十年間の人生を終り得ることをこの上なく喜んでゐます。必ず日本人として、日本軍の将校として立派に最期をかざります。（略）今日もまた晴天、ただただ感謝と喜びに満ちております」（遺156P）

董長雄（日本名・玉峰長雄）　陸軍軍属（通訳）、台湾・高雄州、銃殺刑、インドネシア・グロドック（オランダ軍）「惜まれて吉野の花の散る如く散らましものをますらを吾は／たわけ奴の撃つ十発は男の子吾が胸板貫くもまことは貫けじ」（遺738P）

吉田昌司　三三歳、陸軍憲兵軍曹、京都府、銃殺刑、インドネシア・グロドック（オランダ軍）「（父宛て）明朝が御別れの時と思います。銃口に微笑して謹みて天皇、皇后両陛下の万歳を三唱、さらに人類の永遠の平和を叫びて逝きます。以上乱筆を御許し下さい」（㊣223P）

二三日（水）　**石田聰夫**　三〇歳、陸軍衛生伍長、島根県、不慮死（死刑判決を受け拘置中に逃亡、射殺される）、インドネシア・アンボン（オランダ軍）

岩本三枝　二九歳、陸軍大尉、山口県、不慮死（死刑判決を受け拘置中に逃亡、射殺される）、インドネシア・アンボン（オランダ軍）「今更に何さわぐらん浪花江のよしもあしきも名の変る世に／ときすます大和心の雄々しさは嵐にあひて冴え渡るらん」（㊣212P）

二四日（木）　**大場金次**　三八歳、陸軍憲兵大尉、静岡県、死刑、中国・上海（中国軍）「今は唯何も恨まず諸人の代りと散りて我は往くなり／同胞の文看る度に思ふ哉我が日の本の強き生命を」（㊣32P）

中東喜代信　三〇歳、陸軍憲兵軍曹、大阪府、銃殺刑、インドネシア・アンボン（オランダ軍）

二六日（土）　**宮本　寛**　陸軍憲兵大尉、香川県／千葉県、病死（有期刑十二年で服役中）、インドネシア・バタビヤ（オランダ軍）

七月

三日（土）

末松一幹　陸軍大尉、福岡県／東京都、絞首刑、東京・巣鴨（アメリカ軍）「御栄えをたたへて逝かんいざさらば／妻よ子よ栄えのくににわれ待たん」（㊎655P）

菅澤亥重　五六歳、陸軍大佐、福岡県／千葉県、絞首刑、東京・巣鴨（アメリカ軍）「仇なせる国人に勝るちゑみがき永久に栄えよ日本の国／世を渡る浪風如何に荒くとも雄々しく進め大局を見て」（㊎674P）

高木芳市　陸軍通訳、北海道、絞首刑、東京・巣鴨（アメリカ軍）「いよいよさようならを言わねばならない時が来た。驚きかなしまれることと思うが強く強く起ち上って下さいね。（略）影に捉はれることなく永遠に滅びざるものを求めて一日々々を生活して下さい。これこそ僕の唯一の願いであります」（㊎652P）

武田　定　三四歳、陸軍軍属、福岡県、絞首刑、東京・巣鴨（アメリカ軍）「みちなきを光り求めてますらをはふみわけてゆく御仏の許へ／ひとたびは行かねばならぬ人の道親に先立つ心くるしき」（㊎664P）

穂積正克　陸軍軍曹、熊本県、絞首刑、東京・巣鴨（アメリカ軍）「子の夢のさめて今日ゆくわが身かな国の若人やすらけくあれ／そよ風に苦しき時を忘れ居て夜半のあらしにいそぎ散りゆかむ」（㊎666P）

本川　貞　四一歳、陸軍憲兵中尉、岐阜県、絞首刑、東京・巣鴨（アメリカ軍）「礎

と散りて行く身はいとわねど心残りは家族あるのみ／遥々と我を尋ねて幼子が会はずに帰る心淋しき」（遺672P）

本田　始　三二歳、陸軍軍属、熊本県、絞首刑、東京・巣鴨（アメリカ軍）「（妻宛て）さようなら。ただ今より行きます。御仏のもと浄土へ。ただ今十二時だ、あと一時間だ、元気に暮せよ、そして幸福になることを祈る。涙をぬぐって元気を出しなさい。きっと良いこともあろう。全員八名各々の心は違えど行先は同じ浄土だ。日本人らしく散って行くぞ」（遺639P）

牟田松吉　三九歳、陸軍軍属、福岡県、絞首刑、東京・巣鴨（アメリカ軍）「（娘宛て、処刑前日）お手紙ありがとう。字がよくかけるようになりましたね。一生懸命勉強して立派な人になって下さいね。（略）それからお母さんが一人働いて育ててゆくのですから、ほしいものがあっても家が貧乏ですからがまんして下さいね。いろいろいってお母さんにねだると、お母さんが、お父さんのことを思い出して悲しみますから、決してお母さんに心配させないようにね。人さまがお父さんのことを何かといっても心をヒガませてはなりません」（遺646P）

松田定信　五二歳、海軍司政長官、東京都、銃殺刑、インドネシア・バタビヤ（オランダ軍）「懐かしき四人の者！　白雲の去来を眺め、望郷の念をあふりつつ、今日まで辛抱に辛抱を続けて来た甲斐も無く終に万事は終りました。そしてここに最後のお別れを告げなくてはならない。（略）最早この上は泰然と静かに土に帰り、精霊は寸時も速かに皆の許へ帰ります。さらば。御機嫌よく！　一九四八年七月三日　最後の日　愛しき者へ」（遺177P）

一〇日（土）　**村上　博**　三〇歳、海軍大尉、福岡県、銃殺刑、インドネシア・バタビヤ（オランダ軍）「くれないに空は匂ひてますらをのいで立ち行かむ朝ぞ来にける／ふるさとに我を待つらむ年老いし母の心にやすらひぞあれ」（遺146P）

三一日（土）　マッカーサー書簡に基づく政令二〇一号公布（公務員のスト権・団体交渉権を否認）

八月

五日（木）　**中村　清**　陸軍憲兵少尉、石川県、病死（未決で拘置中）、インドネシア・マカッサル（オランダ軍）「（家族宛て）いろいろ状況を総合して見るに私も或は死刑になるかも知れないのであります。例へ死刑にならなくともこの病気では刑務所の生活や長い取調を受けることになれば最早助からない命であります。（略）沢山の人々が不幸な目に逢っているのであります。しかしこれらの人々は国家の為に働いた人々です。国民全体の代表として罪に服するものと見るべきです。私もその一人なのです。決して悲しまないで下さい。私は喜んで死んで行くものです」（遺167P）

七日（土）　**荒田誠三**　三二歳、陸軍憲兵軍曹、岡山県、死刑、ベトナム・サイゴン（フランス軍）「（弟宛て）今般仏蘭西刑法ニ依リ死刑ヲ宣告セラレタリ。兄無キ後ハ御両親様ニ対シ兄ノ分モ共ニ孝養ヲ尽サレンコトヲ御願ヒシマス」（遺555P）

大森　保　陸軍憲兵准尉、岡山県、死刑、ベトナム・サイゴン（フランス軍）

和田喜代治　五二歳、陸軍憲兵大尉、大分県、銃殺刑、ベトナム・サイゴン（フランス軍）

九日（月）

重藤憲文　陸軍中将、福岡県、病死（死刑判決を受け拘置中）、中国・広東（中国軍）

一三日（金）

工藤忠四郎　四〇歳、陸軍大尉、秋田県、絞首刑、フィリピン・マニラ（フィリピン軍）「マニラなる虜舎に悪しきガード（筆者注・監視兵）居てアヒルの如くわめきつつ来る／今日もまた還り行く友見送りて柵に添ひつつ一人佇む」（遺610P）

一五日（日）

大韓民国樹立、初代大統領は李承晩

一六日（月）

黄来金（日本名・横田金蔵）　二五歳、陸軍軍属、台湾・台中州、病死（有期刑九年で服役中）、パプアニューギニア・マヌス（オーストラリア軍）「（家族宛て）不幸にして今や上官の命によりまして、豪州俘虜虐待事件でこの戦犯生活に落ち入り、（略）不肖は当地で永遠の眠りに就きますが、この魂は皆々様を見守って行きます。不肖は別事は言いたくもありません。ただ御両親様に対して孝を尽くせぬのが世間の人に対しても実に実に残念です」（遺519P）

二一日（土）

相原一胤　三七歳、陸軍伍長、愛媛県、絞首刑、東京・巣鴨（アメリカ軍）「私は不幸だとは決して思っていない。ただ不運であった。笑って笑ってお浄土へ／三藐三菩

提（筆者注・真理を悟った境地）の仏の御前に誠の姿懺悔まいらん」（㊣662P）

頴川幸生　三八歳、海軍上等兵曹、長崎県、絞首刑、東京・巣鴨（アメリカ軍）「（姉宛て）今度は親子水入らずで永遠に仲良く暮らせます（筆者注・妻子三人を含む家族七人が長崎で被爆死）。自分も一日も早く逝くことが幸せです／ふみのぼる絞首の台をえがきみてたじろがぬわれこゝろうれしく」（㊣641P）

川手晴美　陸軍軍属、長野県／東京都、絞首刑、東京・巣鴨（アメリカ軍）「人をも殺しかねぬ身が殺される今日となりぬかな／極重罪悪凡夫の身が明日は仏となれる嬉しさよ」（㊣666P）

木村　保　三八歳、陸軍軍属、長野県、絞首刑、東京・巣鴨（アメリカ軍）「（妻宛て）私もこうした人間としての窮極なる場合に直面した結果に於て既往の人生を検討すればあまりにも無意味な人生であり（無意味どころか実際つまらない人生であった）浅間しい人生であったのだ。だがこの窮極なる場面に直面した一年と六ケ月の生活こそ最も有意義の人生であったと私は感謝することが出来る。（略）悲しき時も嬉しい時も仏となりし我らと共にあることを常に念頭に置いて力強く日一日を感謝して健康で子供を守って下さい。では元気でたのみます。剛く剛く剛く。八月十九日」（㊣663P）

都子野順三郎　四四歳、陸軍大尉、愛媛県、絞首刑、東京・巣鴨（アメリカ軍）「（二人の娘宛て）夏休みも終りが近づき長い間真黒になってお母様のお手伝いが出来たこと思います。毎日山羊の乳をのんで元気になったことでしょう。お父様が長い間留守して淋しかったでしょう。今夜、いよいよこの世にお別れして姿は変りますがお家に帰ります。お父様が亡くなった後はお母様の言い付けをよく守って一生懸命勉強してよい娘になって下さい。（略）お友達や御近所の皆様、貴女達の先生によろしくお伝へ下さい。さようなら　昭和二十三年八月二十日午後五時」（遺６４３Ｐ）

中島祐雄　四五歳、陸軍大尉、長野県、絞首刑、東京・巣鴨（アメリカ軍）「心の安心点を深く尋ぬべく努むるも如何なる満足をも発見することを得ざりき。心にかかるは故里なる妻子のこと、父母のなげき、妻子の将来、兄弟に対する義、一人毎日泣きたりき。（略）キリスト教に関する種々なる指導を受けて来た。記念すべき日であった。その後一週一回ないし二回来たり行ったり、教会に参集する如くはればれと聖なる気分を持って教への為為如何なる意義ある日を過して来たか。讃美歌を唱い祈りを共にし信仰を語り、全く潔く心も洗い落して一日を過して帰ってはまた研究する生活であった。研究のかたわら一心に聖句を一冊に書き取ることを始めたのもこの時分であった」（遺６９４Ｐ）

平松貞治（貞次）　三二歳、陸軍軍属（元兵長）、長野県、絞首刑、東京・巣鴨（アメリカ軍）「（妻宛て）苦しくともあくまで生き抜くのだ。人にどんなにふみにじられようが、そしられようが、馬鹿にされようが気にするな。決してふみにじられない魂を如来様から戴いておれば、何一つ恐れることはない。（略）亡びない生命の正道を一足々々道をたがえず、わき道をふまず、力強くけなげに踏んで行ってくれよ」（遺655P）

道下正能（政能）　三〇歳、陸軍曹長、石川県、絞首刑、東京・巣鴨（アメリカ軍）「（仏教の教誨師宛て）先生、人間として行動した私も決して悪いとは思われません。我田引水の私ですね。ゆえに私は人間界をはなれるのをありがたいと思います。（略）悪いと思わず死にゆく私を叱って下さいませ。どうしてもそう思はれない私を先生どうぞ叱って下さいませ」（遺665P）

村上宅次　陸軍大尉、愛媛県／広島県、絞首刑、東京・巣鴨（アメリカ軍）

吉沢国夫　三〇歳、陸軍軍曹、長野県／東京都、絞首刑、東京・巣鴨（アメリカ軍）「妻よ、最後に私は誇らかに君に言うよ。私の肉体は清浄に少しの健康を害うこともなく君のために維持されたということを。私は今うっとりと私の白い肌をながめている。女のようなと自分で考える程、実に美しいその肌を――この肌は君の肌に触れたあの時のままの肌だ。すべてを君に捧げます。さようなら、心より御多幸を祈る（午後九時半行年三十才」（遺623P）

染谷保蔵　新聞社社長、福島県、病死（終身刑で服役中）、中国・瀋陽（中国軍）「（知人宛て）当地御在住中は公私共に御厚誼を願い殊に私の収監獄中は特に親身も及ばぬ程の御厄介になりました。昨夏以来晴雨に不拘御来所被下懇切なる御教は私の信仰心を益々深からしめ一生の方針に大変化を及ぼしました。厚く厚く御礼申上候。（略）此処にあって儒教書を読むとよく解ります。右御礼を申上げ重ねて御願いいたします。どうかよろしく御願いいたします。以上」（遺66P）

二三日（月）

神田節義　陸軍大尉、兵庫県、病死（有期刑五年で服役中）、ベトナム・プロコンドル（フランス軍）

二四日（火）

提島万厳（万四郎）　海軍中尉、鳥取県、絞首刑、中国・香港（オーストラリア軍）「ま、ならぬ憂世のならい吾が身にも流され舟や名残惜しくも」（遺466P）

二六日（木）

上杉　旬　三三歳、陸軍憲兵曹長、広島県、銃殺刑、インドネシア・グロドック（オランダ軍）「人生総て夢の如しだ。またしても悲憤の涙が湧いて来る。無念だ。この野郎と大声が出したくなる。しかしまた静かに考えると総て運命のような気もする。死は恐れないが、死の場所に不足だ。犬死はしたくないのだ。自分が満足して死ねる場所が望みたい。（略）ただ戦争という特殊な状況下に於て自分は忠実に自分の仕事を全うしたに過ぎん。このことは幾年か過ぎたなら日本人は勿論世界の人々も理解して下さる時が来ることを信じて、安心して明朗に立派に散って逝こう」（遺280P）

二八日（土）

大杉守一　五六歳、海軍中将、静岡県、銃殺刑、インドネシア・マカッサル（オランダ軍）

九月

一日（水）

松谷義盛　陸軍憲兵軍曹、広島県、死刑、中国・上海（中国軍）「ながらへて花を待つべき身なれどもいかで惜しまむ大君の為／もろこしの法の白刃に散る若桜にほひとどめて染むるからつち」（遺40Ｐ）

三日（金）

小玉寿吉　海軍少尉、宮崎県、銃殺刑、インドネシア・マカッサル（オランダ軍）「（妻宛て）死に値する程の罪はないと信じますが神様の御召しにより逝きます。神様は全部を良く知っておられます。必ずやこの真相が世にはっきりと知られる日が参ります。この時こそ涙を呑んで逝きし私達が浮かばれる時です。（略）繰返して申しますが子供達をどうか立派に育てて下さい。皆の健康、多幸、栄光、平安を祈念しつつお別れ致します。死刑執行は二三、九、三、午前七時です。さようなら」（遺224Ｐ）

七日（火）

竹内末一　民間人（鉱山社員）、岡山県、病死（有期刑二年で服役中）、中国・香港（イギリス軍）

八日（水）

折田　優　三六歳、陸軍少佐、鹿児島県、自決（未決で拘置中）、東京・巣鴨（アメリカ軍）「（妻宛て）夫婦親子の愛なお不滅不死にして魂は常に相通じていることを確信する。ただ愛のみよく死に勝つ。すべて天命也。今宗教的に安心立命を求めんとす。山々書きたいが字数に制限あり。御両親その他へよろしく。御元気で　昭和二十三年六月三十日」（遺677Ｐ、自233Ｐ）（筆者注・ソ連抑留から帰還後に拘置される）

北田　実　陸軍憲兵曹長、北海道、病死（有期刑八年で服役中）、インドネシア・バタビヤ（オランダ軍）

九日（木）

徳永正友　三〇歳、陸軍憲兵大尉、福岡県、絞首刑、フィリピン・マニラ（アメリカ軍）

「何はともあれ万のことは夢のまた夢。語ろうとすれば吾にとらわれて嘘を言いたくなる。他人を傷つけることになる。実に恐ろしい。人の心はただ念仏のみぞ総べてを生かす仏の大生命なり。ただ、念仏のみぞまことにて候の一語が全生涯の結論であり、そしてまた総べてを生かす出発点なり」（㊟619P）

松本秀徳　陸軍少尉、熊本県、絞首刑、フィリピン・マニラ（アメリカ軍）

山本武喜　陸軍大尉、熊本県、絞首刑、フィリピン・マニラ（アメリカ軍）

金日成が朝鮮民主主義人民共和国成立を宣言

穴井秀雄（秀男）　二九歳、陸軍兵長、大分県、銃殺刑、インドネシア・クパン（オランダ軍）

前田利貴　三一歳、陸軍大尉、神奈川県／東京都、銃殺刑、インドネシア・クパン（オランダ軍）「（兄弟宛て）兄は現在でこそ人も恐れる殺人犯として死刑されるが、世の中にある殺人と殺人が違うことだけは明言して置く。またその責任も決して兄にあるのではないのだ。また兄の行為でもない。（略）現在の我々は一日も早く処刑されることを祈っている次第です。では皆様御機嫌様、生前のご厚情を感謝致します」（㊟257P）

早田清高　二三歳、海軍嘱託、長崎県、銃殺刑、インドネシア・バンジャルマシン（オランダ軍）「益良夫のかなしき道ぞ一条に恋ひ慕ひつつ吾はゆくなり」（㊟152P）

二二日（水）

高橋政義　二五歳、海軍嘱託、福島県、銃殺刑、インドネシア・バンジャルマシン（オランダ軍）「皇統に帰一し奉るこの志魂七度生きて捧げ尽さむ」（遺150P）

三賀彦松　海軍中尉、富山県、銃殺刑、インドネシア・バンジャルマシン（オランダ軍）「（妻宛て）一、断じて戦犯者に非ず、その点充分理解され日本再建に協力せられよ。一、親戚知己に対し充分謝礼願いたし。一、余の葬儀は日本再建の暁正式に行はれたし。（略）一、今更申したきこと更になし。ただ武人の妻として世間より後ろ指をさされぬよう立派に後世を送られたし。そして我は妻たる君の御健闘と御幸福を泉下より祈るぞ。天皇陛下万歳！　南無阿弥陀仏　昭和二十三年八月二日午前認む」（遺215P）

伊達順之助（中国名・張宗援）　五六歳、民間人、熊本県／東京都、銃殺刑、中国・上海（中国軍）

佐藤源治　二九歳、陸軍憲兵曹長、岩手県、銃殺刑、インドネシア・グロドック（オランダ軍）「（最後に訪れた検事に）『俺は死刑の執行を受けるが、心に何一つやましいところはない。君が言ったような、死者も怪我人もつくったことはない。しかし今助かることを考えているのではないから誤解するな。……われわれがいかに最期を遂げるか、その死に臨む様、死の様をよく見ておけ……』検事に言い終わってからニッコリ笑ってやったら、彼は泣きそうな大分困った顔をしていた。（略）便所用水に顔を映して眺める。これが自分の顔の見納めかと思って見ると、父の顔に似ているなアーと思う。笑ってみたり、しかめてみたり、百面相をやってみた。マタハリの花が枯れるので、その水に挿してやった。明日まで咲いてくれと祈りながら」（遺247Ｐ）

斎藤甚吉　二九歳、陸軍憲兵軍曹、宮城県、銃殺刑、インドネシア・グロドック（オランダ軍）「散りゆかん我が身にくいはなけれども我待つ母の姿しのばる／今日よりは死出への旅の一里塚再建日本の後事託して」（遺202Ｐ）

野中荘三　三〇歳、陸軍憲兵軍曹、佐賀県／長崎県、銃殺刑、インドネシア・グロドック（オランダ軍）「吾が生命あと一時に迫れども曇る事なき日本晴れなり／ポツダムの嵐に散りし桜花世界平和の春を希ひて」（遺209Ｐ）

山畑輝男　二八歳、陸軍憲兵軍曹、兵庫県、銃殺刑、インドネシア・グロドック（オランダ軍）

浅木留次郎　四四歳、陸軍憲兵少尉、北海道、銃殺刑、インドネシア・グロドック（オランダ軍）「顧みてたがわず皇道踏みしかば悔も悩みも苦しみもなし／運命と諦め逝かんそのかげに惜しむ人あるはただにうれしき」（遺183Ｐ）

清水勇蔵　二七歳、陸軍憲兵軍曹、滋賀県、銃殺刑、インドネシア・グロドック（オランダ軍）「何処からか軽音楽が流れて来る。ほんの暫くで消えてしまったが、この房のすぐ近くにある映画館から洩れて来たのだろう。ほんの一時ではあったが、円やかな旋律は私の今の心をこの上なく満してくれた。（略）お母さん私は、勇蔵は明るみを得ました。歓んで下さい。ほめてやってください。永い間苦しんで参りましたが、後数時間の今になって、とうとう安心を得ましたよ。ではお母さん、さようなら、お体を大切にして下さいね（九月二十三日午前二時）」（遺279P）

二四日（金）

近藤秀雄（秀夫）　陸軍中佐、岡山県／東京都、銃殺刑、中国・香港（オーストラリア軍）

岡嶋利耆　四一歳、海軍大尉、石川県、銃殺刑、インドネシア・ポンティアナック（オランダ軍）「思ふことなすことすべて神ぞ知る心ゆたかに親につかへよ／ますらをの道に咲きたる桜花国の嵐に散るぞうれしき」（遺237P）（筆者注・ポンティアナック海軍特別警察隊事件で岡嶋大尉以下七名が同時処刑）

金子安蔵　四二歳、海軍上等兵曹、新潟県、銃殺刑、インドネシア・ポンティアナック（オランダ軍）

久世一雄　三二歳、海軍一等兵曹、岐阜県、銃殺刑、インドネシア・ポンティアナック（オランダ軍）「皇国の鎮祈りつつ我行かん人や知るらん我が身の上を」（遺176P）

小嶋五一　海軍上等兵曹、愛知県、銃殺刑、インドネシア・ポンティアナック（オランダ軍）

鶴見俊二　三三歳、海軍上等兵曹、愛知県、銃殺刑、インドネシア・ポンティアナック（オランダ軍）「（判決前の手紙）みんな元気で暮していますか。叔父さんも元気にて裁きを受けていますが心配なく近いうちに帰れますから安心して待っていてくれ。一日も早

くみんなの顔が見たい。叔父さんの帰るまで頑張っていてくれ」（遺251P）

宮島順吉　三四歳、海軍上等兵曹、石川県、銃殺刑、インドネシア・ポンティアナック（オランダ軍）「かごかぶり豚舎に寝るも大丈夫の至誠は一つ大和魂／身は赤道心は九段の桜花春は無くとも咲き誇らむ」（遺235P）

山本安一　四五歳、海軍一等兵曹、和歌山県、銃殺刑、インドネシア・ポンティアナック（オランダ軍）「雨やみて鉄窓にさす渡月の青き光にこほろぎの鳴く」（遺160P）

田中　覚　四一歳、陸軍軍属（刑務監督官）、大分県、銃殺刑、インドネシア・グロドック（オランダ軍）

牧内忠雄　海軍大佐、長野県、銃殺刑、インドネシア・バリックパパン（オランダ軍）「一度死地に投ぜし故、戦場のボルネオに於て死す、本望なり。皇国の新興また遠き将来に非ざるべく、南進繁栄の秋、親善インドネシア国の日も来るべきを信ず。身はボルネオの土と化し、永へに皇国発展の礎石とならん。大和魂は永遠に幾多戦友と共に同胞の進展を助けん」（遺173P）

堀内豊秋　四七歳、海軍大佐、熊本県、銃殺刑、インドネシア・メナド（オランダ軍）「月に雲花に嵐と悟り得てみは秋晴のそらをまつのみ」（遺239P）

林　幸雄　三三歳、陸軍憲兵准尉、千葉県、銃殺刑、インドネシア・グロドック（オランダ軍）「（母宛て）決して破廉恥的な行為で死刑になったのでもなく私の為でもな

二五日（土）

く、全部国の為にやった行為が戦に敗れてこんな結果になったのです。隊長や同僚と一緒なので止むを得ません。自分の死も時世が来ればきっと花咲く時の来ることを信じます」（㊨180P）

二八日（火）
根立　一　三三歳、陸軍憲兵曹長、群馬県、銃殺刑、インドネシア・グロドック（オランダ軍）「（妻宛て）将来のことについては君が正しいと信じた道を踏んで行かれるよう、これが私の最後の希望でありまたそうすべきであると思います。では左様なら」（㊨252P）

二九日（水）
大塚正三　三二歳、陸軍憲兵曹長、京都府、銃殺刑、インドネシア・グロドック（オランダ軍）
佐藤平吉　五〇歳、陸軍憲兵大尉、宮城県／東京都、銃殺刑、インドネシア・グロドック（オランダ軍）「回顧するに服務につき私は表裏なく積極的に奉公し心残りは無い。（略）私としては公判廷に於て最後に陳述せし如く『部下の行為は私に責任がある』と明言した如くです／あなうれしなやみは晴れて身は捨てる父母を慕ひて我は逝くなり」（㊨214P）

一〇月
一日（金）
岩崎吉穂　三一歳、陸軍大尉、島根県、絞首刑、中国・香港（オーストラリア軍）「（日記の一部）自ら基督者を以て任じ神の前に正義を誓った彼らこそ最も神を冒瀆するものであることを身を以て知らされました。それはただ日本人に対する報復手段であるほか何物でもないことは明瞭です。私は上官の命令で瓦斯実験を行った。しかも其人は死んでいない。憲兵隊により殺されたものである。それにもかかわらず命令者と私は死刑、憲兵隊長は無罪、妙な具合だと思いました。（略）日本国民には自らの楯として戦場に送った人達が今自ら降伏した国民に見放されながら獄死する我々の苦悩を分るかしら。我らの犠牲の上に生命を全うしている天皇及全ての国民はその家族以外戦犯者なるものを忘れているのであろうか（九月七日）」（遺４５３Ｐ）

二日（土）

福井幸家　四三歳、陸軍軍属（刑務監督官）、長崎県、銃殺刑、インドネシア・グロドック（オランダ軍）「死刑の判決を受けても心機に動揺を感ぜず、又明日の日にグロドックに引かれて執行されるかも知らないが、泰然たるもので自分ながらよく度胸の据ったことと感心している。従容自若として散る覚悟である」（遺２０７Ｐ）

四日（月）

小路（少路）始義　海軍中尉、広島県、銃殺刑、インドネシア・バリックパパン（オランダ軍）「敗戦の詔かしこみ三年越し忍び来にけり友の情に」（遺２１６Ｐ）

高橋国穂　三四歳、海軍警部、宮城県、銃殺刑、インドネシア・バリックパパン（オランダ軍）「吾が血潮妻に宿りて子に伝ふ草むす屍咲く花ぞ待つ」（遺２６２Ｐ）

高松信夫　三二歳、海軍主計少佐、東京都／石川県、銃殺刑、インドネシア・バリッ

クパパン（オランダ軍）「我友も此処に散りたり菊一枝」（遺238P）

知念清信　三六歳、海軍警部、沖縄県、銃殺刑、インドネシア・バリックパパン（オランダ軍）「聖戦に敗れし科ぞ己が罪立てし功の裁かるる身は／旅先きは十万億土と我は聞く手取り引きたもれ南無阿弥陀仏」（遺251P）

水口　繁　二九歳、海軍主計大尉、京都府、銃殺刑、インドネシア・バリックパパン（オランダ軍）「私は永遠の生命を信じております。一つの身体がこの世を去りましょうとも、生命そのものは永遠に消えないものと存じます。私は今の世に於ては出来るだけ心身共に美しく生きることに一生懸命でありました。この点だけは御両親様に御報告申上げたいと存じます。（略）明後日は刑場に行き部下の温かい手で後始末をして頂くことになっております。棺桶も墓標も苦労をかけた部下が造ってくれました。墓地はバリックパパン飛行場跡マンガル日本墓地に設けられます。御母上様何卒御安心なされて下さい。御心お静かにして下さい。繁は御母上様をいつもいつもお護りさせて頂きます。そして繁といつも一緒にいることを思って下さい」（遺191P）

三善　孝　五六歳、海軍大佐、広島県／愛媛県、銃殺刑、インドネシア・バリックパパン（オランダ軍）「銃先に明日立つ今日の我が心明鏡の如し莞爾と死なむ／銃声の木魂して秋の空高し」（遺156P）

亘　就市　三四歳、海軍中尉、京都府／広島県、銃殺刑、インドネシア・バリックパパン（オランダ軍）「いざさらば再起日本の礎石てふ誇りに生きて雄々しく死なむ／秋草の衣の露は払へねど貫き抜かん大和魂」（遺211P）

井手尾　薫　二八歳、陸軍憲兵軍曹、鳥取県、銃殺刑、インドネシア・マカッサル（オランダ軍）「吾が如く世を去るもの、魂を生かせ久遠の祖国の栄に／帰り行く友に託せし言の葉を老いたる母は何と聞くらん」（遺221P）

伊東義光　三〇歳、陸軍憲兵曹長、北海道、銃殺刑、インドネシア・マカッサル（オランダ軍）「ただ今より出発します　天皇陛下　万歳　十月四日午前七時／嘆くまじ永遠に悔ゆまじ大いなる時の流れを流れ逝く身は」（遺124P）

大柴　林　三一歳、陸軍憲兵大尉、山梨県、銃殺刑、インドネシア・マカッサル（オランダ軍）「（日記）十月四日　月曜日　晴　起床四時半、良くねむる。（略）六時四十分被服を着換へ粛然と待つ。自動車のエンヂン聞ゆ。M・Pの迎へならん。高窓にわづかに見える木々の梢は朝陽を受け金色に輝く。左記の腰折を以て数々の尽きぬ名残を惜みつつ林三十一歳の筆を絶つ。それでは参ります。大君の勅畏み一筋に誠の道を吾は来にけり」（遺130P）

古瀬虎獅狼　三六歳、陸軍憲兵准尉、長崎県、銃殺刑、インドネシア・マカッサル（オランダ軍）「みんなみの露と消ゆれあめつちにはぢぬ心は神ぞ知るらむ／やぶるればとがなきものもつみに散る今も昔も世のならひかな」（遺254P）

中村益視　二八歳、陸軍憲兵軍曹、長野県、銃殺刑、インドネシア・マカッサル（オランダ軍）「大いなる時の流れの激しさになになたまるべき笹の葉の舟／年老いし父の嘆きを思ふとき童の如く涙ぬぐふも」（遺135P）

六日（水）

田上八郎　五七歳、陸軍中将、鹿児島県（大阪府）、銃殺刑、インドネシア・ジャヤプラ（オランダ軍）「愈々昭和二十三年十月六日午前九時『ホーランヂャ（筆者注・現在のジャヤプラ）』ニ於テ敗戦ノ犠牲トナリ、亡キ多数戦友ノ後ヲ追フ。茲ニ五十七年ノ一生ヲ了ルモ、軍人生活三十有八年完全ニ其ノ任ヲ果シ得タルヲ満足トシ何等思ヒ残スコト更ニ無シ。堅ク神州ノ不滅ヲ信ジ霊トナリテ皇国ヲ守護セン。最後迄罪ハ自覚セズ、其点満足。（略）子供等ヨ、一誠無我、任務精進ノ事　皇国万歳　イザサラバ結尾　昭和二十三年十月四日」（遺268P）

松本司一　四九歳、陸軍大尉、新潟県、銃殺刑、インドネシア・ジャヤプラ（オランダ軍）「捧げた命何惜しきことあらん。今自分は職責にて大義に就く。心は明鏡の如し。各位の奮起を望む。昭和二十三年十月四日」（遺162P）

利光伊勢治　二七歳、陸軍中尉、大分県、病死（有期刑十年で服役中）、中国・広東（中国軍）

七日（木）

米国安全保障会議が「アメリカの対日政策についての勧告」を決定、冷戦体制に日本を組み込む占領施策に転換

国分繁彦　五三歳、陸軍主計中佐、奈良県、銃殺刑、インドネシア・ジャヤプラ（オ

ランダ軍）「決して神のみ心にそわない行為はしておらないと信じているから心身共に何らの苦痛も感じていない。日本軍人として立派に死んで行ける覚悟と自信がある。（略）最後に日本の再建を信じ皆の幸福を祈る／殊勲者も国破れては死刑かな」（㊟208P）

一四日（木）

慶本芳登　二九歳、陸軍軍曹、広島県、銃殺刑、インドネシア・ジャヤプラ（オランダ軍）「死ニ遅レ現在ニ至リタルコトヲオ許シ下サイ。当分ノ間ノ汚名何卒御辛抱オ願ヒ致シマス。近キ将来ニ於テ此ノ汚名ハ必ズヤ拭ヒ去ラレルコトヲ確信シツツ遺書ト致シマス。兄妹中只一人、大東亜戦ニ於ケル戦死者トシテ御記憶ヲオ願ヒ致シマス」（㊟179P）

一五日（金）

久米武三　三〇歳、陸軍憲兵曹長、愛知県、自決（有期刑十年で服役中）、インドネシア・スラバヤ（オランダ軍）「みんなみの嵐に散りし戦友の辺の薫りを慕ひてわれも行くなり／両親の恩に報ゆる術もなく三十余歳を省りみる我」（㊟172P、㊐328P）

浜中匡甫　五五歳、海軍少将、神奈川県／東京都、銃殺刑、インドネシア・メナド（オランダ軍）「天地の神ぞ知るらむ丈夫の国につくせる赤き心は／責めとりて逝く身は清きメナド原そよ吹く風に胸ぞ涼しき」（㊟157P）

湯村文男　三〇歳、海軍大尉、千葉県／宮城県、銃殺刑、インドネシア・メナド（オランダ軍）「（両親宛て）今さら『オランダ』をうらみ、また誰をうらむという気持ちは有りません。すべては私一人の胸の中に秘めておきます。それで宜しいのです。（略）戦には負けても固き意志を持って働いたなら、日本は発展すると思います。私は死んでも私の魂、希望と意志は必ず永遠に生きているような気が致します。私のやる事はもう終りました。安心して静かに永遠の眠りにつきたいと思います」（遺216P）

二三日（土）

尾家　劉　五五歳、陸軍大佐、大阪府／熊本県、銃殺刑、東京・巣鴨（アメリカ軍）「（処刑の夜）最後の夕もすました。刑場に行くのを待つばかりである。何でもないものである。もう獄舎の生活は少々あきた気がする。笑って死にたいものだ。死出の旅路を思う。全く不安なし。（略）堂々と刑場へゆく。陛下の万歳を称へて余はしばし眠るのである。仏となるのだ。南無阿弥陀仏、南無阿弥陀仏、々々々」（遺658P）

二六日（火）

和田都重　四〇歳、陸軍憲兵大尉、奈良県／東京都、不慮死（死刑判決で拘置中に逃亡、射殺される）、インドネシア・バタビヤ（オランダ軍）

一一月

六日（土）

柴野忠雄　三〇歳、陸軍准尉、新潟県／神奈川県、絞首刑、東京・巣鴨（アメリカ軍）

西沢正夫　三三歳、陸軍大尉、滋賀県／千葉県出身、絞首刑、東京・巣鴨（アメリカ軍）「（幼い子ども二人宛て）御父さんは明日の朝天のお父さんの御許にかえります。今日のお前たちには、まだ一寸そのことはわからないでしょう。大きくなってこのお父さんのことをお前たちが知ったなればある時は悲しむかもしれないが、きっと天のお父さんの心を知って強くなってくれることを信じます。(略) お前たちが朝に夕にお母さんとともにおいのりするときに心の中に神様のおことばと共にお父さんにもお会いできることでしょう。天のお父さんでいらっしゃる神様に人のつみを救って下さるイエスさまのおめぐみとおまもりによって大きくなるようにお祈りしつつ。昭和二十三年十一月五日四時頃　お父さんより」(遺692P)

九日（火）

寺本徳次　五〇歳、陸軍大尉、熊本県、絞首刑、フィリピン・マニラ(フィリピン軍)
「(家族宛て手紙) 今は戦犯容疑者として表記の処に残されて裁きの身の上となっております。思い出しては空を仰ぎ祖国を偲び祈っているのです。(略) 私の現在の心境は第一線を守った責任と、郷土の多くの部下を亡くしてその遺家族を思う時誠に断腸の思いと、その部下の行動を明白に伝えたい、そして及ばずながらその処置を致したいのが念願なのです」(遺594P)

中野静夫　三七歳、陸軍憲兵大尉、奈良県、絞首刑、フィリピン・マニラ(フィリピン軍)
「皆様何とぞ元気で御暮し下さい。これが最後の手紙と思えば少し淋しくなります。肉体は死しても霊は永久に死なないでしょう。私は無罪を信じています。虚構の事実により殺害されるのは全く残念です。では皆様さようなら　昭和二十三年十一月九日死の直前に於て」(遺622P)

一一日（木）　**楠元信夫**　二八歳、陸軍伍長、鹿児島県、銃殺刑、インドネシア・クパン（オランダ軍）「罪人と云はる、我はその昔国の御盾と賞でられし人／この罪は国が作りし罪なれど憎めぬ心地するぞ尊し」（遺206P）

一二日（金）　極東国際軍事裁判所がA級戦犯に判決。有罪二十五名（うち絞首刑七名、終身刑十六名、禁固二十年一名、禁固七年一名）。他に免訴一名、判決前に死亡二名。その他のA級戦犯容疑者十九名は釈放

一三日（土）　**橋本豊平**　二八歳、陸軍憲兵軍曹、新潟県、銃殺刑、インドネシア・グロドック（オランダ軍）

一七日（水）　**佐々木寿郎**　二九歳、陸軍中尉、秋田県、銃殺刑、インドネシア・ジャヤプラ（オランダ軍）「凡テ人生ハ偶然ノ連続ナリ　歓苦悲喜ハ是レ煩悩ナリ　顧ミレバ二十九年ノ愚ナル夢　今ニシテ知ル獄楽ノ醍醐味」（遺274P）

一八日（木）　**片田義雄**　陸軍憲兵伍長、富山県、病死（有期刑五年で服役中）、ベトナム・ポロコンドール（フランス軍）

宮崎良平　四五歳、陸軍大尉、千葉県、銃殺刑、インドネシア・メダン（オランダ軍）「故郷に裁きの庭に立つ身と知らずに子等は我を待つらん／敗れてもやがて起つべき日の皇国日の丸輝く将来を見つめて」（遺249P）

一九日（金）　**坂内松次**　陸軍兵長、新潟県、自決（死刑判決を受け拘置中）、インドネシア・タンジュ

ンピナン（オランダ軍）

二一日（日） **伊牟田義敏**　二九歳、陸軍大尉、熊本県、病死（未決で拘置中）、ベトナム・サイゴン（フランス軍）「昭南に捨てゆく命惜しまねど心にかゝる今の世のさま／安らかに幸多かれと祈りつゝ老の母刀自残しゆく身は」（遺567P）

二三日（火） **山根重由**　三〇歳、陸軍軍医大尉、鳥取県／広島県、銃殺刑、インドネシア・グロドック（オランダ軍）「誠もて夷《えびす》の人に尽せしに報ひは悲し死のさだめなり／今度こそ老いたる母につくさむと思ひしこともはかなくなれり」（遺113P）

二七日（土） **岡田慶治**　三九歳、陸軍少佐、広島県／長崎県、銃殺刑、インドネシア・グロドック（オランダ軍）「切れ凧の落ちたりジャワの椰子の根元《もと》／紅葉せる故郷の山や父母の顔」（遺217P）

一二月

一日（水） **流石　巌**　五二歳、海軍司政官、神奈川県／山梨県、銃殺刑、インドネシア・バンジャルマシン（オランダ軍）

六日（月） **伏見民雄**　三九歳、陸軍司政官、香川県、銃殺刑、インドネシア・メダン（オランダ軍）

七日（火） **長瀬健三**　海軍上等機関兵曹、岐阜県、銃殺刑、インドネシア・バリックパパン（オランダ軍）「（五人の子ども宛て）今執行命令を受け何らの苦しみも無く、明日午前八時に死んで行く。しかし父は決して人道に反したることによって死刑されるのではない。立派な戦争遂行の目的上止むを得ざる行為であってその責任を負って隊長と共に逝くのである。（略）兄弟仲良く共に助け合って再建日本の一日も早からんよう努力して父なき子として世の人々に笑われないよう、少しの油断もなく進んで行け」（遺213P）

一〇日（金）

服部素善　海軍技術大尉、東京都、銃殺刑、インドネシア・バリックパパン（オランダ軍）「むさしぬの天のたづむらはぐくみしははにはつげよあだになげきそ／みむろつくいやひこやまゆはつひさすあらたしきみよいやさかえあれ」（遺275P）

一二日（日）

国連総会で世界人権宣言を採択

一五日（水）

国連総会で韓国政府を朝鮮唯一の合法政府として承認

金井駒人　四二歳、海軍嘱託（通訳）、長野県、銃殺刑、インドネシア・バンジャルマシン（オランダ軍）「（妻宛て）自らこの仇に当り得ざること誠に遺憾千万にて子ども達に申訳ないと常々心に詫びおり候。（略）何とぞ小生の最後まで日本人として立派に闘い抜き通せしを確く信ぜられたし、また子ども達にもこの点よく申聞かせ、将来に過ちなからしむるよう是非とも御心懸被下度再々御願い申上げ候」（遺209P）

高木利兵衛　海軍軍属（通訳）、長野県、銃殺刑、インドネシア・バンジャルマシン（オランダ軍）

一七日（金）　中国人民解放軍が北京に進出

二三日（木）　連合国軍がＡ級戦犯七名の絞首刑を執行

板垣征四郎　六四歳、陸軍大将（元陸軍大臣）、東京都、絞首刑、東京・巣鴨（連合国軍）「今ぞ知るいつはり多き世の中に仏の道ぞまことなりける」（遺６８６Ｐ、資Ⅲ06）

木村兵太郎　六一歳、陸軍大将、大阪府／東京都、絞首刑、東京・巣鴨（連合国軍）「うつし世はあとひとときのわれながら生死を越えし法《のり》のみ光り」（遺６８８Ｐ、資Ⅲ06）

東條英機　六四歳、陸軍大将（元首相、元陸軍大臣）、東京都、絞首刑、東京・巣鴨（連合国軍）「我ゆくもまたこの土地にかへり来ん国に酬ゆることの足らねば／今ははやこころにかかる雲もなし心ゆたかに西へぞ急ぐ」（遺６８３Ｐ、資Ⅲ06）

土肥原賢二　六六歳、陸軍大将、東京都／岡山県、絞首刑、東京・巣鴨（連合国軍）「身はたとへ朝の露と消ゆるともとはに護らむ国の礎／一心に南無阿弥陀仏と称へてぞ弥陀はほのかに見え給ふなる」（遺６８７Ｐ、資Ⅲ06）

広田弘毅　七〇歳、外交官（元首相、元外相）、東京都／神奈川県、絞首刑、東京・巣鴨（連合国軍）（筆者注・墓は妻、両親と共に出身地の福岡市にある日本最初の禅寺・安国山聖福寺にある）

松井石根　七〇歳、陸軍大将、静岡県、絞首刑、東京・巣鴨（連合国軍）「七十有年事　回顧悔恨長　在青山到処　行楽涅槃郷」（遺６８５Ｐ、資Ⅲ06）

武藤　章　五六歳、陸軍中将、静岡県／熊本県、絞首刑、東京・巣鴨（連合国軍）「う

つし身の折ふし妻子恋ふといへどますらたけおは死におくれせじ」（遺686P、資Ⅲ06）

二四日（金）

多田初二　海軍大佐、山口県／広島県、銃殺刑、インドネシア・バリックパパン（オランダ軍）「（子ども宛て）父は死んでもお前達のことは忘れません。お前達の傍に何時も居ります。身体を鍛え心を鍛えて成人しお祖母様、お母様を喜ばしてくれる日を待っている。（略）お前達の居る場所には必ず父が居ることを忘れないでくれ。合掌」（遺271P）

二九日（水）

氷見谷　実　二九歳、陸軍憲兵曹長、北海道、銃殺刑、インドネシア・グロドック（オランダ軍）「はてしなき茨の道を踏み越えて我は行かなむ此の一路を／現身は赤き血汐に染まるともその雄心はただ『君が代』に」（遺137P）

一九四九（昭和二四）年

秋田県能代市で大火、二〇四〇戸焼失（二・二〇）

新潟県名立町（現在は上越市）の海岸で機雷爆発、学童ら六三人死亡（三・三〇）

キティ台風、関東で死者一三五人（八・三一）

湯川秀樹博士が中間子論で日本人初のノーベル賞（物理学賞）受賞（一一・三）

［世相］
東京都が失業対策事業の日当を二四五円に決定、「ニコヨン」と呼ばれる
プロ野球でパシフィック・リーグ結成、セントラルとの二リーグ制になる
お年玉付き年賀はがきが初めて発売される
芥川賞・直木賞が復活
［出版］日本戦歿学生手記編纂委員会『きけわだつみのこえ』、三島由紀夫『仮面の告白』、井上靖『猟銃』
［映画］『青い山脈』（東宝）、『野良犬』（映協、新東宝）
［流行歌］高峰秀子『銀座カンカン娘』、藤山一郎『長崎の鐘』、美空ひばり『悲しき口笛』

一月

一〇日（月） **梅津美治郎** 六七歳、陸軍大将、東京都、病死（終身刑）、東京・巣鴨（連合国軍）（筆者注・病床に「幽窓無暦日」と書かれた紙片があった）

一一日（火） **山口秀吉** 二八歳、陸軍憲兵中尉、新潟県、不慮死（死刑判決を受け逃走、射殺される）インドネシア・タンジュンピナン（オランダ軍）「銃殺刑に処せらるゝ我としりつゝも腹の減りしは悲しかりけり／亡き姉が久留米絣を仕立てつゝ復員待つと聞くぞ悲しき」（㊎172P）

一八日（火）

岩波　浩　海軍軍医大佐、千葉県／東京都、絞首刑、グアム（アメリカ軍）

一九日（水）

牧野周次郎　四〇歳、海軍少尉、愛知県、自決（死刑判決を受け拘置中）、インドネシア・アンボン（オランダ軍）「国の為人の為なり我が命今日の門出を何ぞおしまん／召されたる其の日の心忘れずばいづこに行くも神や守らん」（遺168P、自308P）

二〇日（木）

今野（今村）勝彌　四二歳、陸軍憲兵中尉、福島県、銃殺刑、インドネシア・グロドック（オランダ軍）「最後の生の日、二十日は未明に起き獄衣を着換へ『海征かば』及び『君が代』を合唱祖国万歳、チビナン皆様の万歳を唱え終った。『海征かば』『君が代』の合唱の時さすがは鼓動が激しくなり泣きつつ唄った。（略）現在の気持は平静なり。全部笑い声で話しております。私はあくまで〝打倒和蘭〟を叫びつつ逝きます。残念ですが絶筆と致します。四名何れも元気皆様も御元気にて。長い間御世話になりました、永久の御別れです。さよなら」（遺188P）

大田秀雄　二九歳、陸軍憲兵曹長、宮崎県、銃殺刑、インドネシア・グロドック（オランダ軍）「二十日（執行の朝）皆さんと別れる時が近づいたと思った時、胸に熱いものが出来た。脈（筆者注・みゃく）に手を当てて血の流れを調べて見る。平常と同じ。自己暗示を与えてのようになるが白み行く空を眺めている。（略）蚊耳元で猛る。自動車の音。眠むたい。また雨となる。夜なかなか明けず。雨やむ。食事運ばる。パン、牛乳、コーヒー、ゼンザイ。パンを食べ牛乳を飲む。パンの中には焼卵とピーナツが入れてあった。看守の軍靴騒がしくなる。ネシヤ囚（筆者注・インドネシア人の囚人）の祈り声しきり、爪垢掃除、後数時間、何も感じない」（遺247P）

小高　寛　二八歳、陸軍憲兵軍曹、千葉県、銃殺刑、インドネシア・グロドック（オランダ軍）「降りつづき黄昏迫る獄の屋のものうき心誰に告げなむ」（遺252P）

南　良治　二九歳、陸軍憲兵軍曹、徳島県、銃殺刑、インドネシア・グロドック（オランダ軍）

二一日（金）

坂口文雄　四四歳、陸軍中尉、三重県、銃殺刑、インドネシア・ジャヤプラ（オランダ軍）

二六日（水）

金丸秀蔵　五八歳、陸軍大佐、山梨県、銃殺刑、インドネシア・ジャヤプラ（オランダ軍）「敗戦国衰運命極　災禍接踵喰身心　懐往時感慨無量　託児孫邁進皇道　蘭人依米酔戦勝　狡智非曲刑日人　雄心勃々恨空挙　魂魄留南加宝刀　白奴狡猾強非曲　罪禍凛烈処死刑　壮心仰天自不愧　赤心堅持大和魂」（遺269P）

真目善平　四八歳、陸軍大尉、福井県、銃殺刑、インドネシア・ジャヤプラ（オランダ軍）

二月

二日（水）

堀　芳郎　陸軍軍属、岐阜県、病死（有期刑二十五年で服役中）、東京・巣鴨（アメリカ軍）

一二日（土）

石崎英雄　二六歳、陸軍中尉、東京都／埼玉県、絞首刑、東京・巣鴨（アメリカ軍）「呼び出しを天つ使ひの声として神の御許へ旅立ち行かん」（遺690P）

伊藤正治　三七歳、陸軍上等兵、千葉県、絞首刑、東京・巣鴨（アメリカ軍）「（伝言）子ども二人は大事に育ててくれろ。母も頼む」（遺673P）

片岡正雄　四〇歳、陸軍曹長、千葉県、絞首刑、東京・巣鴨（アメリカ軍）「裁かれて身は戦犯となりぬれど罪の人とはついぞ思はず」（遺636P）

河根良賢　六〇歳、陸軍少将、広島県／福岡県、絞首刑、東京・巣鴨（アメリカ軍）

斎藤（旧姓・渡辺）善太郎　三三歳、陸軍上等兵、千葉県、絞首刑、東京・巣鴨（アメリカ軍）「（三歳のひとり息子宛て）お前はお父さんが東京に来てから生まれたのでお父さんはお前に五回しか会えなかった。お父さんはお母さんや可愛いいお前をあとに残して死出の旅に出なくてはなりません。（略）大きくなったら良くお母さんに孝養をつくしてくれよ。このことはとくにお父さんからお前にお願いしておきます。わかりましたか。お前がこれを読んでわかる時まで生きていたいと思ってもそれは出来ないのですから、お父ちゃんの言うことをよく聞いてくれよ。また今日も明日もあさってでも元気でね。さよなら。父より」（遺649P）

富岡菊雄　三〇歳、陸軍伍長、千葉県、絞首刑、東京・巣鴨（アメリカ軍）「頼りなき我が身にあればたらちねの心いためて老いましにけむ」（遺660P）

平野庫太郎　六五歳、陸軍大佐、宮崎県、絞首刑、東京・巣鴨（アメリカ軍）「死生一如　一切空也　吾れ本夜浄土に参り安住せん　今更特に申遺すことなし。ただ御身

等の幸福を祈る。皆々様へ宜敷。昭和二十四年二月十日夜九時認む」（遺657P）

水口安俊　三四歳、陸軍軍医少尉、秋田県／北海道、絞首刑、東京・巣鴨（アメリカ軍）

「父上よ　ではただ今より刑場へと向います。最後の三十分をあたえられここに書きのこします。父上よ今日まで育てて下さいましたことを本当に感謝します。私は親不孝でした。くれぐれも許して下さい。心は誠に落ち付いております。最後まで悩むことなく天にいます主なる神に参ります。二月十一日午後十一時三十五分」（遺680P）

二八日（月）

池田忠弘　陸軍憲兵准尉、広島県、銃殺刑、インドネシア・メダン（オランダ軍）

三月

一日（火）

笠間高雄　三二歳、陸軍憲兵曹長、静岡県／千葉県、銃殺刑、インドネシア・クパン（オランダ軍）「再建の早きを祈りはるかなる南の果に我は散りゆく／七度も生れ替りて国の為尽くす心を紅に染め逝く」（遺174P）

西條文幸　海軍警部、宮城県、銃殺刑、インドネシア・クパン（オランダ軍）

三日（木）

今西善治　陸軍憲兵軍曹、大阪府、銃殺刑、インドネシア・メダン（オランダ軍）

荻久保福平　三七歳、陸軍憲兵准尉、埼玉県、銃殺刑、インドネシア・メダン（オランダ軍）

宮原清人　二七歳、陸軍憲兵軍曹、熊本県、銃殺刑、インドネシア・メダン（オランダ軍）

四日（金）

新穂　智　三二歳、陸軍少佐、鹿児島県／神奈川県、銃殺刑、インドネシア・ジャヤプラ（オランダ軍）「賤が身はつゆとちるとも魂魄は永久に宮城の外を守らん／大らかに伸び行く吾子の姿こそ興らん御代の我が生命なり」（遺246P）

尾方　盛　二九歳、陸軍衛生伍長、熊本県、不慮死（有期刑二十年で服役中に逃亡し射殺される）、パプアニューギニア・ラバウル（オーストラリア軍）「（母宛て）私は図らずも戦争犯罪人の汚名のもとに淋しくも異国の空に幽囚の身となり、昨日の名誉は哀れな囚虜の今日となったことをお母さんに報告せねばならぬことを悲しく思います。しかも裁判の結果は絞首刑という全く常識では考えることも出来ない重刑を言渡されたのです。（略）これも宿世の運命と何とぞお許し下さい。総ての覚悟は出来ました。従容として御仏の慈悲にいだかれて参ります。お母さまもどうぞ泣かないで下さい。ではお別れ致します。末長く元気でお暮らし下さいませ」（遺521P）（筆者注・死刑判決後、二十年の有期刑に減刑されている）

青木茂一郎　二五歳、陸軍憲兵伍長、埼玉県／千葉県、銃殺刑、インドネシア・メダン（オランダ軍）「捕はれて突かるも闘魚ぞ闘魚なり／明日は共に散る戦友《とも》の寝息や春の雨」（遺155P）

林石蔵　陸軍軍属（通訳）、台湾・台北州、銃殺刑、インドネシア・メダン（オランダ軍）

山根　隆　陸軍憲兵少佐、東京都／千葉県、銃殺刑、インドネシア・メダン（オランダ軍）

「終戦の声諸共に果てむ身のつとめ終りて今ぞ逝くなる／遺言も既に終りぬ心にはか丶る雲もなしいざ故里へ」（遺162P）

九日（水） **庄司　晃**　陸軍憲兵大尉、宮城県、銃殺刑、インドネシア・メダン（オランダ軍）

森下竜一　陸軍司政官、京都府、銃殺刑、インドネシア・メダン（オランダ軍）

一〇日（木） **一條　実**　三五歳、陸軍憲兵少佐、宮城県、銃殺刑、インドネシア・メダン（オランダ軍）

「三月八日執行の通知を受く、三月十日午前七時三十分に執行の予定、場所はメダン郊外日本人墓地なり。昔のままの服装で行きます。正刀革襟章など何かの手がかりになることもありましょう／歌よまむ術も知らずとつおいつありし日偲ばむ歌ならなくに」（遺276P）

後藤良雄　三四歳、陸軍憲兵准尉、鳥取県、銃殺刑、インドネシア・メダン（オランダ軍）

「（妻宛て）送る考えであった爪も髪も送ることが出来ません。私の願いによって全部私の持ち物は刑務所当局によって焼いてしまいました。それは私の簡単な手紙の故に貴女に届けるのが遅れたからであります。神の言葉に生きる者にとっては生も死も問題ではありません。私は怨みも憤りもこの身の悔もありません」（遺219P）

一四日（月） **門松尚良**　四〇歳、海軍中尉、鹿児島県、銃殺刑、インドネシア・アンボン（オランダ軍）

一八日（金） **佐藤　晃**　陸軍法務軍曹、北海道、病死（有期刑十年で服役中）、シンガポール（イギリス軍）

二二日（火） **福手義彦**　三五歳、海軍少佐、岐阜県、絞首刑、中国・香港（オーストラリア軍）

三一日（木）

浅野新平　五四歳、海軍少将、茨城県／神奈川県、絞首刑、グアム（アメリカ軍）「真実《まこと》なりげに真実なり我が心神なみ捨てそ罪なき罪を」（遺727P）

上野千里　四三歳、海軍軍医中佐、栃木県、絞首刑、グアム（アメリカ軍）「（妻宛て）愛する妻子を捨て、愛する老母を捨てても、私には捨てられぬ日本人の魂があった。男の操がありました。永い間優しき妻、賢き母として私の身近く仕えて下さった御身よ、何年かの後、いつかそんな日が来ましたら微笑みつつ五人の子ども達に語って下さい。『お父さんは多数の部下のために司令に利用されたおどけものとして笑って死にました』と。（略）職業武士道の小智が生み出した巧言に乗って悲惨な戦争に誘い込まれた国民自身も深く自ら省る必要があるのではないでしょうか。言わんと欲すること多くさりながら言う能わざることとまた多し。すでに紙数も尽きました。初めて多くを語り得て胸が晴々としました。何も思い残すことはありません。どうか御自愛のうえ五子と仲良く朗らかに」（遺732P）

四月

九日（土）

清水辰夫（辰雄）　三三歳、陸軍憲兵曹長、岩手県、銃殺刑、インドネシア・グロドック（オランダ軍）「死ノ恐怖ハ全然ナク、只愛着心ガ起ルノミデアル。銃口ノ前ニタチタル其ノ心理状態ハ未ダハッキリシタモノガナイガ、恐ラク死ノ恐怖カラ来ル悩ミハナイト思ウ。二日間死ヲ延期シテモラッタガ死ニ対スル恐怖観念デハナク愛執ノ観念デアッタノデアル。（略）イヨイヨ明日ハ永遠ニカエラヌ日デアル。総テノモノガ一切無ニナル日デアル。光陰ハ矢ノ如ク過ギテ行ク。イタズラニ露命ヲ無常ノ風ニ残スコト勿レ。今其ノ意味ガハッキリシテ来タ。終リ」（遺127P）

田中義成　五五歳、陸軍中佐、三重県、絞首刑、東京・巣鴨（アメリカ軍）「いざさらば無碍の白道旅立たん今日の春日の晴れ渡るかも／消長は世の常事ぞ日の本も和やかな日近し我等守らん」（遺668P）

一三日（水）

川口新次郎　三二歳、陸軍憲兵曹長、福島県、銃殺刑、インドネシア・メダン（オランダ軍）「私が犯人であると誤って認定されたことは残念なことです。（略）私は実に真剣な思いで当事件の真相が最高裁判官（？）の前に明かにされ、公平な裁決がなされることを待ちのぞんでいます。しかしもし最後の判決が神様の御心に叶って下さるなら、私は誰も怨むことなく、悔いることなくあたかもこの世のなすべき業をなしおおせた人のように静かな思いを持って私の生涯を終えたいと思います（一月十二日）」（遺201P）

篠田清憲　三四歳、陸軍憲兵大尉、三重県、銃殺刑、インドネシア・メダン（オランダ軍）「遺書終り鉄窓三尺風光る／如来地へ驀進行や春の朝」（遺199P）

一七日（日）

花岡　貢　三四歳、陸軍憲兵准尉、長野県、病死（有期刑二十年で服役中）、インドネシ

ア・メダン（オランダ軍）「病める身おこして仰ぐ北斗星／初夢や吾子の顔冷たく覚ゆ」（㊟173P）

二二日（金）
森　国造　五八歳、海軍中将、静岡県、銃殺刑、インドネシア・マカッサル（オランダ軍）「あら嬉し身は南海にすつるとも永遠に輝く我が名思へば／外国の裁きの庭に名をとめて我は行くなり弥陀の浄土へ」（㊟266P）

三〇日（土）
小西貞明　三三歳、陸軍主計准尉、福岡県／広島県、絞首刑、東京・巣鴨（アメリカ軍）「今より出発する元気で暮せよ。父は今遠い旅路へ旅立つ。母さんの言うことを聞いて立派な日本の女になれよ（四月三十日午前零時二十一分）。お父さんお母さん　御先に旅立ちます。不肖の子　貞明（午前零時二十三分）」（㊟633P）

五月

一日（日）
徳山喜美与　三三歳、陸軍憲兵准尉、鹿児島県／兵庫県、病死（有期刑十五年で受刑中）、ミャンマー・ラングーン（イギリス軍）「（幼い娘宛て）みんなにかわいがられるよいこになることを、ビルマのそらからいのっております。（略）てがみをかくことができたらおかあさんのてがみといっしょにおくってください。きょうはこれでしつれいします。さようなら。三がつはつか」（㊟303P）

六日（金）
ドイツ連邦共和国（西ドイツ）臨時政府が成立

七日（土）　吉田茂首相が外国メディアに「講和後も米軍の日本駐留を希望する」と発言

二八日（土）　**大隈　馨**　海軍少佐、佐賀県、絞首刑、東京・巣鴨（アメリカ軍）「（妻宛て）私は裁判のことについては今更何も言いたくありません。天なる御父はよくすべてを知っておらるることと信じます。私は最後まで真実を信じ真実に生きます。自分に罪を犯したすべての人を許し、私も神様に自分の罪を詫びます。（略）どうかどうか過去のことは許して下さい。そして子どもの為強く強く生きて下さい。くれぐれも御身体を御大事に。五月二十六日午後十一時五十分記」（遺６４７Ｐ）

六月

三日（金）　**白鳥敏夫**　六一歳、外交官（元イタリア大使）、千葉県／東京都、病死（終身刑で服役中）、東京・巣鴨（連合国軍）

堀井一忠　三五歳、海軍兵曹長、愛知県、病死（有期刑十八年で服役中）、インドネシア・バンジャルマシン（オランダ軍）「（親族宛て）昔かわらぬ熱血児でとうとうこういう場所で暮らして居ますと申上げて下さい。御両親によろしく、もう会うことは不能ですが、夢で会っております／橋杭にうちたるくひの木の葉かな　昭和二十四年五月二十一日」（遺１７１Ｐ）

二二日（水）　**在木武喜**　四三歳、陸軍司政官、高知県／岡山県、銃殺刑、インドネシア・メダン（オ

ランダ軍）「身を皇国に捧げ得しこそ嬉しけれ日本男子のいや果の幸」（㊮Ⅲ07）

二四日（金）
石川常雄　四五歳、陸軍大尉、山梨県、病死（有期刑一年十カ月半で服役中）、東京・巣鴨（アメリカ軍）
中山幸作　民間人（満洲国国民学校長）、福岡県、病死（有期刑七年、釈放後残留中）、中国・瀋陽（中国軍）

二七日（月）
ソ連からの引き揚げ再開、「高砂丸」が舞鶴入港

七月

四日（月）
マッカーサーが「日本は共産主義の防壁」と声明
国鉄が第一次人員整理（三万七百人）を通告。二日後に下山定則国鉄総裁が常磐線でれき死体で発見（下山事件）され、中央線で無人電車が暴走し六人死亡の三鷹事件、東北本線で列車が転覆し三人死亡の松川事件などが相次ぐ

八日（金）
谷萩那華雄　五三歳、陸軍少将、茨城県／東京都、銃殺刑、インドネシア・メダン（オランダ軍）
深谷鉄夫　五七歳、陸軍軍医大佐、大阪府／東京都、銃殺刑、インドネシア・メダン（オランダ軍）「（妻宛ての手紙）私の心事はよく了解していてくれるだろう。相変らず平静な心境で毎日を送っている。覚悟は十分出来ているから安心してくれ。（略）聖書と

万葉集、他に仏教書二、三冊、古い小説等若干を許可されて読んでいる。日赤と外務省から差入れの新聞も時々あり、祖国の様子もおぼろげながら解る。世界の情勢は未だ混沌としているようだが早く全人類が相愛し合う時代が来るように祈られよ。どうか健康で安らかであれ（昭和二十四年四月五日付）」（遺196P）

九日（土） **山本省三** 五六歳、陸軍主計少将、東京都、銃殺刑、インドネシア・メダン（オランダ軍）

一一日（月） **佐藤　勇** 三九歳、海軍中佐、兵庫県／京都府、絞首刑、東京・巣鴨（アメリカ軍）

田辺盛武 六〇歳、陸軍中将、石川県／東京都、銃殺刑、インドネシア・メダン（オランダ軍）「あな嬉し慈光遍く身に浴びて仰ぐ彼岸は清しかりけり／名もすてし朽木の桜時を得て又咲き匂う春は来れり」（遺234P）

二五日（木） **中島鉄蔵** 六三歳、陸軍司政長官、山形県、病死（終身刑で服役中）、インドネシア・バタビア（オランダ軍）

二八日（日） **酒葉　要** 陸軍大佐、茨城県／東京都、病死（終身刑で服役中）、東京・巣鴨（アメリカ軍）

同月 **秋田正義** 官吏、宮城県、病死（有期刑三年六月で服役中）、中国・瀋陽（中国軍）

八月

一七日（水） **彭錦良（日本名・吉川龍彦）** 陸軍軍属（俘虜監視員）、台湾・台北市、自決（有期刑十五年で服役中）、パプアニューギニア・マヌス（オーストラリア軍）

二〇日（土）

秋山米作　四〇歳、陸軍軍属、新潟県、絞首刑、東京・巣鴨（アメリカ軍）「逝く春の手紙届きし木曜日／まだ生きて法話が聞ける初夏の朝」（遺651P）

小日向　浩　四四歳、陸軍軍属、新潟県、絞首刑、東京・巣鴨（アメリカ軍）「（教誨師宛て）御蔭様にて『佐渡おけさ』『米山節』の声も高らかに宴会を終らせて戴きましたことは感慨無量です。時刻は六時三十分。夕日は正に今西に没せんとす。我が心規律正しく十万億土の浄土に急がんとすると共に、国家の皆々様に御厄介を相かけましたことに対し、心よりお詫び申上げ国家の方々の御健康並に永遠の平和が速かに来たらんことを祈っている次第であります」（遺673P）

関原政次　三七歳、陸軍軍属、新潟県、絞首刑、東京・巣鴨（アメリカ軍）「（教誨師宛て）今丁度午後十時です。あと二時間と少しで此の世の別れです。今も先生にお会いして申しましたが今までよく寝ました。約二時間位ですかね。此の気持ちになって最後まで行けることはひとえに先生の御蔭様で御座居ます。先生の御骨折にて最後の晩餐会をして頂き本当に有難く何と御礼の申しようも御座居ません」（遺673P）

柳沢　章　陸軍軍属、新潟県、絞首刑、東京・巣鴨（アメリカ軍）「（兄宛て）裁判が正しかったかまた間違いかはっきりわかります。私達四人（小日向、秋山、関原）は彼等の為に犠牲となって参ります。（略）呪いに呪いを重ねて来た私です。そして断頭台の露と消えます（死人の泣き事と思う方には思わせていて下さい。私は真実を申すからです）」（遺

673P）

二二日（月）　**藤井半次**　二七歳、陸軍憲兵曹長、兵庫県、病死（有期刑五年で服役中）、ミヤンマー・ラングーン（イギリス軍）

二四日（水）　**横山幾次郎**　五二歳、海軍少佐、長崎県／香川県、銃殺刑、インドネシア・マカッサル（オランダ軍）

二六日（金）　シャウプ税制使節団が直接税中心・徴税強化・法人税優遇などを盛り込んだ勧告（シャウプ勧告）を発表

九月

三日（土）　**牛木栄一**　陸軍軍属、新潟県、絞首刑、東京・巣鴨（アメリカ軍）「さて妻よ。これで別れる。身体を大事にして子供を教育して下さい。よろしくなんじ心眼を開き致し下さい」（㊣667P）

鈴木賞博　陸軍軍属、新潟県、絞首刑、東京・巣鴨（アメリカ軍）「（妻宛て）私は殺人はしておらぬことはここに断言出来得る。戦地に行っても弾丸は射った。しかし当ったか否かは私には見えない。また俘虜は病気で死んだ。しかし叩いたため死に、また叩いたため負傷したことも絶対にないのである。では私は殺される理由がないことになる。（略）孫じいさん、孫ばあさん、叔母さん、父親、二人の弟は浄土の蓮華座で私の場所を取って待っていてくれる故、私は淋しくないのである。阿弥陀の国へ行く時間が来ているから、これぐらいで失礼さして頂きます。刑の執行　昭和二十四年九月三日午前零時三〇分　於巣鴨」（遺661P）

一七日（土）

岡田　資　五九歳、陸軍中将、愛知県／東京都、絞首刑、東京・巣鴨（アメリカ軍）

「今次のような民族国家の大変動にあっては個人のことなんかとても問題でない。いわんや敗戦国の将軍では犠牲壇上に登るのが当然です。いささかのうらみもない。出来たら次の大活動をと思うたが仏の御受用はついにこの道であった。それを喜んで頂戴しよう。（略）昨日当局は食物の特別注文を求めたが平常通りと言うておいた。が、実際は何か用意してくれつつある。先生（筆者注・教誨師）も午後は何か宅に書くように筆紙を整えてきましょうと言うが、これまた平常の通りとおことわりした。妙な歌をひねくり廻すのも好まない。隣に移るような気でおりたい」（遺696P、資Ⅲ08）

二五日（日）

ソ連が原爆の保有を公表

二六日（月）

半沢　勇　三〇歳、陸軍憲兵曹長、福島県、銃殺刑、インドネシア・グロドック（オランダ軍）「（妻宛て）将来を思うと、暗然と胸がふさがる。古来より人間の運命ははかないものが常であればすべて運命と諦め、君は強く聡明に残された将来に向って進まれんことを願っている。決して一時の現実的悲境に悲嘆し、落胆して、人生に希望を失ってはいけない。（略）後で届く遺髪は君が死ぬとき共に埋める方がよいと思う。

重ねて言う。君は賢明に現実を批判し、未来に計画を立てて君の最上の道を進まれよ」
（㊤118P）

一〇月

一日（土）　毛沢東主席が中華人民共和国の成立を宣言

七日（金）　ドイツ民主共和国（東ドイツ）が成立

一五日（土）　**近藤玉衛**　五八歳、陸軍大佐、東京都、病死（有期刑三年六月で服役中）、東京・巣鴨（アメリカ軍）「人は事件の発生まではその来らんとするを知らず。いな、すでに来れるに、その如何にして来りしやを知らず。例の疑獄なるものもこれなり。そしてそれに対して適当の処置をあやまる。（略）自分に少しにても都合悪いこと生ぜし時これ神の警告にあらずやと内心に省るもの幾人かある。あるならばその人は智者なり。常にこのことを思い神と人とのへだたりを忘るべからず」（㊤679P）
服部直彰　陸軍司政長官、熊本県／東京都、病死（有期刑十年で服役中）、インドネシア・メダン（オランダ軍）

一一月

一日（火）　米国国務省が「対日講和条約を検討中」と表明、全面講和か単独講和か議論白熱

三日（木） **村瀬光雄**　陸軍憲兵中佐、青森県、銃殺刑、インドネシア・グロドック（オランダ軍）

一一日（金） **青木勇次**　三二歳、陸軍衛生曹長、新潟県、絞首刑、東京・巣鴨（アメリカ軍）「罪科重く死ぬることの出来る私は後に残るものより幸福であると思っている。意の如くならざる娑婆である。余程心して励んで頂きたい。（略）最早頭が侵され茫然としている。フラフラしている重病人ですから薬を一日数回もらいながら、この筆を持つにも何んだか目の標準点が外に行っているようだ。愚かな罪人の末路かくの如く哀れなりと自分ながらあきれるほかはない」（遺６４６Ｐ）

二九日（火） **鈴木隆憲**　三八歳、陸軍軍属、和歌山県、銃殺刑、インドネシア・メダン（オランダ軍）「死刑無期重刑続き梅雨最中」（遺２５１Ｐ）

寺島清市　四四歳、海軍上等水兵、大分県、病死（有期刑九年六月半で服役中）、東京・巣鴨（アメリカ軍）

一二月

二日（金） **鈴木乙治郎**　五三歳、海軍少佐、京都府、銃殺刑、インドネシア・バタビア（オランダ軍）「ひかりなき夜々の静けさ独り居に心の底の光みつむる」（遺１９６Ｐ）

七日（水） 中国の国民政府が台湾の台北を首都にすると発表、三日後に蒋介石は台北に到着

一二日（月） **河辺　正**　陸軍中佐、愛知県、銃殺刑、インドネシア・グロドック（オランダ軍）

二五日（日）　ソビエト軍がハバロフスクに軍事裁判法廷を開廷（三〇日まで）

一九五〇（昭和二五）年

熱海で大火、一〇一五戸焼失（四・一三）
京都・金閣寺が全焼、青年僧が放火（七・二）
総評（日本労働組合総評議会）結成、一七組合約四〇〇万人加盟（七・一一）
広島県沖合で機雷が爆発、漁船四隻が大破し死者四六人（七・二七）
ジェーン台風、関西で死者三三六人（九・三）
NHK、テレビの実験放送を開始、週一回・一日三時間（一一・一〇）
［世相］
国勢調査で総人口八三一九万人と発表
外務省、未帰還者三七万人と発表
流行性感冒で患者約一八万人
日本脳炎が流行、死者二四三〇人
女性の平均寿命六〇歳を超える（女性六〇・四歳、男性五八歳）
第一回ミス日本に山本富士子

〔出版〕辻政信『潜行三千里』、和辻哲郎『鎖国　日本の悲劇』、大岡昇平『武蔵野夫人』
〔映画〕『また逢う日まで』（東宝）、『きけわだつみの声』（東横映画）、『羅生門』（大映）
〔流行歌〕山口淑子『夜来香』、渡辺はま子『桑港のチャイナタウン』、美空ひばり『越後獅子の唄』

一月

一日（日）　マッカーサーが年頭の辞で「日本国憲法は自己防衛権を否定せず」と声明

五日（木）　**矢野徳家**　四五歳、陸軍憲兵准尉、福岡県／長崎県、病死（有期刑二十年で服役中）、マレーシア・クアラルンプール（イギリス軍）「（家族宛て）どうか過去の到らざりしすべてをお許し下さい。亡き父上には限りなき不孝を致しお詫びの言葉すら申上ぐることを得ず、心残りで心残りでなりません。（略）言い知れぬ寂しさ悲しさのわき出でて慚愧と悔恨の思いひしひしと胸に迫り、心のせつなさをどうすることも出来ません。今不孝者のみじめさ、哀れさをしみじみと身に受けています」（遺366P）

一三日（金）　**菊竹末雄**　四一歳、陸軍憲兵軍曹、熊本県、病死（有期刑二十年で服役中）、インドネシア・バタビア（オランダ軍）「南国の獄に病み伏すこの容態《さま》をいます母に何と伝へむ」（遺166P）

一四日（土）　**中島勝次**　四八歳、海軍特務中尉、佐賀県、病死（未決で拘置中）、東京・巣鴨（アメリカ軍）「ああ何と云う世の中の波だっただろう。死を決するは易けれど後に残した妻や子が胸もさけ腹わたがちぎれる思い。紙の数には限りがあるが思い走るのは限りがない。（略）永へに幸あれ守り通さん」（遺675P）

三一日（火） **島澤幸吉**　三一歳、陸軍憲兵軍曹、富山県、病死（有期刑二十年で服役中）、ベトナム・プロコンドール（フランス軍）

二月

二三日（木） **田住元三**　陸軍大尉、兵庫県、病死（有期刑七年で服役中）、ミヤンマー・ラングーン（イギリス軍）

四月

七日（金） **井上乙彦**　五二歳、海軍大佐、神奈川県、絞首刑、東京・巣鴨（アメリカ軍）「絞台に吾が息たゆるたまゆらを知らずに妻子は待ちつゝあらむ／石垣島に逝きしこゝだの戦友の遺族思ひをり最期の夜ごろを」（遺644P）

井上勝太郎　二七歳、海軍大尉、岐阜県、絞首刑、東京・巣鴨（アメリカ軍）「今五時、食事を用意する音がする。果して配り始めたので田嶋先生（筆者注・教誨師田嶋隆純）よりの話で一緒になる。大いに飲みかつ歌う。歌の数々愉快になる。六時半に至りて止む。看守来りて様々に事件のことを問う。日は全く暮れた。徒らに投光器光る。いささか酩酊したり。もはや何も書くことは無い。（略）しばらくの後、般若心経観音経をあげ静座す。落ち着いた静かな気持でやれた。有難し。一切が終った気がする。煙草を吸う。処刑準備も概ね完了しつつあり。今八時十分前。二十八時間の記録と題したが二十四時間と改むべきかも知れない。これ以上何も思わないし、また最後まで書いてもそれらは外に出るべきことを期待し得ないから。お寝みなさいお母さん」（㊜712P）

榎本宗應　海軍大尉、宮崎県、絞首刑、東京・巣鴨（アメリカ軍）「一塵の鷹の落し毛にも心をひきて今朝運動の獄庭に拾ひぬ」（㊜653P）

幕田　稔　三〇歳、海軍大尉、山形県、絞首刑、東京・巣鴨（アメリカ軍）「吾が最後の夜とも知らず陸奥《みちのく》に帰りつゝあらむ老母思ふ／夜半にめざめ思い浮べる母の歌ついのかたみと書き留めにけり」（㊜717P）

田口泰正　二八歳、海軍少尉、北海道、絞首刑、東京・巣鴨（アメリカ軍）「ふるさとの林檎畑のつぶら実にかへす日光をいま思ひつつ（林檎の差入れありて）／ひとすじに平和を祈りつつ円寂の地へいましゆくなり」（㊜709P）

成迫忠邦　二六歳、海軍上等兵曹、大分県、絞首刑、東京・巣鴨（アメリカ軍）「お母さん！　永い永い間御世話様になりました。肉親の忠邦はこれで永別しなければなりません。不孝者の忠邦をどうかお許し下さいませ。（略）時間もどうやら十二時を過ぎたことと思いますから、今晩はこれで一応打切りゆっくり休ませて戴くことにします。そしてまた元気な体で時間の許す限り愚見をかかせて戴きます。では、お母さんお休みなさい。忠邦も休ませて戴きます。四月五日夜十二時過ぎ　お母さんへ　不孝者の　忠邦より」（㊤704P）

藤中松雄（松夫）　二九歳、海軍一等兵曹、福岡県、絞首刑、東京・巣鴨（アメリカ軍）「限りなき生命の御親したいて吾は逝くなり仏のくにへ／草枕旅ゆく今宵妻子らは筑前の果てに寝てあらむか」（㊤700P）

松崎　稔　四〇歳、陸軍大尉、福島県、不慮死（終身刑で服役中、逃亡し射殺または感電死）、シンガポール・アウトラム（イギリス軍）「（三人の子ども宛て）母ちゃんから英語の辞書を送ってもらいましたから少しずつ英語を勉強しようと思います。皆も英語を習っているでしょう。一緒に勉強できたらどんなに楽しいだろうね。（略）世の中の悪に負けてはいけませんよ。色んな誘惑に勝つには大きな勇気が要ることだけれど、そこに人の生きる甲斐があるのですね。人間の価値がそれできまるのです。悪い世の中にあっても善い行いは輝きます。丁度、暗やみの燈のように。むづかしいことを書いたかも知れませんが母ちゃんはよくわかりますから聞いて下さい。では、寒いときですからよく身体に気を付けて勉強して下さい。そして仲よく母ちゃんを助けて家を守っていて下さい。今日はこれでさようなら」（㊤405P）

一三日（木）

二二日（土）　日本戦没学生記念会（わだつみ会）が結成される

五月

五日（金）　吉田茂首相が全面講和主張の南原繁・東大総長を「曲学阿世の徒」と非難

一一日（木）　**今津順吉**　三二歳、陸軍大尉、福岡県、死刑、ベトナム・サイゴン（フランス軍）「全く見たこともない仏人が証人として現われ、私が悪いことでもしたようにあたかも見たように、また私を知っていると言い張り遂にこんな結果となりました。全く人違いされて残念で残念でたまりません。死んでも死に切れない想いです。（略）私は人類の平和と祖国の栄を祈りつつ笑って天国にゆく。悲しむ勿れ。我が神様の御許に行く」（㊚560P）

沢野源六　陸軍少佐、佐賀県、死刑、ベトナム・サイゴン（フランス軍）「身はたとへ南めいの地に散りぬとも国の栄を唯祈るかな／おみ母は今日のおとずれ何と聞く我手を合わせ伏し拝みけり」（㊚561P）

六月

五日（月）　オーストラリア軍がパプアニューギニアにマヌス軍事裁判法廷を開廷

六日（火）　マッカーサーが日本共産党中央委員二四名を公職追放し、共産党機関紙「アカハタ」

二五日（日）　を発行停止

朝鮮戦争始まる。マッカーサー元帥が国連軍（一六カ国参加）最高司令官に任命される（七月七日）

七月

八日（土）　マッカーサーが警察予備隊創設（七万五〇〇〇人）と海上保安庁の増員（八〇〇〇人）を指示

二三日（日）　**平　岩夫（巌）**　海軍上等兵曹、佐賀県、病死（未決で拘置中）、パプアニューギニア・マヌス（オーストラリア軍）「（手紙）早く裁判が終って内地へ故郷へ早く帰郷するのを祈っていて下さいませ。朝鮮の情勢も悪化して来るようですね。（略）元気で毎日を過しております。南洋の文句通り炎熱身を焼くが如くとありますように日中は非常に暑く朝晩は大変涼しくて夕涼みも許可されて大変喜んでおります。先づこれにて乱筆にて御免下さい」（遺540P）

東郷茂徳　六七歳、外交官（元外務大臣）、鹿児島県／東京都、病死（有期刑二十年で服役中）、東京・巣鴨（連合国軍）

二四日（月）　GHQが新聞社を対象にレッドパージ始める

八月
一〇日（木）　警察予備隊が発足

九月
一四日（木）　トルーマン米国大統領が対日講和と日米安全保障条約締結の予備交渉の開始を国務省に許可
一五日（金）　朝鮮戦争で国連軍が反撃を開始し仁川に上陸。二六日にソウル奪回、北進を続ける

一〇月
二五日（水）　中国人民義勇軍が朝鮮戦争に参戦、北朝鮮軍が反撃を開始

一一月
三日（金）　**小磯国昭**　七〇歳、元首相（陸軍大将）、山形県／東京都、病死（終身刑で服役中）、東京・巣鴨（連合国軍）「辞家四閲鴨陵秋　徒得終身作楚囚　回首百年如一夢　空留鴻爪鉄窓頭」（㊶689P）
三〇日（木）　トルーマン米国大統領が朝鮮戦争で原爆使用もありうると発言

一二月

七日（木）　池田勇人大蔵大臣の「貧乏人は麦を食え」発言報道

一〇日（日）　**神崎一夫**　陸軍憲兵少佐、大分県、病死（有期刑十五年で服役中）、マレーシア・クアラルンプール（イギリス軍）

一九五一（昭和二六）年

ＮＨＫが第一回紅白歌合戦（一・三）

第一回アジア競技大会に日本は五競技で参加（三・四）

横浜・桜木町駅で電車火災、死者一〇六人（四・二四）

ＮＨＫがテレビで初の実験実況中継、東京・後楽園球場からプロ野球放送

初の民間ラジオ放送局が名古屋と大阪に開局（九・一）

黒澤明監督『羅生門』がベネツィア映画祭でグランプリ受賞（九・一〇）

ルース台風で死者九四三人

日本航空第一号機「もく星号」（東京—大阪間）就航、乗客三六人、飛行機代六〇〇〇円（一〇・二五）

［世相］

赤痢の流行で死者一万四八三六人

生活難から子どもの人身売買（児童福祉法違反事件）多発（山形、東京、福岡などで約五〇〇〇人）
日本初のプロレス試合（東京・旧国技館、力道山対ブランズ戦）
パチンコ人気、名古屋から全国に広がる
日本初のLPレコード発売（ベートーベン第九交響曲）
〔出版〕峠三吉『原爆詩集』（ガリ版刷り）、林芙美子『浮雲』、無着成恭『山びこ学校』、吉川英治『新・平家物語』
〔映画〕日本初のカラー『カルメン故郷に帰る』（松竹）、『めし』（東宝）、『愛妻物語』（近代映協）
〔流行歌〕小畑実『高原の駅よさようなら』、津村謙『上海帰りのリル』

一月

一日（月）　北朝鮮・中共軍が三十八度線を突破して南下。ソウルに入城し、韓国政府は釜山に移転

五日（金）　**中瀬庄七**　五九歳、海軍少佐、神奈川県、病死（終身刑で服役中）、東京・巣鴨（アメリカ軍）

一九日（金）　**安部末男**　四五歳、陸軍中尉、大分県、絞首刑、フィリピン・マニラ（フィリピン軍）「（部下の遺族宛て）今回計らずも日本人として最も不名誉な戦争犯罪の責を問われ、隊長としてその生命をさえ救い得なかったことを心から残念に存じます。（略）しかしながらたとえ屍は比島の地にさらすとも私共の立場なり潔白はいつの日か必ず日本国民全

部に解って頂ける時と私共の死が決して無意義ではなかったことの判明する日の来ることだけは固く信じております。私共は戦争犯罪者として死刑の宣告を受けましたが全く事件に関係しておらず総てが無実の冤罪であることを当時の隊長として神明に誓い重ねて申上げます」（遺592P）

陣内起也　三五歳、陸軍少尉、佐賀県／長崎県、絞首刑、フィリピン・マニラ（フィリピン軍）「（家族宛て手紙）元旦にはブニエ所長が年賀を述べに独房に参り段々年が経つにつれて対日感情も良くなるし、今年は諸君達にとって良い年であることと思われる。また諸君達の身柄の日本返還の話も出ているから希望を持つように、との話があり今年こそ私の最良の年になってくれれば良いがと思っております」（遺613P）

鈴木光忠　海軍主計大尉、栃木県、絞首刑、フィリピン・マニラ（フィリピン軍）「（教誨師に託した伝言）真相も知らずに死んで行くのは残念であります。知らない土地で、知らない事件で執行されたことをよく伝えて下さい」（遺612P）

中村秀一　陸軍大尉、山口県、絞首刑、フィリピン・マニラ（フィリピン軍）

三木　巌　三三歳、陸軍獣医中尉、北海道、絞首刑、フィリピン・マニラ（フィリピン軍）

三原菊市　四六歳、陸軍軍曹、香川県、絞首刑、フィリピン・マニラ（フィリピン軍）「（最後の手紙）此方は内地に比して毎日南特有の赤い太陽が照り輝いていて朝の散歩の時などはだかで下服だけ着用して汗が流れます。それでも独房の内に入ると涼しい風が吹き込み案外楽です。（略）近日の新聞に対日講和条約も早急に始められる様子です。世界平和の一日も早く来たらん事を祈っています」（遺614P）

二〇日（土）

伊東（伊藤）益男　三二歳、陸軍兵長、大分県、絞首刑、フィリピン・マニラ（フィリピン軍）

上野勝四郎　三一歳、陸軍曹長、長崎県、絞首刑、フィリピン・マニラ（フィリピン軍）

「（刑場に向かう車中で教誨師に）自分は事件には無関係のものであって、この処刑を受けることは残念であります」（遺612P）

小野安夫　三四歳、陸軍伍長、大分県／福岡県、絞首刑、フィリピン・マニラ（フィリピン軍）「（妻宛て手紙）近頃は刑の執行もなく今後も執行されないだろうとの噂が濃厚です。また日本人は全部近き将来において帰還できるだろう？とこれも噂にすぎません。こんな事では楽観は出来ません。私達は対日講和条約でも生前にあれば懐しい祖国の土が踏めるのではないかと望みを持っております。（略）お前には本当に申訳無いと思っている次第です。いつ迄も望み無く働かせて現在の社会を女手一つで子供を育てて乗り切る事は容易なことではありません。このお前の苦労は必ず報いられ再び会える時が来ることを願い祈るものです（二十五年十一月一日付）」（遺613P）

金田貞雄（貞夫）　三四歳、陸軍軍曹、大分県、絞首刑、フィリピン・マニラ（フィリピン軍）

「（刑場に向かう車中で教誨師に）このままに比島の土に消ゆるとも無実の罪のいつか晴れなん／水のごと澄める心を誰知るや我れ刑台に笑みてのぼらん」（遺607P）

衛藤利武　三七歳、陸軍軍曹、大分県、絞首刑、フィリピン・マニラ（フィリピン軍）「（刑場への道で教誨師に）子供に父の心を心として、如何なる苦しみに合うとも父のことを思い、立派にやれと伝えて下さい」（㊥608P）

斎藤　助　三二歳、陸軍伍長、大分県、絞首刑、フィリピン・マニラ（フィリピン軍）「（刑場に向かうトラックの中で）われ泣けば月もかなしくこもりけりモンテンルパをあとにしつゝも」（㊮Ⅲ10）

志賀富士夫（富士男）　三五歳、陸軍兵長、大分県、絞首刑、フィリピン・マニラ（フィリピン軍）「（刑場への道で教誨師に）手紙には思うように書けませんから、親族会議をして妻に後添を貰うように言って伝えて下さい。父母に深い御恩を受けました。よろしく申して下さい。子供を大切にしてくれ。父の無実のことをよく心して立派な人となってくれ」（㊥613P）

関森儀道　三三歳、陸軍憲兵曹長、長野県、絞首刑、フィリピン・マニラ（フィリピン軍）「（最後の日記）一月十八日　木曜日　晴　インスペクター（筆者注・監視兵）の氏名点呼があり、吾が独房に入って以来初めてのことなので例によって何かと憶測が出た。その故を聞くに冗談口調を以て『諸君の内地帰還手続の一つだ』と答えた由。結果や果して如何に。（略）比島よ、必要以上の無益ジェスチュアを止めよ。それは反感と憎悪を招くに過ぎない。汝自身を知れ。汝が所謂基督教国であり、その豪語の如く民主主

義であるならば、大いに謙虚たれ。そして日本に対するその憎悪政策?を棄て基督教国らしく新生せよ」（遺575P）

二五日（木）　ダレス米国講和特使が来日、日本に新しく五万人の保安部隊創設計画を示す

三月

一日（木）　警察予備隊が旧軍人の特別募集を開始

一〇日（土）　**荒井由雄**　三三歳、陸軍憲兵准尉、神奈川県、病死（有期刑十年で服役中）、マレーシア・クアラルンプール（イギリス軍）「身は已に永遠の歌詠み安けくも魂馳する日をぞ待ちつつ」（遺353P）

鎮目武治　陸軍大佐、奈良県、死刑、ベトナム・サイゴン（フランス軍）

一九日（月）　**坂本順次**　三〇歳、陸軍大尉、兵庫県、死刑、ベトナム・サイゴン（フランス軍）「（遺言）軍人として尽すべき務めを十分に果し得た喜びと日本軍人として、その道の為に最後まで義を貫き得た心は何にもたとえがたい充ち足りたものであります。かくて私の人生は迫り寄る死の足音にも、その闇き臭いにも今更迷わされることなく唯一切を神に委ねて平安たるものであります。（略）そして祖国の再建と人類永遠の平和を祈念しつつ、また一方に於ては遥かに故郷の空を拝し御父上様はじめ皆々様の御多幸を祈り併せて今の悲歎の心を明るく強く生き抜いて下さることを一心に念じております／心

ある人に見せばや日の本のますらたけをの赤き心を」（遺549P）

早川揮一　三三歳、陸軍大尉、大阪府／兵庫県、死刑、ベトナム・サイゴン（フランス軍）「祖国の再建を遥かに、典刑を受くべくただ今出発直前に、七生かけて祈願仕ります。正義日本、平和日本、伊勢大神の肇め給う日本、人類世界が苦悩の真只中に、真の人類正義を確立し、世界の永遠の平和具現に先駆邁進あり、国威の宣揚あらんことを祈願仕ります／桜島の大和心の錦敷く朝露踏みて晴ればれと往く　昭和二十六年三月十九日六時十五分」（遺562P）

福田義夫　三一歳、陸軍大尉、大分県、死刑、ベトナム・サイゴン（フランス軍）「（両親宛て）今回の事の成行き、私の及ばずながら静かなる、平和なる気持であったことを御笑納下され、少しでも御安堵願えればと念願致しています。（略）今回の関頭に立って、今までの御教訓を守り、及ばずながら、恥かしくない態度を以て立派に進もうと一大決心をなし得たのも父上の御恩の然らしむるところならんと感謝いたしております」（遺565P）

二〇日（火）

下河辺憲二　六二歳、陸軍少将、京都府／愛知県、病死（無期刑で服役中）、東京・巣鴨（中国軍）

二四日（土）

マッカーサーが朝鮮戦争に関連して中国本土攻撃も辞せずと声明

四月

九日（月）　オーストラリア軍がパプアニューギニア・マヌス軍事裁判法廷を閉廷し、連合国軍によるすべての戦犯裁判が終了

一一日（水）　マッカーサーが朝鮮戦争への対応で米国大統領と意見対立し、国連軍最高司令官を解任される。後任はリッジウェー大将。一六日に離日、約二〇万人が見送る

五月

二一日（月）　**中田正之**　陸軍大佐、東京都／福井県、病死（有期刑十五年で服役中）、東京・巣鴨（オランダ軍）

六月

一日（金）　**森　繁次**　陸軍中佐、香川県、病死（終身刑で服役中）、東京・巣鴨（アメリカ軍）

一一日（月）　**篠原多磨夫**　四八歳、海軍大佐、徳島県、絞首刑、パプアニューギニア・マヌス（オーストラリア軍）「さして行く道遠けれど星月夜／果つべしや南大和路打拓け皇御民の笑みつどうまで」（㊪522P）

鈴木　豊　四六歳、海軍中尉、静岡県、絞首刑、パプアニューギニア・マヌス（オーストラリア軍）

二九日（金）

津穐孝彦　三九歳、海軍大尉、山口県、絞首刑、パプアニューギニア・マヌス（オーストラリア軍）「約一時間前に私は裁判の判決についての確認があった事を知らされました。今更何にも言う事はありませんが、御苦労をかけ放しだった事を残念に存じます。（略）あれもこれも思い数々のお詫びをして御健康を祈ってお別れしましょう。有難う。小生大いに元気。体重十六貫六百（六月一日）／日の光受けてかげなき朝の露」（遺514P）

宮本逸八　四八歳、海軍大尉、福岡県、絞首刑、パプアニューギニア・マヌス（オーストラリア軍）「（妻宛て）僕が絞首刑を執行されたから夫は悪人であったとは毛頭考えてくれるな。僕は汝が知る人間に他ならない。所謂運命（天命）である。希くば妻子等よ。決して人を恨む事勿れ。神は逸八をして歴史に伝えしめるであろう（六月十日）」（遺528P）

西村琢磨　六二歳、陸軍中将、福岡県／秋田県、絞首刑、パプアニューギニア・マヌス（オーストラリア軍）「涯しなき海にただよふ紫小舟救はんすべのなきぞ悲しき」（資Ⅲ09）

（筆者注・西村中将ら五名の執行をもって戦犯の死刑執行はすべて終了した）

内田銀之助　五七歳、陸軍中将、東京都、病死（有期刑十年で服役中）、東京・巣鴨（中国軍）

七月一〇日（火）　朝鮮休戦会談が開催される

八月一六日（木）　吉田首相が対日講和後も米軍駐留を希望すると臨時国会で報告
旧軍人一万一一八五人の追放を解除

九月八日（土）　アメリカ・サンフランシスコで対日平和（講和）条約が調印される（調印は日本を含む四九カ国。ソ連、チェコスロバキア、ポーランドは調印を拒否。中国は中共、台湾とも招請せず）
日本とアメリカが安全保障条約に調印（翌二七年四月二八日に発効）

一二月三一日（月）　GHQが日本国内で服役中の戦犯の管理を日本側に移すと発表

一九五二（昭和二七）年

北海道十勝・三陸沖で地震、死者三三人（三・四）
日航「もく星号」、伊豆大島・三原山に墜落、三七人全員死亡（四・九）
鳥取市で大火、五二〇〇戸焼失（四・一七）
ダイナ台風、中部・関東で死者一三五人（六・二三）
オリンピック（ヘルシンキ）大会に日本一六年ぶり参加、レスリングで金メダル（七・一九）
［世相］
PTA（日本父母と先生全国協議会）結成
白井義男、ボクシングフライ級で日本人初の世界チャンピオンになる
NHKラジオで連続放送劇『君の名は』始まる
ラジオ受信機が一千万台を突破する
［出版］野間宏『真空地帯』、大岡昇平『野火』『俘虜記』、壷井栄『二十四の瞳』
［映画］『生きる』（東宝）、『原爆の子』（近代映協、民芸）、『真空地帯』（新星映画）
［流行歌］渡辺はま子・宇都美清『ああモンテンルパの夜は更けて』、神楽坂はん子『ゲイシャ・ワルツ』

一月

一八日（金）　硫黄島で戦没者の遺骨調査が始まる

岡田三四六　陸軍中尉、愛知県、病死（有期刑五十年で服役中）、東京・巣鴨（アメリカ軍）

二月

二六日（火）　チャーチル英国首相がイギリスの原爆保有を発表

三月

六日（水）　吉田茂首相が参議院予算員会で「自衛のための戦力は合憲」と答弁

四月

二一日（月）

横山　勇　六三歳、陸軍中将、福岡県、病死（終身刑で服役中）、東京・巣鴨（アメリカ軍）「極刑の判決うけし帰り路を富士の雪の嶺遠空に立つ／牢房に三度拝がむ初日の出六十路の生命我は保ちて」（㊚678P）

二三日（水）

袴田俊彦　三二歳、陸軍軍医大尉、静岡県／兵庫県、病死（終身刑で服役中）、東京・巣鴨（イギリス軍）「（終身刑の判決を受けて）やっと生きることが出来たという悦びが胸一ぱいになった。（略）しかし時刻がたつにつれ重刑にされたという癪にさわる感じが出て来た。首だけ繋っているから講和条約が成立すれば何とかなるであろうとの希望を持っているから現在の心境は穏かだ。命令でやり、これを実行した若者三人が終身刑の重罪、命令者は無罪、こんな無茶なことはない」（㊥678P）

二六日（土）　海上警備隊が発足

二八日（月）　対日平和（講和）条約と日米安保条約が発効。極東委員会、対日理事会、GHQが廃止され、巣鴨拘置所の管理が日本側に移管される

五月

二日（金）　政府主催の初の全国戦没者追悼式を東京・新宿御苑で開催

六月

一七日（火）　**鈴木薫二**　五九歳、陸軍大佐、兵庫県／千葉県、病死（終身刑で服役中）、東京・巣鴨（アメリカ軍）

七月

三一日（木）　保安庁法が公布され、警察予備隊を保安隊に改称
天皇、皇后両陛下が戦後初めて明治神宮を参拝（靖国神社には一〇月一六日に初参拝）

八月

一九日（火）　**山内孝一（通称・前田満雄）**　陸軍憲兵曹長、大阪府、病死（終身刑で服役中）、中国・瀋陽（中国軍）

二二日（金）　**平沼騏一郎**　八四歳、元首相、東京都、病死（終身刑で服役中）、東京・巣鴨（連合国軍）

「（臨終に際し家族に）別に何も言うことはない」（㊤690P）

一二月

八日（月）　**一楽勝一**　二九歳、陸軍伍長、長崎県、病死（有期刑二十年で服役中）、東京・巣鴨（フランス軍）

一九五三（昭和二八）年

NHKが東京地区でテレビの本格放送開始、契約数八六六件（二・一）

台風2号、西日本・中部で死者五四人（六・四）

九州・近畿で豪雨相次ぐ、死者計二五六六人（六・二五～八・一五）

米軍立川基地で輸送機墜落、米兵一二九人即死。当時の世界最大の航空機事故（六・一八）

スト規制法案反対闘争が始まり第一波に三七単産、三百万人が参加（七・七）

日本テレビ、民放初の本放送を開始
［世相］
ＮＨＫが大相撲のテレビ中継はじめる
中央気象台が台風の呼び方を外国女性名から発生順番号に変更
赤色の公衆電話機が東京都内に登場
テレビ受像機一八万円、白米（一〇㌕）六八〇円、ビール一本一〇七円
［出版］山岡荘八『徳川家康』、菊田一夫『君の名は』
［映画］『ひめゆりの塔』（東映）、『君の名は』（松竹）
［流行歌］織井茂子『君の名は』、高英男『雪の降るまちを』、鶴田浩二『街のサンドイッチマン』

一月

三一日（土）　南方八島の遺骨収集に「日本丸」が出航（遺骨四四〇体を収集して帰国）

三月

二三日（月）　日赤など三団体が中国からの引き揚げ業務を再開。「興安丸」「高砂丸」が三九六八名を乗せて舞鶴に帰国

四月

一日（水）　保安大学校が神奈川県横須賀市に開校（応募率三〇倍）、翌年九月に防衛大学校と改称
東京・浅草本願寺で花岡鉱山などの中国人俘虜殉難者約五〇〇柱の慰霊祭。中国への遺骨送還始まる

六月

九日（火）　木村篤太郎保安庁長官が警備五カ年計画案を発言（保安隊二〇万人、艦船一四万トン、航空機一三五〇機）

二四日（水）　**前島勇市（勇一）**　五五歳、海軍中尉、佐賀県、病死（終身刑で服役中）、東京・巣鴨（アメリカ軍）

七月

二七日（月）　板門店で朝鮮休戦協定調印

八月

一日（土）　恩給法改正で軍人恩給が復活。改正援護法により戦犯受刑者遺族に遺族年金、弔慰金の支給始まる

三日（月） 衆議院本会議で「戦争犯罪による受刑者の赦免に関する決議」を採択

八日（土） マレンコフソ連首相が水爆保有を公表。同一二日に水爆実験成功

二六日（水） **本杉仙太郎** 陸軍通訳、神奈川県、病死（有期刑十五年で服役中）、東京・巣鴨（イギリス軍）

二九日（土） **宮城安久** 三六歳、陸軍憲兵曹長、沖縄県、病死（無期刑で服役中）、東京・巣鴨（アメリカ軍）

一〇月

二日（金） BC級戦犯を扱った映画『壁あつき部屋』（松竹、小林正樹監督）が公開を延期（五六年一〇月に封切られる）

日本の再軍備などで池田勇人特使とロバートソン米国国務次官補が会談、米国側は三二・五万人〜三五万人の軍隊設立を要求。一八万人の陸上部隊の創設で合意

二〇日（火） ローマ法王ピオ一二世が原爆・細菌兵器使用の国際協定締結を提案

二五日（日） **中原龍雄** 三七歳、陸軍憲兵曹長、長野県、病死（有期刑二十年で服役中）、東京・巣鴨（オランダ軍）

一一月

一九日（木） 来日中のニクソン米国副大統領が日米協会で「憲法九条は米国の誤りであった」と演

説

一二月

九日（水）　福地春男　陸軍少将、佐賀県、病死（終身刑で服役中）、東京・巣鴨（アメリカ軍）

一九五四（昭和二九）年

皇居の一般参賀に三八万人、二重橋の大混乱で一六人圧死（一・二）
全国二三婦人団体代表が売春禁止法期成全国婦人大会開く（二・八）
青函連絡船「洞爺丸」が台風で座礁転覆、死者行方不明者一一五五人（九・二六）
警視庁、警官六百人を動員し覚せい剤ヒロポンの密造場所を急襲（一一・九）
青少年のヒロポン中毒が社会問題化、翌年に厚生省が覚せい剤問題対策本部設置

［世相］
力道山・木村政彦とシャープ兄弟のプロレス試合、テレビで実況中継しプロレス人気沸騰
衣笠貞之助監督『地獄門』がカンヌ映画祭でグランプリ受賞
「三種の神器」（電気洗濯機、冷蔵庫、掃除機）ブーム起きる
［出版］三島由紀夫『潮騒』、中野重治『むらぎも』

［映画］『七人の侍』（東宝）、『二十四の瞳』（松竹）、『ゴジラ』（東宝）
［流行歌］岡本敦郎『高原列車は行く』、菊地章子『岸壁の母』

一月

三日（日） A級戦犯の仮出所始まる（昭和三一年三月三一日に終了）

四日（月） **鋤柄政治** 陸軍大佐、愛知県、病死（終身刑で服役中）、東京・巣鴨（オランダ軍）

二一日（木） 米原子力潜水艦「ノーチラス号」が進水

二月

一二日（金） **坂本忠臣** 海軍中尉、山口県、病死（有期刑十五年で服役中）、東京・巣鴨（オランダ軍）

三月

一日（月） マグロ漁船「第5福竜丸」がビキニでの米国の水爆実験で被ばく

八日（月） 日米相互防衛援助協定（MSA協定）調印

六月

九日（水） 防衛庁設置法・自衛隊法公布、陸海空の3自衛隊が発足（七・一）

八月
八日（日）　原水爆禁止署名運動全国協議会を結成
一九日（木）　中華人民共和国が日本戦犯四四一八人の釈放を発表
九月
二日（木）　中華人民共和国憲法採択、主席は毛沢東、首相は周恩来が就任
一〇月
二八日（木）　**清原直美**　海軍主計中尉、熊本県、病死（有期刑二十年で服役中）、東京・巣鴨（オランダ軍）

一九五五（昭和三〇）年
宇高連絡船「紫雲丸」が貨物船と衝突・沈没、小学生ら死者一六八人（五・一一）
厚生省が「売春白書」を発表、全国で公娼五〇万人と推定（七・八）
岡山で人工栄養児四人の死亡が発覚、粉ミルクにヒ素が混入し患者一万人以上、死者一一三人（森永ヒ素ミルク事件）
台風22号、西日本で死者六八人（九・二四）

［世相］
テレビ受信契約が一〇万件を突破
国勢調査の発表で日本の総人口八九二七万五五二九人となる
「神武景気」始まる
東京・後楽園ゆうえんちが開場しジェットコースターが登場
東京通信工業（現在ソニー）が日本初のトランジスタラジオを発売（一万八九〇〇円）
［出版］正木ひろし『裁判官』、長谷川伸『日本捕虜志』、阿川弘之『雲の墓標』
［映画］『浮雲』（東宝）、『夫婦善哉』（東宝）、『野菊の如き君なりき』（松竹）
［流行歌］島倉千代子『この世の花』、三橋美智也『おんな船頭唄』、宮城まり子『ガード下の靴みがき』

一月
一〇日（月） 鳩山一郎首相が記者会見で中国・ソ連との国交回復と憲法改正の意思に言及

三月
一四日（月） 防衛庁が防衛六カ年計画案を決定（陸上一八万人、海上一二万トン、航空機一二〇〇機）
フランスが原爆製造の開始を発表

一八日（金）　「大成丸」がガダルカナル島など南太平洋地域の遺骨五八八九柱とニューギニアの密林で暮らしていた元兵士四名を乗せて横浜港に帰港

五月

八日（日）　東京・砂川町で米軍立川基地拡張反対総決起大会（砂川闘争）

一四日（土）　ソ連と東欧八カ国がワルシャワ条約に調印

三〇日（月）　**神酒沢孝四郎**　陸軍司政官、千葉県、病死（終身刑で服役中）、東京・巣鴨（イギリス軍）

八月

六日（土）　第一回原水爆禁止世界大会広島大会を開催（日本で三二三八万人、海外で六億七千万人が署名）

一七日（水）　**吉沼義治**　海軍中尉、茨城県、病死（終身刑で服役中）、東京・巣鴨（アメリカ軍）

二四日（水）　広島原爆資料館が開館

一九五六（昭和三一）年

大火相次ぐ、秋田県能代市で一四八二戸焼失（三・二〇）、秋田県大館市で一三二一戸焼失（八・

一九)、富山県魚津市で一七五五戸焼失(九・一〇)
熊本県水俣市で奇病多発、水俣病と確認(五・一)
売春防止法公布(五・二四)
経済企画庁が経済白書「日本経済の成長と近代化」発表、「もはや戦後ではない」の言葉が流行(七・一七)
台風9号、九州で死者三六人
文部省が小・中・高校生に初の全国学力調査を実施(九・二八)
比叡山延暦寺、放火で大講堂など五棟焼失(一〇・一一)
メルボルン・オリンピック大会に日本選手一一八人が参加、体操・水泳・レスリングで金メダル四個(一一・二二)
[世相]
警視庁が愚連隊・暴力団を取り締まり、二カ月間で一万一六九九人を検挙
日本登山隊、ヒマラヤ・マナスル(標高八一五六㍍)に初登頂
南極予備観測隊の観測船「宗谷」が東京を出発
[出版]五味川純平『人間の条件』、三島由紀夫『金閣寺』、谷崎潤一郎『鍵』
[映画]『ビルマの竪琴』(日活)、『赤線地帯』(大映)、『太陽の季節』(日活)
[流行歌]三橋美智也『リンゴ村から』、鈴木三重子『愛ちゃんはお嫁に』、曽根史郎『若いお

巡りさん』

一月

一六日（月）　**小原（勝又）正大**　陸軍中尉、熊本県／静岡県、静岡県三島市で病死（終身刑で服役中）（オランダ軍）

三月

三一日（土）　長崎市平和公園が完成

四月

二六日（木）　三菱重工業長崎造船所で戦後初の国産軍艦として建造された護衛艦「はるかぜ」就役

五月

九日（水）　フィリピンと戦後処理の賠償協定調印（二〇年間に総額五億五千万ドルの支払い）

七月

二日（月）　国防会議構成法公布

九月
一〇日（月） **岩高賢治**　海軍大佐、大阪府、病死（有期刑二十八年七月半で服役中）、東京・巣鴨（アメリカ軍）
一一日（火）　広島原爆病院が開院
一〇月
一九日（金）　日ソ国交回復に関する共同宣言調印（継続交渉となった平和条約発効時に歯舞・色丹二島返還で合意）
二三日（火） **石原　勇**　陸軍通訳、東京都、病死（終身刑で服役中）、東京・巣鴨（アメリカ軍）
一二月
一八日（火）　国連総会が日本の国連加盟を全会一致で承認

一九五七（昭和三二）年
瀬戸内海で「第5北川丸」が沈没、死者一一三人（四・一二）
九州西部で豪雨、死者九六四人（七・二五）

糸川秀夫博士らが秋田海岸で国産ロケット1号機カッパーC型の発射に成功（九・二〇）
ソ連が人工衛星「スプートニク1号」の打ち上げに成功、宇宙時代が幕開け（一〇・四）
伊豆・天城山で元満洲国皇帝の姪と大学生の心中死体発見（一二・一〇）
［世相］
南極観測隊がオングル島に上陸、昭和基地建設
日銀が五千円札（聖徳太子）、百円硬貨を発行
ＮＨＫがＦＭ放送を開始
東京都の人口八五一万八六二人となり世界一
『週刊女性』が創刊され女性週刊誌ブーム起きる
［出版］深沢七郎『楢山節考』、宇野千代『おはん』、井上靖『氷壁』
［映画］『明治天皇と日露大戦争』（新東宝）、『喜びも悲しみも幾歳月』（松竹）
［流行歌］島倉千代子『東京だよおっ母さん』、三波春夫『チャンチキおけさ』、フランク永井『有楽町で逢いましょう』

一月

九日（水）　自衛隊機が空中衝突（この年、自衛隊機事故が多発し一四件死者三四人）

四月

二六日（金） 政府が参議院内閣委員会で「攻撃的核兵器の保有は違憲」と統一見解発表

五月

七日（火） 岸信介首相が参議院で自衛の範囲なら核保有は合憲と発言し、問題化

六月

一四日（金） 国防会議が第一次防衛力整備三カ年計画を決定（目標は陸上一八万人、艦艇一二万四千トン、航空機一三〇〇機）

八月

一日（木） ソ連から最後の帰国船が舞鶴港に入港、帰国者二一九名

米国国防省が在日米地上戦闘部隊を翌年二月までに撤退し、在日米軍は空海軍中心になると発表

八日（木） **古川清一** 陸軍法務大佐、香川県、病死（終身刑で服役中）、東京・巣鴨（アメリカ軍）

二二日（木） 通産省が対共産圏禁輸品リスト二二二品目を発表

一〇月

一日（火）　日本が国連安全保障理事会の非常任理事国に当選（二年間）

一九五八（昭和三三）年

和歌山・紀州沖で悪天候のため機船「南海丸」沈没、死者一六七人（一・二六）
世界初の海底トンネル「関門国道トンネル」開通、全長三四六一メートル（三・九）
原水爆禁止を訴える広島―東京間一千キロの平和行進が広島を出発（六・二〇）
台風被害各地で相次ぎ、11号で死者四〇人（七・二三）、17号で死者四五人（八・二五）、21号で死者七二人（九・一八）、22号（狩野川台風）で死者三二一人（九・二七）
全日空ダグラスＤＣ３型旅客機が下田沖で遭難し死者三三人（八・一二）
日教組が勤評反対全国統一行動、九〇万人以上が参加（九・一五）
国鉄が東京―神戸間で電車特急「こだま号」の運転を開始、東京―大阪間は六時間五〇分（一一・一）
宮内庁が皇太子明仁殿下と正田美智子さんの婚約を発表（一一・二七）
東京タワーが完成、高さ三三三メートルと当時世界一（一二・二三）

［世相］

テレビドラマ『私は貝になりたい』放映
南極観測船「宗谷」が悪天候で接岸できず越冬断念、カラフト犬一五頭置き去り
日銀が一万円札を発行
テレビ受信契約数が一〇〇万件を突破する
「主婦の店ダイエー」が神戸・三宮に開店
［出版］松本清張『点と線』、石川達三『人間の壁』、遠藤周作『海と毒薬』
［映画］『楢山節考』（松竹）、『炎上』（大映）、『裸の大将』（東宝）
［流行歌］若原一郎『おーい中村君』、島倉千代子『からたち日記』、平尾昌章『星はなんでも知っている』

一月
一三日（月）　世界の著名科学者四四カ国九二三六人が国連に核実験停止請願書を提出
一九日（日）　国産初のジェット練習機T―1が初飛行
二〇日（月）　インドネシアと平和条約・賠償協定調印（一二年間で二億二三〇八万ドル支払う）
三一日（金）　米国が人工衛星「エクスプローラ1号」を打ち上げ

四月

四日（金）　英国のバートランド・ラッセルらが米ソ両国裁判所に核実験禁止の告訴状を提出

五日（土）　防衛庁が次期主力戦闘機にグラマンF11・1Fの採用を内定。自民党からロッキードF104Cが推薦され機種選定をめぐる混乱が起きる

一八日（金）　衆議院で原水爆禁止を決議、参議院は二一日に決議する

五月

三〇日（金）　BC級戦犯一八名が巣鴨拘置所を仮出所し、同拘置所が閉鎖される

死亡原因不明者

戦犯収容所で拘置中に死亡したが、刑死なのか自決・病死・事故死なのか特定できなかった方たち（計四六名）。名前が記載されていた資料は『世紀の遺書』、冨士信夫氏作成『戦争裁判関係死亡者名簿』（以下、冨士氏名簿）、不二出版『BC級戦犯関係資料集成』（以下、不二出版資料）、『戦争裁判　処刑者一千』（以下、処刑者一千）など。

昭和二〇年　九月二三日　**猪狩　弘**　陸軍憲兵軍曹、死亡（未決で拘置中）、マレーシア・タパーロード（イギリス軍）＊冨士氏名簿

昭和二〇年一〇月二三日　**宮崎　亨**　陸軍兵長、佐賀県、死亡、中国・長春（中国軍）＊『世紀の遺書』

昭和二〇年一二月二五日　**相原　勇**　軍属、佐賀県、死亡、中国・瀋陽（中国軍）＊『世紀の遺書』

昭和二一年　一月　二日　**黒川敏男**　陸軍憲兵曹長、広島県、死亡（未決で拘置中）、インドネシア・スマトラ（オランダ軍）＊『世紀の遺書』、冨士氏名簿

草野　真　陸軍憲兵兵長、死亡（未決で拘置中）、インドネシア・スマトラ（オランダ軍）＊冨士氏名簿

昭和二一年　二月　三日　**前田伊助**　陸軍衛生見習士官、佐賀県、死亡、中国・通化（中国軍）＊『世紀の遺書』

昭和二一年　二月　七日　**相賀芳光**　三四歳、陸軍伍長、佐賀県、死亡、中国・通化（中国軍）＊『世紀の遺書』

昭和二一年　四月　二日　**中村盛次**　陸軍憲兵軍曹、死亡（未決で移送中）、タイ・バンコク（イギリス軍）＊冨士氏名簿

昭和二一年　四月一一日　**小沢音吉**　陸軍衛生伍長、東京都、死亡（未決で拘置中）、パプアニューギニア・ラバウル（オーストラリア軍）＊『世紀の遺書』、冨士氏名簿

松橋　巌　陸軍曹長、死亡（未決で拘置中）、パプアニューギニア・ラバウル（オーストラリア軍）＊冨士氏名簿

昭和二一年　四月一五日　**金田鐵夫**　民間人、死亡（未決で拘置中）、中国・広東（中国軍）＊冨士氏名簿

昭和二一年　五月一九日　**牛草和一**　陸軍憲兵伍長、佐賀県、死亡、ウズベキスタン・アングレン（ソ連軍）　＊『世紀の遺書』

昭和二一年　五月二〇日　**門脇　正**　陸軍軍属、死亡（未決で拘置中）、中国・漢口（中国軍）　＊冨士氏名簿

昭和二一年　五月二三日　**古川光夫**　陸軍兵長、佐賀県、死亡、中国・瀋陽（中国軍）　＊『世紀の遺書』

昭和二一年　六月一二日　**西　忠右衛門**　陸軍曹長、死亡（未決で拘置中）、マレーシア・クアラルンプール（イギリス軍）　＊冨士氏名簿

昭和二一年　八月　八日　**坂本弁蔵**　陸軍大尉、死亡（未決で拘置中）、インドネシア・クパン（オランダ軍）　＊冨士氏名簿

昭和二一年　八月三〇日　**成瀬八郎**　陸軍軍属、佐賀県、死亡、中国・ハルピン（中国軍）　＊『世紀の遺書』

昭和二一年一〇月　一日　**山崎武夫**　陸軍准尉、死亡（未決で拘置中）、インドネシア・バタビア（オランダ軍）　＊冨士氏名簿

昭和二一年一〇月　九日　**清水　廣**　陸軍憲兵軍曹、死亡（未決で拘置中）、中国・南京（中国軍）　＊冨士氏名簿

昭和二一年一〇月一四日　**阿久津喜三郎**　陸軍憲兵大尉、群馬県、死亡（無罪、拘置中）、パプアニューギニア・ラバウル（オーストラリア軍）　＊冨士氏名簿、不二出版資料

昭和二一年一〇月二二日　**五十嵐武志**　陸軍憲兵伍長、死亡（未決で拘置中）、インドネシア・メナド（オランダ軍）＊冨士氏名簿

昭和二一年一一月一六日　**鈴木富蔵**　陸軍憲兵曹長、死亡（未決で拘置中）、インドネシア・メナド（オランダ軍）＊冨士氏名簿

三富清隆　陸軍憲兵軍曹、死亡（未決で拘置中）、インドネシア・メナド（オランダ軍）＊冨士氏名簿

昭和二二年一月一〇日　**加川新太郎**　海軍軍属、死亡（未決で拘置中）、中国・広東（中国軍）＊冨士氏名簿

昭和二二年一月二八日　**松本忠佐**　民間人（満洲国開拓団員）、死亡（未決で拘置中）、中国・瀋陽（中国軍）＊冨士氏名簿

昭和二二年二月一一日　**藤田勘一**　陸軍嘱託、死亡（未決で拘置中）、中国・瀋陽（中国軍）＊冨士氏名簿

昭和二二年二月一二日　**西田愛道**　陸軍憲兵軍曹、兵庫県、死亡（未決で拘置中）、インドネシア・メナド（オランダ軍）＊『世紀の遺書』、冨士氏名簿

昭和二二年二月二三日　**岸川一馬**　官吏（満洲国警察官）、死亡（未決で拘置中）、中国・瀋陽（中国軍）＊冨士氏名簿

山口光雄　陸軍主計中尉、死亡（未決で拘置中）、インドネシア・モロタイ（オ

ランダ軍）＊冨士氏名簿

昭和二二年　三月一一日

蔵田順二　陸軍中尉、死亡（未決で拘置中）、中国・瀋陽（中国軍）＊冨士氏名簿

昭和二二年　三月一三日

種田久一　民間人（居留民）、死亡（未決で拘置中）、中国・瀋陽（中国軍）＊冨士氏名簿

昭和二二年　三月二六日

菊地武男　陸軍憲兵准尉、死亡（未決で拘置中）、インドネシア・バタビア（オランダ軍）＊冨士氏名簿

綿谷利男　陸軍法務曹長（未決で拘置中）、死亡、インドネシア・バタビア（オランダ軍）＊冨士氏名簿

昭和二二年　五月一九日

山田静太郎　官吏（満洲国警察官）、死亡（未決で拘置中）、中国・瀋陽（中国軍）＊冨士氏名簿

昭和二二年　六月　三日

揖西常夫　陸軍大尉、死亡（未決で拘置中）、ミヤンマー・ラングーン（イギリス軍）＊冨士氏名簿

昭和二二年　六月一三日

室岡正雄　陸軍憲兵軍曹、死亡（未決で拘置中）、中国・北京（中国軍）＊冨士氏名簿

昭和二二年　七月一六日

藤田輿五郎　民間人（満洲開拓団員）、死亡（未決で拘置中）、中国・瀋陽（中国軍）＊冨士氏名簿

昭和二二年　八月一九日　**広谷義雄**　陸軍兵長、山口県、死亡（未決で拘置中）、中国・漢口（中国軍）
＊『世紀の遺書』、冨士氏名簿

昭和二二年　八月二九日　**波多野利作**　民間人（居留民）、死亡（未決で拘置中）、中国・瀋陽（中国軍）
＊冨士氏名簿

昭和二二年　九月一七日　**古塚勘助**　陸軍大尉、死亡（未決で拘置中）、インドネシア・ジャヤプラ（オランダ軍）＊冨士氏名簿

昭和二二年一〇月　四日　**原田憲義**　陸軍大佐、鳥取県／三重県、死亡（未決で拘置中）、東京・巣鴨（アメリカ軍）＊冨士氏名簿

昭和二二年一〇月一六日　**佐々木恒雄**　陸軍軍曹、死亡（未決で拘置中）、インドネシア・クパン（オランダ軍）＊冨士氏名簿

昭和二二年一〇月一五日　**菅井太一**　陸軍伍長、死亡（未決で拘置中）、インドネシア・モロタイ（オランダ軍）＊冨士氏名簿

昭和二三年　四月一二日　**安岡正臣**　六一歳、陸軍中将（スラバヤ司政長官）、鹿児島県、死亡（未決で拘置中）、インドネシア・バタビア（オランダ軍）＊冨士氏名簿、㊮Ⅲ12

昭和二三年　六月一二日　**菅沼春夫**　陸軍憲兵曹長、死亡（未決で拘置中）、ミヤンマー・ラングーン（イギリス軍）＊冨士氏名簿

昭和二三年一〇月一〇日　**村山哲成**　陸軍軍曹、島根県、死亡（有期刑一年六月の満期釈放）、東京・

巣鴨（アメリカ軍）＊厚生省名簿、不二出版資料

詳細不明死者

戦犯死者関係名簿に記載されながら詳細の不明な方たち（計六名）。

深川栄島 刑死、中国・広東（中国軍）（昭和二二年九月一日に処刑された山下時満の遺書に「（写真は）深川栄島君です。此の人も私と同じ道で最期を遂げられた人です」の記述がある）＊『世紀の遺書』

中村正男 海軍軍属、病死（未決で拘置中、死亡日は不明）、インドネシア・モロタイ（オランダ軍）＊『世紀の遺書』

和才信夫 事故死（死亡日時・場所等は不明）＊処刑者一千

山田建三郎 事故死（死亡日時・場所等は不明）＊処刑者一千

石山福二郎 自決（死亡日時・場所等は不明）＊処刑者一千

中島正夫 自決（死亡日時・場所等は不明）＊処刑者一千

第二部　戦犯裁判を問う

一　戦争犯罪とは何だったのか

敗戦とともにおびただしい数の将兵や軍属、中には民間人までが戦争犯罪人となって裁かれた。連合国七カ国によるＢＣ級戦犯裁判では、二千二百四十四件、延べ約五千七百名が起訴され、死刑判決を受けた者は九百八十四名、無期・終身刑四百七十五名、有期刑二千九百四十四名を数えた。有罪率は実に七七％と高く、無罪になった者は千十八名にすぎない。

このほかに逮捕状を出しながら身柄を拘束できなかった者も少なくなく、逃亡した者、裁判結果が不明な者、起訴撤回などが合計二百七十九名いる。

それにしても、国家のために身命を尽くし、忠実に職務に従った結果が「罪」とされたのだから、さぞ理不尽なことだったろう。そもそも国家の主権行為として行われた戦争である。その一環の行為や命令に従ったことがどうして個人の責任にされるのか。もしそれが軍の統制を逸脱した行為だったなら国内法で裁かれるべきであるし、それが国際法に違反するなら、裁かれるべきは国家であり、軍であり、命令者のはずである。

戦後、戦犯体験について書かれたものは数多くあるが、その大半は、戦犯裁判は正義の名を借りた復讐・報復劇に過ぎず、いかに不当な裁判だったかを語っていて、裁いた側への恨みつらみに満ちているのは、ある意味で当然である。そしてまた、映画『私は貝になりたい』のように、運悪く戦犯になってしまった気の毒な戦争犠牲者の物語として語られてきた。

一九六七（昭和四十二）年、『遥かなる南十字星――戦犯の実相』が出版された。巣鴨プリズンの戦犯たちの自治組織だった「巣鴨法務委員会」がまとめたものだが、そこでは戦犯裁判を概ね次のように評価している。

①戦犯とされた者の中にはただの一人も残虐行為をした者はいない。たまたま捕虜の取り調べにあたったり、捕虜収容所の監視兵や憲兵だったために捕虜たちに逆恨みされて訴えられた者たちだった。

②公正さを装うために国際法規は利用されたに過ぎないみせしめの裁判で、戦争処理の国際政策の犠牲者だった。

③裁判といっても、実際は軍事委員会や軍法会議で、公正な監視もなく、被告たちは孤立無援の中で裁かれた。

④裁く根拠は、戦後に急きょつくられた事後法であり、罪刑法定主義という近代法の原則を踏みにじったものだった。

⑤敗者のみを一方的に裁き、勝者側でも行ったはずの虐待などはまったく裁いていない復讐裁判だった。

「ただの一人も残虐行為をした者はいない」と言い切るには無理があると思うが、戦犯裁判の記録や証言をみてくると、一方的な証言に基づいた裁判が行われたのは事実であり、誇張や悪意ある告発、中には人違いやねつ造など冤罪も少なくなかった。ＢＣ級裁判を不当とする評価は、日本人の多くが今も抱いている共通のものだろう。

だが、ここで一歩立ちどまって考えてみたい。そうだったとしても、恨みや被害の叫びを繰り返しているだけで何か生まれただろうか。まして戦後八十年近くになり、戦犯体験者や遺族が次々と亡くなって慰霊碑に訪れる人もほとんどいなくなった今、「センパン」と聞いてもピンとこない日本人の方が多くなった。

風化と言ってしまえばそれまでだが、本当にそれでいいのだろうか。彼らの遺書を読むと、戦犯の多くは「俺たちの犠牲はいずれわかってくれる日がくる。日本と世界の平和の礎になるのだ」と信じて処刑台に向かっていった。われわれは彼らの思いに応え、尊い犠牲を活かしてきたと胸を張って言えるだろうか。

日本軍が多くの過ちを犯し、連合国側から指弾されたような数多くの残虐な行為を重ねたことは否定できない事実である。戦犯者たちはそうした国家として、組織としての過ちに否応なく巻き込まれ、翻弄された人たちだったといえる。ではなぜ日本軍は多くの戦犯事件を生んでしまったのか、その背景と構造から考えてみたい。

一九四六（昭和二十一）年五月、『アンボン島戦犯裁判記』という小冊子が法律新報社から出版された。

著者は弁護士宗宮信次で、アンボン島で行われたオーストラリア軍による戦犯の法廷記録である。おそらく戦犯の裁判記録として最も早く出された出版物である。

宗宮が敗戦後すぐに派遣されたアンボン島はインドネシア・モルッカ諸島にある火山の島である。ここで行われた戦犯裁判は、昭和二十一年一月二日に開廷し、翌二月十五日には早くも判決というあわただしいものだった。裁判の資料はむろん、メモさえ持ち帰りが許されなかったが、宗宮は帰国後ただちに記憶をもとに書きだし、出版したのが全文八十二ページの小冊子だった。

いち早く出版した動機について宗宮は「南方に復員を待つ兵隊の生活状況、並に容疑者の心情を、国民に伝える一助とならば幸甚である」と書いている。「アンボン島事件」では、捕虜や現地民に対する虐待の罪などで海軍警備隊司令以下百名が起訴され、判決では銃殺刑四名、有期刑三十九名を出し、無罪は五十七名だった。なお、宗宮は帰国後は極東国際軍事裁判（東京裁判）で岡敬純海軍中将の弁護人を務めている。

そのアンボン事件をみてみる。オーストラリア軍側の資料によると、四一（昭和十六）年十二月の開戦までは、アンボン島にはオランダ軍約二千六百名の部隊が駐留し、守備していた。開戦と同時にオーストラリア軍が陸軍第二十一大隊約千百名を投入し、豪蘭の合同軍で守備にあたっていた。

日本軍が攻撃してきたのは、翌四二（昭和十七）年一月三十一日。ラハ飛行場の争奪をめぐって激しい戦闘となったが、装備、人員ともに圧倒的に優勢な日本軍に歯が立たず、豪軍だけでも戦死者三百九名を出し、開戦からわずか二日後の二月一日にまず蘭軍が、その二日後に豪軍が降伏した。

捕虜にされた兵士たちは、見せしめにアンボン市内を行進させせられた。捕虜のうち約三百名はすぐに斬首され、残る千四十八名のうち病弱者や衰弱者ら約五百名は同年十月に海南島に移され、アンボン島には五百四十八名が残された。

彼らの証言によると、捕虜を管理した指揮官が「アンドウ」大尉で、その下に少佐待遇の通訳「イケウチ」がいた。「イケウチ」は〝通訳兼監督〟だったことから捕虜たちの間では「ツウカン」と呼ばれ、「アンドウ」とともに捕虜の虐待や惨殺の中心人物だった。

捕虜の処刑はその年の十一月から始まった。発端は捕虜四名が収容所の外で現地人と食料を交換したという容疑で、それ以後、食料窃取や逃亡などを理由に次々と処刑が行われた。四四（同十九）年二月には大爆発事故が起き、十名が死亡したこともあったという。

その後、捕虜百二十三名は近くのモロタイ島に移され、戦争終結時にアンボンに残っていたのは百三十九名で、敗戦を知らされたのは八月二十一日、それも「停戦」と説明され、身柄の拘束はなお続いたという。

捕虜全員が解放されたのは豪軍の艦船が入港してきた九月十日だった。その間にも五名が死亡し、さらに解放後も病気や極度の栄養失調者の死亡が相次ぎ、オーストラリア本国に帰国できたのは百二十一名に過ぎなかったという。

以上の事実経過は、日本側の認識とそれほど違っていない。裁判で日本側は、当時は激しい空襲下にあり、食料と医薬品の極度の不足があったというやむを得ない状況だったと釈明した。とはいえ、いくら弁明しても捕虜の死亡率が七〇％を超えたという事実は尋常ではない。

南太平洋方面全体でみると、オーストラリア軍はアンボンを含めて二万二千三百七十六名が捕虜になり、うち八千三十一名が死亡した。死亡率は三六％である。これでも高いが、アンボンはその二倍だからいかに突出していたかがわかる。

ちなみに、東京裁判に出された資料によれば、ヨーロッパ戦線でドイツとイタリア両軍に捕虜になった米英両軍の兵士は総数で二十三万五千四百七十三名にのぼったが、死亡したのは九千三百四十八名で死亡率は四％である。この数字だけみても、日本軍の捕虜の扱いに重大な欠陥があったことは否定のしようがない。

オーストラリアでは、今でも「サンダカン死の行進事件」が悲劇の捕虜事件として語られている。四五（昭和二十）年の大戦末期、ボルネオ島にあったサンダカン俘虜収容所の捕虜たちを二百六十キロ離れたラナウまで徒歩で移動させたが、食料も満足に与えず、重い荷物を背負わせての強行軍だったことから、二回に分けて行われた捕虜の移動では約千名のうち六百名が死亡した事件である。

サンダカン収容所では四三（昭和十八）年九月時点で、豪兵千八百名と英兵七百名が収容されていたが、終戦時に生存していたのはたった六名といわれ、キャンベラにある戦争記念館には千七百八十七名全員の遺影が飾られ、今も慰霊が続いている。

戦犯記録をみると、日本軍による捕虜の虐待や処刑事件は、東南アジアや南方各地に集中している。その背景には、戦争末期になって日本軍が追い詰められていた状況があった。制空権、制海権がともに奪われ食糧補給が断たれ、恒常的な飢餓状態に追い込まれていた。そんな中で捕虜が食料を盗んだり脱走する事件が相次ぎ、処罰として虐待や処刑が日常化していった。捕虜に「逃亡しない」とサインさせ、それを逃亡即処刑の理由にしていた収容所も少なくなかった。

戦線を広げるだけ広げ、後方支援の兵站が追いつかず、現地軍を孤立させたことは、捕虜の扱いの問題にとどまらず、人肉食というおぞましい事件まで生むに至っている。

日本兵による人肉食の問題は、作家大岡昇平が『野火』で書いたが、レイテ島のジャングルを舞台にしたこの作品は、二度映画化され、社会に衝撃を与えた。大岡自身、米軍捕虜になった経験はあるもののフィリピン・ミンダナオ島だったので、小説の舞台とは違うが、その描写は迫真に満ちたものになっている。

作家遠藤周作も長編小説『深い河』で人肉食のことを扱っている。こちらはビルマ（現在のミャンマー）のジャングルをさまよった日本兵が、仲間の死体を食べたという設定である。青年時代に肋膜炎などを患った遠藤自身は入隊直前に敗戦になり軍隊経験はないが、ミャンマーでの悲惨を極めた「インパール作戦」に参加した「木口」という兵隊が、戦後も人肉食の記憶にずっと苦しみ続けるという「罪」として描いた。

三万名を超える兵隊を失ったインパール作戦を指揮したのは、陸軍第十五軍司令官だった牟田口廉也中将。遠藤は小説の中で木口に「牟田口の馬鹿野郎」と、そこだけ実名で言わせている。

人肉食の問題は実際に最前線では深刻な現実だった。南太平洋戦線で最も悲惨な戦いとなったニューギニア戦線で、陸軍第十八軍司令官の安達二十三中将は、四四（昭和十九）年十月に「緊急処断令」を出している。日本兵が捕虜の死体を切断し、食べているという報告を受けたからである。事実を発見し次第、軍法会議にかけずに即決処刑してもよいとの極めて厳しい処分の権限を部隊指揮官に与えた。

第十八軍では敗戦までの十カ月間に日本兵約七十名を処刑しており、このうち敵前逃亡などが約四十名いるが、残り約三十名は人肉食の嫌疑だったというから驚く。それも氷山の一角で、実態ははるかに多かったとの証言もある。

人肉食事件は戦犯裁判でも取り上げられた。フィリピンの軍事裁判では十五件、オーストラリア軍の裁判では十四件が起訴されている。オーストラリア人弁護士で東京裁判の裁判長を務めたウィリアム・ウェッブは、裁判の途中でこの事実を聞かされて絶句し、あまりの酷さに、犠牲者家族には秘密にしておくように指示したとも伝えられている。

人肉食は、一般的には「カニバリズム」の名前で呼ばれることが多い。古い風習だったり、猟奇的な行動をさすが、日本兵たちの場合は違う。「アントロポファジー」といって、極度の飢餓状態に置かれた人間の緊急避難的な行動である。

連合国側は戦犯裁判の中で日本兵の残虐性を象徴する事実として取り上げたが、退却に次ぐ退却でジャングルをさまよい、飢餓と絶望の中に置かれた兵隊たちが生きるにはそれしかなかったのである。そこまで追い詰めた組織、それが日本軍だったといえる。

戦犯裁判をみていて痛感するのは、日本軍の人権意識の欠落ぶりがある。とりわけ軍首脳部がひどい。その象徴的なものが、四二（昭和十七）年七月七日、首相兼陸相だった東條英機の「新任俘虜収容所長に与ふる陸軍大臣訓示」だった。「一日といえども無為徒食せしむることなく、その労力、特技をわが生産拡充に活用するなど、総力をあげて大東亜戦争遂行に資せんことを努むべし」として、捕虜は保護すべき対象ではないと明言、戦争遂行に役立つ限りは生存させてもいいが無為徒食は許すなと檄を飛ばしたのである。捕虜の虐待が日常化するのは当然のことだった。

ＢＣ級戦犯に問われた人たちが憲兵と捕虜収容所関係者に集中したのは、ポツダム宣言が「連合国の俘虜を虐待した者を含むすべての戦争犯罪に対しては厳重なる処罰を加える」（第十条）と、捕虜虐待を戦争犯罪の筆頭にあげたからである。戦犯の全逮捕者のうち捕虜の取り調べにあたった憲兵が二七％を占め、起訴者の三七％、有罪者の三六％、死刑の三〇％にのぼった。次いで捕虜の管理にあたった収容所関係者が多く、逮捕者の一六％、起訴者の一七％を占め、有罪者の二七％、死刑者の一一％となった。この両者を合わせると全体のほぼ半分になった。

戦犯者を軍別でみると、陸軍が七五％、海軍は二〇％、民間人五％という比率である。陸軍が突出して多いのは、憲兵隊は陸軍の所管であり、捕虜を管理していたのも陸軍が多かったからである。

戦犯になったのは軍人ばかりでなく、軍嘱も多い。その中には台湾や朝鮮半島出身者もいた。民間人の多くは捕虜の取り調べに立ち会った通訳たちだった。捕虜と日常的に接する機会が多い軍属の監視員や通訳は、捕虜に一番顔を知られ名前を覚えられていたから、戦犯事件の摘発が始まると真っ先に名指しされたのである。

戦犯事件の中には、墜落した敵の戦闘機や爆撃機の搭乗員に対する虐待や処刑も多い。これにも事情があり、東條の時代に特例措置により即断処刑を認めたからである。きっかけは四二（昭和十七）年四月十八日の米空軍のドーリットル空襲だった。

緒戦の勝利に酔っていた日本の本土、しかも帝都が空襲されるという、まさに青天霹靂の事態に驚愕した大本営はただちに各軍管区司令官に「空襲軍律」を与え、陸軍次官名で「空襲時の敵航空機搭乗員に関する件」（陸密第二一九〇号）を発した。「無差別爆撃の搭乗員は戦時重罪犯であり、刑罰は原則死刑、処刑は銃殺」と指示し、一般的な捕虜事件のように軍律会議で処分を決める手続きは不要とし、即断処刑を可能にした。

〝手続きなし処刑〟は、いきおい処刑命令は誰が下したのかを不明確にすることになり、結局、戦犯裁判では処刑を命じられた実行行為者だけが裁かれるという結果を招くことにつながった。

こうしてみてきただけでも、ＢＣ級裁判はすべて個人の責任として裁かれたが、大半の事件は個人の人間性や資質によって起きたものではなく、誤った捕虜政策と日本軍の人権意識の低さに起因する国家と軍組織の問題だったことがわかる。

捕虜は「恥」か

誤った捕虜政策をとった背景には、人権意識の欠陥とともに日本軍独特の「捕虜観」があった。捕虜を恥とする考え方である。しかしもともと日本軍はそうではなかった、日露戦争時とでは大きく違っていたのだという声も聞く。どうだったのだろうか。

日露戦争では、敵の捕虜たちに温情あふれる扱いをした日本軍というイメージを持つ人が今でも多い。たとえば日本海海戦では撃滅したロシア・バルチック艦隊の兵士たちを積極的に救助しているし、陸軍でも戦闘で負傷した敵ロシア兵への手厚い看護が語られている。それは第一次世界大戦でも同じで、敗戦国ドイツ兵への思いやりに満ちた対応は、日本の大晦日にベートーベンの『第九』が合唱される習慣を生むことになったという美談と合わせ、よく知られている。日本軍は本当は敵軍にも優しかったのだと言わんばかりに、美談は二十一世紀になっても人間ドラマとして語りつがれ、映画『バルトの楽園』（二〇〇六年公開）にもなっている。

日本軍で捕虜の取り扱いが明確にされたのは日露戦争からだった。開戦直後の一九〇四（明治三十七）年二月十二日に「俘虜情報局」の設置が閣議に提出され、翌年に「俘虜処罰法」ができた。ちなみに、日本軍では「俘虜」と「捕虜」という言葉を区別して使っていた。「戦闘で捕えられた者」が捕虜で、「収容所に入れられ、名簿に登録（管理）された者」が俘虜だった。連合国はこうした使い分けをしていないので、本書では、俘虜収容所の固有名詞を除き、捕虜という表記で統一して書くことにする。

日露戦争や第一次世界大戦と比べ捕虜の扱いに違いがあったのが事実だとすれば、それがなぜ起きたのか。すぐ頭に浮かぶのは、勝ち戦と負け戦の違いである。勝者の余裕と、敗者の追い詰められた状況では確かに違いが出るかもしれない。

しかし、それだけだったとも言えない気がする。戦争に入る前からすでに捕虜観は大きく変わっていたからである。その転換点になったといわれるものに「空閑少佐事件」がある。

三二（昭和七）年に第一次上海事変が起き、二月十九日の第一次総攻撃で上海市内の江湾鎮の攻撃にあたった陸軍歩兵第七連隊は中国軍の猛攻を受けて苦戦した。第二大隊長の空閑《くが》昇少佐（当時四十四歳）が敵弾を受け、右肩から左腹に抜ける重傷を負って意識不明になった。

てっきり戦死したと思った部下は、少佐の〝遺体〟をその場に浅く埋め、軍刀と拳銃を遺品として持ち帰ったが、少佐は生きていて、中国軍に発見されて手当てを受け、一命をとりとめていた。

少佐は捕虜となって南京に移送され、日中間で停戦協定が成立すると捕虜交換で身柄を引き渡され、原隊に帰隊した。ところが少佐はその二十日後に単独、再び自分が負傷した激戦地に向かうと連隊長ら多くの戦死した将兵を弔った後、近くの野原で拳銃により自決した。

時の陸軍大臣荒木貞夫はこの報告を受けると、「捕虜となった者は死すべきものなりと考える」と称賛し、これを新聞各紙が〝あっぱれな武人の死〟と書きたてたことから空気が変わった。「爆弾三勇士」ブームが下火になっていた時期でもあり、軍部には、国民の滅私奉公をアピールする恰好の材料と映ったのだろう。映画三社が競作で映画化に乗り出し、『散り行く大和桜　空閑少佐』（赤沢映画）、『大和魂　空閑少佐』（河合映画製作社）、『空閑少佐』（新興キネマ）と、国民の感涙を誘う美談に仕立てあげた。死後に勲四等を与えられた空閑少佐は「恥よりも死を選んだ武人の誉れ」として英雄にまつり上げられたのである。

かくして誰もが知る美談となったが、美談には往々にして裏があるもので、「空閑少佐事件」も例外ではなかったようだ。原隊復帰した空閑少佐は軍法会議にかけられたが、過失は見つからず無罪になった。ところがそれでは済ませられない人たちがいた。歩兵第七連隊の不名誉だと憤激した将校が自殺を図り、陸軍士官学校時代の同期生たちまでが「潔く自決せよ」と空閑宛てに電報を打ったり、空閑の金沢の留守宅に投石まであったというからすさまじい。

空閑の部下で共に捕虜になって帰還した西尾甚六少尉もその年の年末に自決している。こうした状況から見ても、二人は追い詰められて死なざるを得なかったというのがことの真相のようである。

この事件がきっかけになって「捕虜になることは恥」という観念が国民の間に定着していった。陸軍大臣東條英機が「日本には捕虜はいない」と発言したことで「捕虜は万死に値すること」となり、そして同じ東條名で出された「戦陣訓」の「虜囚の辱を受けず」の文言が日本軍の捕虜観を決定的なものにした。

国際社会では、捕虜は権利である。一九二九（昭和四）年、「俘虜の待遇に関する条約」であるジュネーブ条約がつくられ、捕虜の人権と名誉の保障がうたわれた。逃亡して捕まっても懲罰は最も重くて「三十日間の独房入り」(第五条)で、捕虜が逃亡することは国際法違反ではないとされた。オーストラリア軍にいたっては、「捕虜は機会を見つけて逃亡すべし」という教育まで行っており、捕虜は保護されるべき対象だった。このジュネーブ条約には日本も署名していたが、「空閑少佐事件」を機に逆行が始まったのである。

「空閑少佐事件」から二年後の三四(昭和九)年には海軍がジュネーブ条約の批准に反対する声をあげた。すぐに陸軍も同調し、日本政府は批准しないことを決めると諸外国にその旨を通知した。

陸海軍が批准に反対した理由は、海軍次官が外務次官に伝えた文書(同年十一月十五日付)によると、「日本には捕虜は存在しない。したがって、この条約は敵国のみを利することになる片務条約だ」というものだった。日本軍では兵隊に捕虜になることは認めていないから敵国の捕虜だけを保護するわけにはいかないという理屈である。

戦争が始まり、連合国側は、ジュネーブ条約に署名しているが批准していない日本政府は捕虜をどのように扱うつもりなのかと質してきた。

日本政府は、四二(昭和十七)年一月二十九日付の外務大臣名で「同条約の規定を準用する」とスイス公使を通じて回答している。しかしその一方で、翌年三月には「俘虜処罰法」及び「俘虜取扱細則」を改正し、捕虜は重罪で、脱走も罪とすると決めている。つまり二枚舌の対応をとったのである。

具体的にみると、「俘虜処罰法」第七条では「党与して逃亡したる者は、首魁は死刑または無期もしくは十年以上の懲役もしくは禁固。他の者は無期または一年以上の懲役または禁固」とし、細則で捕虜には「逃亡しない」と宣誓させるように義務づけた。ジュネーブ条約を準用するどころか、明白に違反する内容を法律化までして全軍に厳罰を命じたのである。

「捕虜になることは恥」と教育された日本兵たちが、敵の捕虜も「恥知らずの者たち」と考えるのは至極当然である。国際法で捕虜の人権と名誉が保障されていることなど教えられていない将兵が、人道的な扱いをするはずがない。多くの戦犯事件を生んだ根っこは、まさにここにあったといえる。

こうした捕虜の扱いをおかしいと考える軍人がいなかったわけではない。その一人が、ボルネオで捕虜収容所長を務めた菅辰次陸軍大佐だった。

敗色が濃くなった四四（昭和十九）年夏、東京で収容所長会議が開かれ、国内外の捕虜収容所長が一堂に集められた。この会議では捕虜の管理を一層厳しくするように指導され、「いかなる場合でも、捕虜を敵に渡してはならない」と厳命された。これにひとり異を唱えたのが菅で、「ここには、捕虜を殺す相談に来たのではない」と発言したと伝えられている。

戦況がさらに悪化し、ボルネオ方面の軍司令部で決戦会議が開かれた時には、収容所にも重機関銃を配備せよという指示が出された。イザという場合は捕虜全員を殺して玉砕せよという意味だが、この時も菅は重機関銃の受け取りを拒否している。

また、捕虜に対する軍律裁判を傍聴した際にも、自分には発言権がないにもかかわらず手をあげ、「寛大な処分を」と要請したという。日本軍が国際法を無視した裁判を行っているという認識があったからである。

そんな菅だが、敗戦と同時に彼も戦犯容疑者として逮捕されている。捕虜収容所長という立場であれば免れられなかったのだろうが、裁判の始まる直前の四五（昭和二十）年九月十五日にナイフで首を切って自殺している。クリスチャンで、シカゴ大学に留学経験があり、国際感覚を持つ数少ない勇気ある人物だったが、日本軍にも連合国軍にも受け入れられなかった男は何を思いながら命を絶ったのだろうか。

戦陣訓の呪縛

「生きて虜囚の辱を受けず、死して罪禍の汚名を残す勿れ」の文言で知られ、日本軍の捕虜観に決定的な影響を与えたとされる悪名高き「戦陣訓」は、陸軍の新兵なら必ず暗唱させられ、徹底的に頭にたたき込まれた。

陸軍大臣東條英機名によって発表されたのは、四一（昭和十六）年一月八日。二カ月後の三月五日にはレコード四社合同による出征兵士を激励する音楽イベントが東京・日比谷公園で開かれ、『戦陣訓の歌』のレコードが発売された。陸軍はあらゆるメディアを動員し、「捕虜は恥」であり「汚名よりも死を」という観念を、兵隊ばかりでなく、国民にも浸透させようとした。

敗戦後は何かと言うと「戦陣訓があったから」と〝悪玉〟にされる「戦陣訓」だが、実は、捕虜になってはならないという戒めとしてつくったわけではない。もともとは、日中戦争下の戦地で日本兵による非行が多発。放火、略奪、強姦と目に余るものがあり、それを諫め、戦地における兵士の訓育用にとつくったのである。その作成に深く関わったのが、聖将の誉れ高い陸軍大将今村均だったと聞けば意外に思う人も多いことだろう。

当時、今村は陸軍教育総監部本部長だった。軍上層部の指示で部下三人に原案を作らせると、『破戒』『夜明け前』などで知られる文豪島崎藤村や、『赤城の子守唄』を作詞した詩人佐藤惣之助らに見てもらった。それらのアドバイスをもとに完成させたのが戦陣訓だった。「夫《そ》れ戦陣は、大命に基き、皇軍の神髄を発揮し、攻むれば必ず取り、戦へば必ず勝ち」ではじまる文章が、一般の兵隊向けにしてはやけに格調高く、文語調になっているのはそのためである。

今村の真意は、あくまでも皇軍兵士の誇りと自覚を促す意図だったが、「生きて虜囚の辱を受けず」の文言だけがひとり歩きし、捕虜になることは恥であり、それよりは潔く死を選べと、「恥よりも死」と迫る代名詞になってしまったのである。

それと、なにも今村を擁護するわけではないが、こうした観念は「戦陣訓」ができたことで唐突に出てきたわけではない。さきほどの「空閑少佐事件」の日中戦争の時点でもすでにあったし、底流には武士道があった。徳川幕府が「もののふの道」として主君への忠誠と禁欲を求め、囚われよりも自害が尊ばれてきた「恥の文化」の歴史があった。

一八八二（明治十五）年につくられた明治天皇の「軍人勅諭」でも「義は山獄よりも重く、死は鴻毛よりも軽し」と、天皇への忠誠心は己の命よりはるかに重いという忠君愛国の思想がうたわれている。軍人勅諭は軍隊だけでなく、学校でも修身の時間に読まされ、国民共通の観念になっていたから、「死」と「恥」と「捕虜」はすぐに一つに結びついた。その効果は日露戦争でも数字にはっきりと出ている。

日本軍の捕虜になったロシア兵は七万一千八百二名を数えたのに対し、日本兵で捕虜になった者は千六百二十六名で、ロシア兵比でわずか二％にすぎなかった。日本が勝った戦争とはいえ、旅順攻略などで日本軍は苦戦を強いられ、戦死者数でみても、ロシア軍四万二千六百名に対し日本軍は十一万五千六百名と三倍近く出しているのにである。ということは、日本兵は、ここでも捕虜より死を選んだということである。

第一次世界大戦ではもっと極端で、日本軍が捕虜にしたドイツ兵は四千百六十九名だったのに、日本兵で捕虜になった者はゼロである。「戦陣訓」を受け入れる下地はこの時点ですでにできあがっていたといえる。

今村の意図に反し、「戦陣訓」がひとり歩きをしたのだと書いたが、まず現地軍がこれにすぐ飛びついた。発表から二カ月後には陸軍支那派遣軍参謀部が「俘虜に関する教訓」という資料をつくっている。捕虜についてどう考えるべきかという派遣軍内部の研究資料とされているが、ここで早速「戦陣訓」を取り上げ、「生きて虜囚の辱を受けざるは我が国古来の伝統、皇軍の光輝ある戦陣道義」だとして、これを核に具体的な対応マニュアルに仕上げた。敵の手に落ちた時にどのような心構えでいるべきかなどを詳細かつ具体的に記述し、「生を選ぶべきや死を選ぶべきやに迷いし時は死を選ぶべし」と判断基準まで示している。そして「生きて虜囚となるを以て最大の恥辱となしかつ軍人としての生命を失うものなるを銘肝するを要す」と結んでいる。

陸軍は戦争が始まると、これをさらに罰則化した。四二（昭和十七）年に陸軍罰則規定を改定した際、「投降させた指揮官は最低でも禁固六カ月の刑」と定めた。敵の捕虜にならないことを個人の戒めから組織のあり方へと拡大したのである。

「戦陣訓」は陸軍兵士に与えられたものだが、では海軍ではどうしたのだろうか。海軍は同種の明文化したものはつくっていない。捕虜になる確率は海軍の方が低いのと、こうした観念はすでに国民に十分浸透しているから今さら必要ないと考えたのだろうか。海軍の戦闘機にはパラシュートは一応備えられていたが、不文律で使用しないものとされていたというから、言わずもがなのことだったのかもしれない。

「捕虜になるよりも死を」という観念は、今次大戦で最大の効果を発揮している。日本軍の戦死者は、陸軍が百十四万名、海軍は四十一万名。これに対し捕虜になった者は、陸軍が二万六千三百四名、海軍は一万二千三百六十二名である。戦死者対捕虜の比率でみると、陸軍が二・三%、海軍三・〇%と兵隊たちが圧倒的に死を選んだことを数字が雄弁に物語っている。

戦時中に赤十字国際委員会（ＩＣＲＣ）が行った調査がある。四四（昭和十九）年十月時点で、日本軍の捕虜になった連合国兵士は十三万三千名いたのに対し、連合国軍に捕虜になった日本軍兵士は六千四百名にすぎず、極端な非対称となっている。

ＩＣＲＣの分析では、日本兵で捕虜になった者の三分の一は、栄養失調や負傷したため身動きができなくなったためで、ほかには部隊が密林などで孤立してしまい、気づいたら捕虜になった者、あるいは現地人に騙されて敵軍に引き渡された者がほとんどで、白旗を掲げて自主的に投降した兵士はごく少数だったとしている。

もう一つ指摘したいのは、日本兵を投降させなかったものは、「戦陣訓」が求めたような軍人精神だけではなかったことである。むろん処罰への怖れもあったろうが、それよりももっと大きかったのが戦友たちの目や、祖国に残した家族が村八分にされるのではないかといった懸念だったのではないだろうか。何よりも「世間」から後ろ指を指されることを怖れ、個人よりも集団を優先させる日本の文化が、「捕虜は恥」の意識を一層強固にしたといえる。

その行き着いた先にあったのが「玉砕」だった。食糧と弾薬の補給路が断たれ、逃げ場を失った絶望的な状況の中で、投降して生き残るか名誉の死を選ぶのかの究極の選択を迫られて、全員で敵に向かってやみくもに突撃して散っていく「玉砕」は、まさに集団自決だったといっていいだろう。

呪縛は戦争が終わってからも続いている。

敗戦から一年近くたった四六（昭和二十一）年七月、ラバウルの戦犯収容所で不穏な騒ぎが起きた。別の地区から作業の応援にやってきた「カウラ組」と呼ばれた一団が、暴動を起こす気でいるらしいという噂が所内に流れたのである。この一団はそれまでにも反オーストラリア的な言動の目立っていたことから本当にやりかねないと収容所内には緊張が走った。「カウラ組」がどうしてそんなに反抗的だったのか、それには理由があった。

カウラはシドニーから三百二十キロ西にあるニューサウスウェールズ州の町で、戦時中はオーストラリア軍の捕虜収容所があり、日本兵が多数収容されていた。四二(昭和十七)年末に十名に過ぎなかったのが、敗色が濃くなるにつれて増え続け、四三(同十八)年十一月には四百五十六名、四四(同十九)年夏には千四百十五名へとふくれあがった。

増えすぎて管理が難しくなったと考えた豪軍は、カウラから少し奥地にあるヘイという場所に一部を移動させて分散する方針を決めたが、日本兵たちがこの話を聞きつけ、不安と疑心暗鬼にかられたのである。

皮肉なことに、日本兵たちは捕虜となって収容所にいるがゆえに日本軍が敗退している事実を知らなかった。不覚にも捕虜になってしまったが、いずれ日本は戦争に勝利すると固く信じていた彼らは、もしこのまま「虜囚」として捕らわれ続けていて日本が勝った暁には自分たちは「戦陣訓」に反した兵士という汚名を着せられるのではないかとかねがね不安にかられていた。

そこに降ってわいたヘイ収容所への移動話だった。奴らのことだ、移動といっているが本当のところは何をする気かわかりゃあしない。だったらこの際、日本軍の力を見せつけてやるべきだという声がどこからとなく持ち上がり、あれよあれよという間に、集団脱走しようという話に発展した。

といっても武器なんか何も持っていない。やれば間違いなく甚大な被害が出るだろう。それでもやるのか、やらないのか。侃々諤々の議論の末、じゃあ投票で決めようとなった。

四四（同十九）年八月四日の夜、投票がひそかに行われた。用紙なんか無いからトイレットペーパーの端切れを投票用紙代わりにして「○」か「×」かの賛否を書くのだが、みんな互いに顔を見合わせながら鉛筆をとった。集計すると何と八〇％が脱走に「○」を付けていた。

決まった以上ただちに決行しようとなった。日付が変わった午前一時五十分、暗闇に包まれていた収容所内に突撃ラッパが鳴り渡ると、それを合図に千百四名が一斉蜂起した。ある者は食事用のナイフやフォークを手に、ある者は釘を打ち付けたバットを持って鉄条網目がけて突進していった。

驚いたのが豪軍である。予期せぬ事態に狼狽した警備兵たちは所かまわず自動小銃を撃ちまくった。サーチライトが照らす下で、日本兵たちはバタバタと倒れていった。あっという間に辺りの地面や草むらは真っ赤な鮮血の海と化した。

結局、二百三十四名がその場で射殺され、百五名が負傷する大惨事となり、豪軍側も死者四名、負傷者四名を出し、逃走した日本兵もすぐに全員捕まって事態は終息した。これがオーストラリアでは有名な「カウラ事件」である。

二〇二一（令和三）年に公開された『カウラは忘れない』という映画がある。カウラで生き残った兵隊たちの貴重な証言を基につくられたドキュメンタリー映画だが、その中で生き残り兵の一人が語っていた言葉が、彼らの思いを代弁している。

「祖国ではもう名誉の戦死をしたことになっていたんだよ。故郷に墓ができている者もいた。そこへ帰ることなんかできるわけがないだろ。どっちみち生きて帰る道はなかったんだ」。帰るに帰れない、捕虜ゆえの絶望感からの選択だったと言うのである。

ラバウルの戦犯収容所にいた「カウラ組」というのはこの時の生き残りだった。彼らは、今こそ再び反撃に出ようと息巻いたのである。

収容所を統率していたのが今村均陸軍大将だった。彼はすぐさま関係者を集め、方面軍参謀を交渉役にして「カウラ組」と豪軍の双方をなだめさせて事態を収拾した。こうして危機をまぬがれ、事なきを得たのだが、話にはまだ続きがある。

豪軍の捕虜になったのは、日本兵が総計五千百三名で、イタリア兵が一万八千百六十四名、ドイツ兵は百四十二名だった。戦争が終わり、それぞれの祖国に順次帰還していったが、豪軍が困ったのは、多くの日本兵の名前が最後まで把握できなかったからである。ある復員船に乗った約千名の日本兵のうち豪軍が本名を確認できていたのは二百五十名だけだったという。多くは取り調べに最後まで偽名で通していたのである。

映画『カウラは忘れない』では、生き残り兵が戦後七十年以上たってカウラの日本人墓地に行き、手を合わせるシーンが出てくるが、その墓碑銘に書かれた名前の多くは、今でも偽名のままだったという。

さて、ラバウルに限らず戦犯収容所では、日本兵同士の間でいざこざが絶えなかったという事実もある。収容所内には二つのグループができ、何かにつけてもめたのである。敗戦によって捕虜や戦犯になった兵隊たちと、戦時中に投降して捕虜になった兵隊たちが分かれ、敗戦組は天皇陛下の命令によって武器を置いた「陛下の赤子」だが、戦中組は「恥知らずの兵」たちだから一緒にしてくれるなというのである。彼らの間のミゾは意外に大きくてトラブルが絶えず、それがわかった赤十字国際委員会は、前者を「降服敵人（SEP）」、後者を「捕虜（PW）」と呼んで区別し、別々の対応をとらざるを得ないほどだった。「戦陣訓」がいかに日本兵の心を縛り続けていたかということである。

七四（昭和四十九）年、フィリピン・ルバング島の山中で小野田寛郎陸軍少尉が発見・救出されたというニュースは世界をかけめぐり、衝撃を与えた。記憶している人は多いことだろう。ジャングルの奥地で孤独に耐え二十九年間も潜み続けた驚異の生存劇だったが、同時に日本兵がいかに命令に忠実なのかに驚かされたのである。小野田少尉と対面したフィリピン大統領は「軍人はかくあるべし」の言葉を発し、現地民を殺害した罪を問うべしとの現地民の声を抑え、大統領権限ですべての罪を赦すという寛大な処置をとった。

しかし本当はどうだったのだろうか。小野田少尉は、日本の敗戦を知らずに三十年近くをジャングルに潜んでいたわけではない。それどころか、むしろ相当に早い段階で日本が敗戦したことを知っていたし、救出に来たかつての戦友や実の兄弟がハンドマイクを握って出て来るように呼びかける姿もしっかり見ていたが、それでも応じようとしなかった。

彼が救出に応じる条件として出したのが、かつての直属の上官による「作戦任務解除命令」だった。陸軍中野学校という情報学校出身の筋金入りの「帝国軍人」だった男にとって、自らの意思で出てくることは、投降を意味していた。フィリピン軍から戦犯にされるのではないかという怖れもあったのだろう。その意味では、小野田少尉も「不名誉な捕虜」観に縛られ続けていたひとりだったといえるかもしれない。

犯意なき「罪」

戦犯として処刑された人たちの遺書を読むと、「何らやましいことはありません」「俯仰天地に愧じることはありません」といった言葉が圧倒的に多い。

まったくの事実無根だったり、人違い、あるいは他人の罪をなすりつけられたという冤罪的なケースも少なくはなかったが、大半は戦争犯罪として問われた虐待や処刑などの事実はあった。にもかかわらず彼らが無実とか潔白だと主張したのは、そうした行為が犯罪とは考えられなかったこと、そして軍の上層部や上官の命令に従って行ったことがなぜ個人の罪にされるのかが理解できなかったからである。命令を忠実に実行させるのが軍隊という組織であり、よしんばそこに残虐な行為が起きたとしても、それが戦争というものだと考えていた。遺書で「戦死だと思ってくれ」と家族に書いた者が多かったように、彼らにとって自分の死は、敗戦後に起きた「第二の戦死」だったのである。

刑死者たちは敗戦から三十三年たった七八(昭和五十三)年になってようやく靖国神社に合祀された。その際、彼らの死は「法務死」とされ、国会で遺族年金支給の対象に決められた際も「法務死関係遺族」とされた。日本政府としてはサンフランシスコ平和条約で戦犯裁判の結果を受け入れた以上、「殉難死」ともできず、苦肉の策として生み出した言葉だろうが、そこからは日本での戦犯裁判のあいまいな位置づけが透けて見える。

戦犯者たちが罪の意識を持てなかった最大の理由は、組織の命令で行った個人の意思ではない行為、あるいは犯罪だと認識していなかった行為が、罪に問えるかということなので、その点を少し考えてみたい。

組織の命令に従った行為で発生する責任は「受命責任」と呼ばれている。一方で、命じた側の責任は「指令統制責任（コマンド責任）」という。現在も起きている国際紛争処理に関連した戦争犯罪の責任を追及していく際にも、この二つの責任論は今なお大きなテーマになっている。

とりわけ受命責任は、軍隊という暴力装置としての組織の根幹にかかわる重要な問題である。いかなる国の軍隊であろうとも、部下が上官の命令に従わないとか反抗することは重罪中の重罪である。当たり前のことだが、個人の判断や意思を尊重していたら軍隊という組織は成り立たない。

一九〇八（明治四十一）年に制定された日本の陸軍刑法では、第四章に「抗命の罪」があり、「上官の命令に反抗し又はこれに服従せざる者は左の区別に従って処断する」と決められた。敵前の場合が最も重罪で、死刑または無期もしくは十年以上の禁固。軍の行動中や戒厳地付近では一年以上十年以下の禁固、その他の場合でも五年以下の禁固とされた。

徒党を組んでの抗命では、首魁者と同調者を分けているが、個々の場合よりもさらに重い。また、暴行を働く兵を制止しようとする上官に従わない者も三年以下の禁固とし、組織の統制を乱す行動を厳罰に処していた。

法律的には以上のようなことだが、日本軍では上官の命令にはもっと重い意味があった。「上官の命令は即ち天皇陛下のご命令と思え」と徹底的にたたき込まれ、いかなる命令も日本軍では絶対的なものだった。日本軍は国家の軍隊「国軍」ではなく、統帥権を持つ天皇陛下の軍隊「皇軍」とされ、抗命は即ち天皇陛下への反抗であり、それは時には死さえ意味した。

ここが、連合国側とは決定的に違っていた。連合国は、いくら命令であっても人道上明らかに違法だとか、国際条約違反の場合は拒否すべきで、命令というだけでは免責されないという考え方に立っていて、この違いが膨大なBC級戦犯を生んだ大きな要因の一つだったといえる。

とはいえ、欧米にしてもこうした考え方がもともとあったわけではない。明確にされたのは、第一次世界大戦後である。受命責任について国際間で初めて議論されたのは、一九一九（大正八）年一月のパリでの会議だった。これは日米英仏伊の主要五カ国による平和会議予備会議の「戦犯の責任及び処罰に関する委員会」（通称一九一九委員会、あるいは十五人委員会）で、議論の結果、「命令であっても責任は免除されない」という認識で一致した。この時点では日本もこれを承認している。

これに基づいて四四（昭和十九）年十一月十五日、米国は戦争責任について「命令では阻却されず、しかし、情状酌量する」との方針を予告し、ナチス・ドイツを裁いたニュルンベルク裁判条例にもその旨を入れた。「政府又は上官の命令に従ったという事実は、刑事責任を免れさせない。ただし、裁判所が適当と認めるときは、情状として考慮される」という規定である。東京裁判や連合国各国軍のBC級裁判ではその規定はそのまま使われた。

しかし連合国軍がみんな自国でも本当にその通りやっていたかというと疑問である。たとえば、戦犯裁判を主導した肝心の米英両国の軍隊に「(命令による行為は)処罰されない」というマニュアルがあったことが戦犯裁判の途中で判明し、各国からの批判であわてて削除するという一幕もあった。受命責任は軍隊にとってはそれほど難しいテーマだといえる。

コマンド責任と呼ばれる「指令統制責任」になるともっとややこしい。こちらも「十五人委員会」で議論の対象になったものの、ついにコンセンサスを得ることができなかった。

コマンド責任は「指令権」と「統制権」に分かれる。指令権は部下に具体的に不法行為を命じた責任であり、一方の統制権は部下に不法な行為を行わせないとか軍紀を守らせるという、不作為の罪あるいは未必の故意を問う責任である。

指令権の方は、まだわかりやすい。犯罪とする行為を命じたかどうかが立証されれば罪を問うことができるが、統制権となるとBC級裁判では各国によって判断が大きく分かれた。

最も早い段階での処刑となった山下奉文陸軍大将が問われたのは、まさにこの統制権によるコマンド責任だった。アメリカ軍は「配下兵員の軍事行動を統制するという司令官としての義務を不法に無視し履行を果たさず、合衆国とその同盟国および属国とくにフィリピンの人々に対して残忍な残虐行為とその他の重大犯罪を許した」という理由で起訴し、死刑に持ち込んだ。このあとに続く指揮官の責任を問う裁判では、山下裁判がモデルになった。

さらには、統制権には具体的な犯罪行為についての監督責任だけでなく、「監督すべき地位」にあったというだけで罪を問う包括的な責任論もある。これは「無条件責任」とか「厳格責任」とも呼ばれ、たとえばニューギニア戦線の責任者としてラバウル裁判で終身刑の判決を受けた安達二十三陸軍中将や、南太平洋の第八方面軍司令官として禁固十年の判決を受けた今村大将も、この責任論によって有罪とされた。

ことほど左様に難しい法律論だけに、コマンド責任をめぐり明暗を分けた裁判も生まれた。

BC級戦犯裁判の一つではあるが、連合国軍が直接行ったことから〝準A級裁判〟とか、東京・丸の内の特設法廷で行われたことから〝丸の内裁判〟と呼ばれた二件の裁判がある。

四八（昭和二十三）年十月二十九日に始まった二つの裁判の一つは、連合艦隊司令長官だった豊田副武海軍大将が被告で、もう一件の被告は陸軍省俘虜情報局長だった田村浩中将だった。いずれも「指揮上の責任」の及ぶ範囲をめぐり法廷で激しい論戦となった。

豊田裁判で問われたのは、連合艦隊の下で起きた三十一件の捕虜虐待・惨殺事件について司令長官として責任があるかどうかだった。百二十一人にものぼる証人が立てられる大裁判となり、翌年九月六日の判決で、豊田大将は無罪になった。

一方の田村裁判では、捕虜の扱いや、収容所の劣悪な環境や重労働を課した日本軍の捕虜政策全般の最高責任者としての責任が問われ、こちらは翌年二月九日の判決で「重労働（禁固）八年」の有罪となった。判断が真っ二つに分かれた〝丸の内裁判〟は、「指揮上の責任」の判断の難しさを浮き彫りにした。

このほかに日本軍の組織運営の特異性が理解されなかった面があったことも指摘しておきたい。たとえば司令官のあり方である。

欧米の軍隊では、司令官は部下に詳細を報告させ、判断を下していくのが常識となっているが、日本軍では、こまかいことはいちいち指図せず、鷹揚にかまえ、重要案件だけに判断を与えるというのが、司令官のあるべき姿とされてきた。これは現在の日本の大企業の社長にもままある姿で、確かに社長は決裁はしたが、形式的に判を押していたに過ぎないということがある。下から上がって来た稟議にこまかく口出しする社長は嫌われるからである。

関連して日本軍における参謀の役割の特異性もある。本来はスタッフ職で、司令官の補佐役にすぎないのだが、日本軍では実質権限を握っていた場合がけっこう多かった。時には、司令官以上の存在感を持つ参謀も少なくなく、日清・日露戦争でも、歴史に残る戦闘場面には必ず〝名参謀〟〝天才参謀〟が登場してくる。その典型が満洲事変である。戦闘の規模が大きくなり、複雑、専門化すればするほど参謀の役割が大きくなり、〝名ばかり司令官〟が珍しくなかった。

したがって、捕虜の処刑に際しても、司令官は「適当に処置せよ」とだけ言って、あとは参謀が具体的な指示を出していたことが多い。その場合、処刑の命令は本当は誰によるものなのか不明確で、結局、命令した者は裁かれずに実行行為者だけが処断されるという結果につながった。ＢＣ級戦犯に問われた者の大半が下級将校以下だったのはそのせいである。

さらには日本には暴力に寛容な文化があったことも戦犯者を多く生んだ要因としてあげられよう。教育や躾、訓練にはある程度の暴力は必要という考え方が日本社会には昔からあり、現在でもスポーツの世界などにまだ残っていて、しばしば社会問題化する。

特に軍隊では、ビンタや「軍人精神注入棒」と呼ばれたバット様の棒で尻を叩く行為は日常的な風景だった。「罰直」と呼んで長時間の腕立て伏せや倒れるまで駆け足させるなどの私的制裁は、初年兵教育には欠かせないものとされ、そうした〝教育〟によって〝娑婆っ気〟を抜いて〝一人前の兵隊〟に育ててきた。

自身がそうやって鍛えられてきたのだから、捕虜の分際でありながら命じられた作業を怠けたり、まして反抗的な態度をとれば、〝教育〟あるいは〝懲罰〟としてビンタするぐらいは当然のことと考えたであろう。それが戦犯裁判になって虐待だとされたのだから兵隊たちは戸惑ったにちがいない。

また日本軍では、兵隊のあり方について、能力よりも命令をいかに従順に速やかに実行するかが重視され、そのためには余計なことはあえて教えないという風土があった。特に人権や身分保障など下手な教育をすることはむしろ邪魔になるという考え方があったが、これまた現在の企業にも通じるところがあるのではないだろうか。

したがって国際法なんかは教えるはずがなかった。一例としてあげるなら、四一（昭和十六）年の海軍兵学校の授業を見ると、「法制」という科目はあるが、たったの五時間で、このうち「国際法」

にあてられていたのは一時間にすぎない。世界三大海軍兵学校の一つと豪語していた江田島でこれである。まして一般兵上がりの将校や予備学生出身の将校にわざわざ捕虜取り扱いのジュネーブ条約を教えるはずはない。

日本軍では天皇陛下の名の元に出された命令は絶対的なもので、たとえそれが非人道的なものだったとわかっていたとしても、異議申し立てする権利は最初から奪われていた。そうした特異性が理解されず、考慮もされないままに裁かれたのが戦犯裁判だった。

二　驕りの裁き

残虐と従順

連合国は、戦犯裁判を通じて日本軍がいかに残虐な行為の数々を行っていたのかを明らかにできたとして、裁判は「正義の裁き」だったと強調した。確かに、戦争中に指弾されてもしかたのない多くの事件があったのは事実である。でもそれは日本軍だけのことだろうか。そもそも言われるほど日本人は残虐な国民なのだろうか。少なくとも、われわれ日本人のほとんどはそう思っていない。むしろ、穏やかでやさしい気質の民族だぐらいに考えているのではなかろうか。

終戦直前の一九四五（昭和二十）年七月にアメリカ国内で日本とドイツに関する世論調査が行われた。日本人とドイツ人を比較して「どっちが好戦的か」と問いかけたものだが、ドイツ人の方が好戦的と答えたのが三九％だったのに対し、日本人の方が好戦的だと答えたのは五二％と全体の半数にのぼった。

「どっちが残忍か」という質問では、ドイツ人の方だと答えたのは一三％だったのに、日本人の方と答えたのがこれも五一％にのぼった。調査時期は、ナチス・ドイツが崩壊し、アウシュビッツなど強制収容所でのユダヤ人への大量虐殺の事実が明らかになった直後のことである。アメリカにはユダヤ系の人たちが数多く住み、彼らの親類や知人の中には被害者もいたことだろう。それなのになお日本人の方が残忍というイメージを持たれていたというのは、日本人には驚きであり、信じ難いことだった。

翌四六年十月に行われたアメリカでの別の調査では、「日本はよい国にならない」と答えた米国人が四七％いた。マッカーサーによって日本を民主化する政策が次々打ち出され、スムーズに戦後処理が進み始めた時期である。そうした状況はアメリカ本国の人たちにも伝わっていたことだろう。これまた日本人には信じられない数字だった。

しかし、こうした厳しい対日観は、米国民に限ったことではない。日本人は残虐な民族というイメージは、「理解不能な、異質な民族」観と重なって、ＢＣ級戦犯裁判を行った各国の底流にあったように思われる。

五七（昭和三十二）年に公開され、アカデミー賞をとった有名な『戦場にかける橋』は「泰緬鉄道事件」を題材にした米英合作映画だが、日本軍の残忍さはこの映画によって一気に世界に広がった感がある。

タイとビルマ（現在のミャンマー）を結ぶ全長四百十五キロに及ぶ鉄道建設に日本軍が着手したのは四二（昭和十七）年七月。軍事輸送の大動脈にしようという建設工事は、五年はかかるとされていたものを、日本軍はわずか一年三カ月で完成させた。しかし、その作業には日本軍兵士一万二千名では足らず、連合国の捕虜六万二千名を動員し、さらに強制連行した多くの外国人労務者を投入して突貫につぐ突貫工事をさせた。

工事の難しい雨季でも一日十時間以上も重労働に駆り立て、過労に加えて食料不足による栄養失調と感染症の蔓延が重なったのだから死者が続出するのは当然だった。「枕木一本、死者一人」といわれた過酷な状況は、オーストラリア軍だけでも捕虜二千八百二名が死亡した。豪軍兵士の間では「日本軍の捕虜になるな」というのが合言葉になったとさえいう。生き残った捕虜たちは、この体験を非人道的な悲劇として今も語り継ぎ、オーストラリアの教科書にも載っている。

戦後八十年近くたった今、さすがに日本人が残虐な国民だと思っている国があるとは考えたくないが、敗戦直後はそれが世界の常識だったのである。そんな中、日本本土に進駐して行くことになった各国軍隊がいかに戦々恐々としていたかは想像に難くない。連合国軍最高司令官ダグラス・マッカーサー元帥といえども例外ではなかった。

主要都市への度重なる空襲や原爆でさんざん痛めつけたとはいえ、つい二週間前まで日本本土には精強な防衛軍が残っていて「一億玉砕」を叫んでいた。軍だけでなく民間人も一緒になった沖縄での激しい抵抗戦はまだ記憶に生々しかった。北マリアナ諸島のサイパン島では米軍の懸命の説得にも応じようとせず、子どもを抱えた女たちまでもが断崖から八〇メートル下の海めがけて「天皇陛下万歳」「大日本帝国万歳」と叫びながら次々飛び降りていったという話に、米兵たちは「バンザイクリフ」

と呼び、「クレイジー」と声をあげて日本人の狂気に怯えた。

その本土に進駐して行くのである。日本政府は意外にもあっさりポツダム宣言を受諾したが、しかし裏にどんな罠が仕掛けられているともかぎらない。そんな疑心暗鬼と不安の中、四五（昭和二十）年八月三十日、マッカーサーを乗せたC54輸送機は厚木飛行場に着陸した。ここは最後まで徹底抗戦を唱えていた海軍厚木航空隊の基地で、いきなりそんな危険な場所に行くのはあまりにも無謀だと懸念する声が米軍内部で強かったが、マッカーサーはあえて護衛機を付けず、短機で乗り込んだ。

カーキ色の開襟軍服というラフな出で立ちで、コーンパイプをくわえながら悠然とタラップを降りたマッカーサーは、出迎えた第八軍司令官アイケルバーガー中将と笑顔で握手した。まるで夏季休暇の途中にふらっと立ち寄ったかのような現れ方に、居並んだ日本軍の将官や報道陣は度肝を抜かれた。むろん、彼一流の演出であり、計算だったのだが。

マッカーサー一行はそこから車列を組んで宿舎の横浜のホテルに向かった。沿道には多くの見物市民が見守っていたが、車窓から眺めていたマッカーサーは一定の間隔で整然と並んで警備にあたっている男たちの姿に気づいた。みんな軍服を着て直立不動で立ち、車列に背を向けて並んでいた。市民の方を向いているということは投石などが起きないように敵国将軍を守っているということである。ついこの間まで「本土決戦」とか「一億総特攻」と息巻いていた兵隊たちのあまりの変貌ぶりに、さすがのマッカーサーも驚いたらしく、後に回顧録に「気味が悪かった」と率直に書いている。

進駐してきた連合国軍の兵隊たちも同じだった。恐る恐る来てみたら、暴動や反乱はおろか一発の銃声さえ轟かない。帝国陸海軍の全部隊は整然と武装解除に応じ、軍の解体は無風無血で一気に進んだ。

市民も同じで、はじめのうちこそ敵国の兵隊たちを遠巻きにして様子をうかがっていたが、すぐに人懐こい顔を向けはじめ、子どもたちは恥ずかしそうに手を差し出してチョコレートやキャンディをねだった。「鬼畜米英」への敵視など微塵もなく、聞かされていた話とのあまりの落差に兵隊たちの方が戸惑った。

こうした日本人の変わり身の早さと従順さは、ソ連軍によるシベリア抑留でも同じだったらしい。五十七万五千名もの膨大な日本兵が捕らわれの身となり、重労働と虐待と洗脳の嵐の中で五万五千名が命を落としたが、この抑留でも一部を除き大きな反乱があったという話は聞かない。ソ連軍にはドイツ兵も抑留されていたが、彼らは主張すべきは主張するのに、日本兵はみんな従順で、それどころか自分たちから積極的に協力してくる者さえ少なくなかった。「日本兵は脅せば、いくらでもおとなしく従う」というのが、ソ連軍の常識になっていたという。

日本人は残虐な国民なのか、それともおとなしい国民なのか——。

こうした国民性は、島国だからとか、農耕民族だとか、日本の風土や教育など、さまざまな観点から分析できるのだろうが、根底に個人の主体性の乏しさがあると多くの識者は指摘する。現在の企業や行政でも「組織あって個人なし」といわれるように、集団主義の国民性が、帝国軍隊の「強さ」を生んだのと同時に「弱さ」の根源でもあった。明治以降の教育が主体性を育てるよりも、主体性、個性を奪う方向で働いたこともある。

さらに拍車をかけたのが日本軍の教育だった。新兵教育はまず人格を否定し、個性や社会性を消し去ることから始まり、「娑婆っ気をたたきつぶす」「一人前の軍人にする」といった大義名分のもとに、個人を徹底的に否定し、集団主義と暴力が正当化され、私的制裁や連帯責任は〝教育〟に欠かせないツールだった。

戦犯体験者の貴重な証言集『壁あつき部屋』の中に、アンボンで禁固二十年の判決を受けた憲兵軍曹が書いた「動物への転落」という一文がある。戦犯収容所では、日本兵同士が助け合うどころか、利害と憎悪と反目が渦巻いていて、烏合の衆と化していたというのだ。

「日本人だけのあたたかい砦を造りえませんでした。だいたい日本人の個性というものは、その中心に寄っていくその姿全体にあったといえます。だから寄る辺が崩れると、空虚な理念とエゴのみが残されました」

この言葉は、主体性のない個人の集団のもろさを見事に表現している。

戦場の「犯罪」

戦争の中で行われた行為は、そもそも「犯罪」なのだろうか。

「戦争はもう一つの政治」といわれてきたように、国家主権の発動であり、かつては犯罪とされてこなかった。それが、「戦闘手段は無制限ではない」という考え方が生まれたのは、科学の発達に伴って非人道的兵器や大量殺戮兵器が登場してきたからである。

国際間での規制が始まったのは、一八九九（明治三十二）年に主要国間で合意された「陸戦の法規慣例に関する条約」付属規則（ハーグ陸戦規則）が最初だった。一九〇七（明治四十）年には、日本を含む二十六カ国が参加した「国際紛争平和処理条約」が成立し、さらに一歩進めることができた。

最初の近代戦となった第一次世界大戦で敗北したドイツについて戦争責任を問うことになり、連合国側は戦争犯罪人を処罰すると明らかにした。しかし、最大の戦犯であるドイツ皇帝ウィルヘルム二世はオランダに亡命してしまい、オランダは引き渡しを拒否。そこでドイツ自身に戦争裁判を行うことを認めたが、連合国側が起訴されるべきとして提出した四十五名の名簿のうちライプチヒ裁判所が審理したのは九件十二名のみで、しかも判決は六名が無罪、他の事件も証拠不十分として手続きを停止し、不発に終わってしまった。

それでも国際社会は戦争の規制に動き出し、大量かつ残虐な殺害兵器である毒ガス・細菌兵器の使用を禁止する「ジュネーブ議定書」が一九二五（大正十四）年にでき、捕虜を人道的に取り扱うことについても国際間で論議が進み、一九二九（昭和四）年には「俘虜の待遇に関するジュネーブ条約」がつくられた。日本も署名はしたが結局は陸海軍の反対で批准しなかったことは前述した。

つまり、第二次大戦終結までに「戦争犯罪」とされたものは、毒ガス・細菌戦の非人道的兵器の使用、非戦闘員への攻撃、捕虜の虐待や惨殺、財産掠奪、放火行為など戦争であっても人道上許されない行為に限られていたのであって、戦争そのものを犯罪とはしていなかった。

それが第二次世界大戦中の四二（昭和十七）年八月二十一日にアメリカのルーズベルト大統領が「野蛮な犯罪に関する情報と証拠を利用する」と宣言し、さらに同年十月七日には「戦争犯罪調査のための連合国委員会を設置する用意がある」と警告を発したことから戦争犯罪訴追に向けた動きが始まった。

四三（昭和十八）年十一月二十七日、ルーズベルト大統領、英国のチャーチル首相、中国国民政府の蒋介石主席の三人がエジプトで出した「カイロ宣言」では「日本の侵略を制止し、かつこれを罰するため」として日本を戦争犯罪国として裁くことを明らかにした。

この宣言にしたがって四四（昭和十九）年五月に「連合国戦争犯罪委員会」の下に十一カ国からなる「極東分科委員会」が設置され、同年十一月二十九日に中国・重慶で初会合が開かれて日本の敗戦処理に向けた準備作業が始まった。

そして四五（昭和二十）年七月二十六日の「ポツダム宣言」発出である。「われわれ捕虜を虐待したものを含む一切の戦争犯罪人に対しては厳重な処罰を加えられる」と戦犯裁判を行うことを宣言し、これが東京裁判を含む戦犯裁判を行う根拠となった。

とはいえ、何をもって「戦争犯罪」なのかが明確にされたわけではない。ポツダム宣言で例にあげたのは、せいぜいが捕虜虐待である。裁判規程もできておらず、すでに始まっていたナチス・ドイツを裁くニュルンベルク裁判規程をそっくりコピーして間に合わせるというありさまだった。

むろん、連合国側だってユダヤ人などへのホロコーストがあったドイツとは事情が違うことはわかっていた。ただ、原爆投下によって想定以上に早く日本が降伏してしまい、戦犯裁判を準備する余裕がなく、裁判の目的設定さえも出来ていなかった事情がある。

東京裁判の冒頭で、首席検察官キーナン検事(アメリカ)は「われわれの目的は予防または防止にある。復讐または報復といったいやしい目的とはいかなる関係もない」と胸を張ってみせたが、わざわざ「復讐」とか「報復」という言葉を口にせざるをえなかったこと自体が、語るに落ちていた。

裁くも何も、そもそも「侵略戦争」とはいったい何を指すのかという、最も基本的かつ重要な定義さえできていなかったのだから、無茶苦茶である。

それまで世界各地で侵略戦争をしかけては植民地の争奪戦に明け暮れてきたのは、彼ら欧米諸国だったのではないのか。だから定義次第では、日本を裁く刀が自らの〝過去〟にも降りかかってくるし、これからの自分たちの行動を縛ることにもなりかねず、安易な定義はできなかったのである。

東京裁判では「侵略」の定義が最大の争点になったが、結局、明確にできないまま終わった。国際間で一応のコンセンサスらしきものができたのは、七四(昭和四十九)年の第二十九回国連総会においてである。それもあくまでガイドラインにとどめざるを得ず、今なお世界で戦火が絶えないことが何よりも「侵略」の定義の難しさを雄弁に物語っている。

何の準備もできていない中、試行錯誤しつつ走りながらやらざるを得なかったというのが日本に対する戦争裁判の実態だった。裁判の根拠となった「事後法」への批判や、戦勝国だけで裁くという公平性、中立性への疑問が生まれたのも当然のことで、ひと言でいえば、不完全な裁判だったと言っていい。

ただ、戦犯裁判は、一般の司法裁判ではなく、あくまで軍事裁判だったという点は押さえておかなければならない。形式は一般の司法裁判に準じ、裁判官、検事、弁護人が置かれ、法廷での諸手続きも似ていたが、実質は軍法会議と同種のもので、似て非なるものだったのである。むろん公平性、中立性は保障されることが望ましいのは言うまでもないが、所詮は軍隊が行った裁判形式の処分だったということである。

A級戦犯を裁いた東京裁判は「極東国際軍事裁判所条例」に基づく国際裁判の形をとったので、裁判官は文民があたったが、BC級裁判は各国軍の「軍事委員会」が行ったから裁判官以下ほとんどが現役の軍人で構成され、しかも法曹出身者でない軍人の方が多かった。裁判とはいっても、司法権によるものではなく、軍事行政権の行使に過ぎなかったのである。

米軍は法廷証拠主義による裁判なのにオランダ軍は自由心証主義に立つなど、裁判の方式も各国バラバラで、量刑の統一基準もなかった。これが同種の事件でありながら審理の方法や量刑に大きなバラつきを生み、不公平感をつのらせる一因になった。

消えた「自主裁判」

戦争裁判をどう進めたらいいのか連合国側でもそんな状況だったから、困ったのは日本政府である。日本側としてどう対応すればいいのか皆目見当がつかなかった。

政府・軍首脳部にとって何より重要だったのは、天皇陛下に戦争責任が及ばないようにすることと、皇室・皇統の「国体護持」だった。しかし肝心なそのことについて連合国側にいくら問い合わせても明確な回答は返ってこず、一方でオーストラリアを筆頭に天皇訴追を強硬に主張する国々もあって、日本政府は途方に暮れた。

敗戦から一週間後の八月二十二日、政府はそれまでの「最高戦争指導会議」を廃止して代わりに「終戦処理会議」を設置し、対策の検討を始めた。といっても相手の腹が読めないのだからどうにもならない。そんな矢先の九月十一日に突然、東條英機首相らに逮捕状が出されたのだから、政府の狼狽ぶりは尋常ではなかった。

ただちに翌日、東久邇宮稔彦首相は終戦処理会議を緊急招集し、対策を話し合ってみた。が、妙案など浮かぶはずもない。そんな中で、この際手をこまぬいて待っているよりも日本自身が「自主裁判」を積極的に行い、その結果を連合国側に通知したらどうだという〝先手案〟なるものが浮上した。

これに飛びついた東久邇宮首相は臨時閣議を開いて「（戦犯対象者は）連合国の提示せる表に基き証拠を審案し厳重かつ公正なる裁判を行うの決意あり」という政府声明案をつくると、すぐさま案文を携えて宮中に参内し、天皇陛下にお伺いをたてた。しかし、「いずれもかつてはひたすら忠誠を尽したる人々なるにこれを天皇の名において処断するは不忍《しびざる》ところ」（木戸日記）と承諾されず、再考を促されて帰ってきた。

再び閣僚を集めて話し合い、今度は外務大臣と司法大臣を同行し、再び拝謁に及び、ようやく日本が自主的に戦争裁判を行う許しを得ることができた。

政府声明案は公表されずじまいだったので、日本側がどの程度までの事件を戦犯対象と考え、何人ぐらいをリストアップするつもりだったのかは不明だが、日本側はとりあえず行った三件八名の軍人・軍属に対する裁判結果を連合国側に報告してみた。

三件の裁判はいずれも外地の臨時軍法会議を開いて行ったものである。当時、戦争犯罪を日本側がどう認識していたのかを知るうえで参考になるのでみてみたい。

第一の事件は、戦時中にフランス人五名を処刑した陸軍大尉ら五名が被告だった。ベトナム・ハノイの第三十八軍臨時軍法会議が審理し、四五（同二十）年九月十一日に五被告に懲役三年から同十五年の判決を言い渡している。判決日は政府が自主裁判を決める前日だから、陸軍があらかじめ準備していたものと思われる。

第二の事件は、米軍飛行士に対する虐待及び処刑の事件で、被告は陸軍少佐と大尉の二名。同年十一月五日の台湾軍臨時軍法会議は、両名に禁固十月と同十一月の判決を下している。

第三の事件は、原住民二名を殺害したという事案で、ニューギニア・セレベス島で開かれた第二軍臨時軍法会議は、翌年三月二十七日に被告の憲兵曹長一名に対し殺人・掠奪などの罪で終身刑の判決を言い渡している。

日本政府はこれらの裁判結果をＧＨＱ側に順次伝えていったが、しかしいくら待っても何の反応もなかった。それどころか、裁判進行中の四六（同二十一）年二月十九日に突然、ＧＨＱから「刑事裁判権の行使に関する覚書」なる文書を突きつけられ、「占領軍に関する犯罪は新たに設置される連合国裁判所で処理される」と一方的に通告された。早い話、戦犯裁判に日本は手出しすることまかりならぬ、とはね付けられたのである。

結局、面目丸つぶれに終わっただけになったのだが、実は日本側が先手を打って自主裁判を行ったのにはそれなりの理由があり、闇雲にやったわけではなかった。早い段階で日本政府は米軍側に戦犯裁判の考え方について内々に打診していたのである。その時の回答では、戦犯には三種類あり、第一種は政治犯、第二種は戦争犯罪の責任者、第三種は捕虜らを虐待した者である。第一種、第二種は連合国がやるが、第三種は日本側で裁判することは可能だという感触を得ていたのである。その線で進めていたのにひっくり返されたのだから、日本政府はますます訳がわからなくなっていた。

政府はＧＨＱ側に改めて、では目下継続中の裁判をどうしたらいいのかと外務省を通じて問い合わせたところ、カーペンター法務局長の答えは素っ気なく、「日本は日本人を裁判できない」、これまでに行った裁判資料をそっくり引き渡すようにと命じてきた。かくして「自主裁判」は中止され、幻となって消えた。

では、既にいったん審理を終え、判決が出ていた三つの事件はどうなったのだろうか。戦犯事件に対する日本との認識の違いをみるうえでも興味深い。

　連合国側はこれら三つの事件について、一から徹底的に捜査を行い、BC級戦犯事件として裁判をやり直している。被告八名は「一事不再理」の原則を無視されて同じ事件で二度裁判を受けるという憂き目にあった。

　第一の事件では、五被告のうち四名が死刑、一名が無期懲役となり、想像をはるかに超える重い罪となった。

　第二の事件は、米軍飛行士への虐待と処刑という二つの事件に分けられて裁かれた。被告は二名から九名に増え、死刑と無期懲役がそれぞれ二名、残る五名が懲役二十年から同四十年という、これまた重い量刑となった。

　第三の原住民殺害事件も、被告が一名から四名に増え、一名が死刑で、二名が懲役五年、無罪が一名という結果になった。

　先手を打つつもりだった日本政府の「自主裁判」は不発に終わっただけでなく、身内には甘い取り調べと軽い判決しか出さないことを証明してしまうという無様な結果になったのである。

二匹の虎退治

「裁判といっても所詮は戦勝国の復讐劇だった」といった声は今なお根強いが、そんな見方をしたい陸軍上層部の間でささやかれていたものに「二匹の虎退治論」なるものがある。

〝二匹の虎〟とは、陸軍第十四方面軍司令官だった山下奉文大将と、近衛師団長だった西村琢磨中将のことである。最も早い段階で処刑された戦犯が山下だとすれば、刑死のしんがりを務めたのが西村で、彼らこそ九百名余の処刑犠牲者のアルファでありオメガだというのだ。

ふたりはともに開戦当初のマレー進攻作戦の指揮官だった。電光石火でシンガポール攻略を成功させ、〝マレーの虎〟と怖れられた猛将山下が処刑されたのは四六（昭和二十一）年二月二十三日である。フィリピン・マニラ郊外のマキリン山麓で絞首され、「待てしばしいさを残してちりし友あとなしたひてわれもゆきなむ」という歌を詠んで六十歳の人生を閉じた。

「アイ・シャル・リターン」の捨て台詞を残し、フィリピン・コレヒドール島からオーストラリアに逃げたマッカーサーにとって、山下ほど憎い男はいなかったに違いない。異常に自己顕示欲が強く、プライドのかたまりだったといわれる将軍は、オーストラリア・ブリスベンの根拠地にいてじっと反攻の機会を待ち、約束通りフィリピン・マニラに戻ると、真っ先に山下への復讐を考えたというのだ。

山下がマレーの〝一匹目の虎〟（ファースト・タイガー）だとすると、山下の下で最強の近衛師団を率いてマレー進攻作戦に参加した勇将西村が〝二匹目の虎〟（セカンド・タイガー）である。五一（昭和二十六）年六月十一日、パプア・ニューギニアのマヌス島で処刑された西村は、「涯しなき海にただよふ紫小舟救はんすべのなきぞ悲しき」の辞世を残している。六十二歳だった。

前項で、戦犯裁判の考え方について日本政府がＧＨＱ側に内々に打診していたと書いたが、これは重光葵外相がＧＨＱ参謀長のリチャード・サザランド中将に会って意向を聞いたということである。その際、サザランドは、三種類ある戦争犯罪人のうち第二種が「戦争犯罪の責任者」だと説明した時に、わざわざ「比島に於ける軍司令官の如きもの」（江藤淳編『占領史録』）と例示したというのである。これは側近としてフィリピン脱出以来ずっと付き添ってきたサザランドがマッカーサーの思いを忖度して伝えたと考えていい。

さて、こうした〝マッカーサー陰謀説〟の真偽はともかく、ふたりの裁判には何か恣意的なもの、ある種の強引さを感じざるを得ないことは確かである。

山下が問われたのは、部下の不法行為を阻止しなかったという包括的なコマンド責任だったが、指揮官はどこまで責任が問われるのかという戦犯裁判の本質にかかわる重大なテーマだったのにもかかわらず、何の議論もされないまま起訴からわずか二カ月で死刑判決が出され、間を置かずに処刑されたというのにやはり不自然さがある。

さすがに米国内でも異議が出て、米国最高裁に裁判無効を求める訴えが起こされたが、米最高裁は「（戦犯裁判は）司法権に属さない」という理由で訴えを却下した。

一方の西村が問われたのは、マレー進攻作戦下で起きた豪英軍捕虜の大量虐殺を命令したという責任だった。だがマヌス島で行われた裁判では、捕虜の処刑は西村の知らないところで行なわれたもので事実誤認の疑いがあるとの指摘が出されており、冤罪の可能性が濃厚だったにもかかわらず、オーストラリア軍は西村を処刑してしまった。マッカーサーは国連軍最高司令官を解任されたすぐ後だったが、このことを知らなかったはずはない。このようにみてくれば、〝虎退治説〟も、あながちうがった見方とばかりは言えないのかもしれない。

こうして山下と西村は刑場に消えていったが、ふたりとも最後まで裁判に異議を唱えずに刑を受け入れたのも共通している。山下は「軍法委員会の公正なる審理に感謝する」と謝辞まで述べ、笑って処刑台に昇っていった。一方の西村は、処刑後は火葬にされる予定だったのに、強い反対によりロスネグロス島シードラー湾から船で運ばれて南太平洋に沈められるという非道な扱いを受けたが、教誨師に託した遺言で「復讐心を抱くな」と家族に伝えていたという。

武人らしい態度を貫いた〝二匹の虎〟は、マッカーサーには最後の最後まで小憎らしい男たちに映ったことだろう。

揺れる「正義」

約二万五千名にのぼった戦犯容疑者の中で、自分の方からわざわざ戦犯になりたいと申し出た、おそらく唯一の軍人が今村均大将だった。望み通り四七（昭和二十二）年にラバウルでオーストラリア軍の戦犯裁判を受けると、第八方面軍司令官時代のコマンド責任として禁固十年の判決が下された。翌年、身柄がジャワ・ストラスウェイクに移されてオランダ軍の裁判も受けたが、ジャワの第十六軍司令官時代の責任は無罪となった。

判決を受けた今村はいったん東京の巣鴨プリズンで服役したが、マヌス島の戦犯刑務所の部下たちの窮状を知るに及んで、自分をマヌスに移すようにマッカーサーに直訴。これも望み通り認められ、マヌスに移送されて服役し、刑を満期まで務めた。

今村は自ら戦犯になることを望んだが、だからと言って戦犯裁判が正当だとか、自分に罪があると考えたからではない。むしろ自身が出した回顧録の中で六つの理由をあげて、その不当性を批判している。

①敗者だけを裁き、勝者の行為にはいっさい触れていない、一方的な裁判である。
②戦勝国だけでつくった戦争犯罪法を根拠にし、世界が認める国際法に基づく裁判ではなかった。
③仮に戦争犯罪とされる事実があったとすれば、それはそのような行為を命じた軍の首脳部の責任であるにもかかわらず、実行行為をさせられた下級者を罰している。
④証拠に基づかない聞き伝え（伝聞）の証言を採用している。
⑤異常な戦争という状況や戦場での心理を無視して、平常時の観念で裁いている。
⑥日本軍では上官の命令は絶対であり、拒否することは許されないという特性を理解していない。

今村は、このような批判を文書にしてオーストラリア軍当局に提出した。戦勝国が敗戦国を裁くのは勝手だし、報復したい気持ちもわかる。したがって敗者となった前線指揮官としての責任はとるが、言うべきことは言っておかねばならないと考えたのである。

今村と同様に指揮官としての責任はとるが不当なことは断固主張するという態度で裁判に臨んだ将軍として、岡田資陸軍中将の存在がよく知られている。岡田は法廷での戦いを「法戦」と名づけ、正々堂々と真っ向から論戦に臨んだ。

岡田が司令官を務めていた第十三方面軍（東海軍）管内の中部地方には戦争末期、連日のように米軍のB29爆撃機の大編隊が飛来しては、焼夷弾を雨あられと落とす無差別爆撃を繰り返した。多くの民家が破壊、炎上し、何の罪もない市民たちが死んでいった。

そんななかに撃墜したB29のパイロット搭乗員らを略式の軍律裁判にかけて三十八名を処刑したが、これが戦後、戦犯事件になり、横浜の米軍軍事法廷で岡田は被告の一人として法廷に立った。

四七（同二十二）年三月八日に始まった裁判で、岡田は処刑した事実は認めたが、無辜の市民を多数犠牲にする非人道的な無差別爆撃だと知りながら爆撃した米軍の爆撃機搭乗員には罪があり、略式とはいえ法的手続きを踏んで行った処刑は正当だと無罪を主張した。

それでも事件の責任を誰かが負うべきならそれは司令官が負うべきだとも主張し、二カ月半後に及んだ裁判は、同年五月十八日、岡田のみが死刑で、その他は全員が有期刑か無罪となり、見事に部下全員の命を救ったのである。

岡田が獄中で書いたメモ類が処刑後に遺稿集『毒箭』として出版されているが、その中で彼はこう書いている。

「若い多数の部下を救い得たらそれで本望だ。祈るはただ一つ、死するに勝る恥無かれかし。敗戦後の文武官を問わず、指導者階級の行動は、真に不適当です。国敗れて上将が求めて責任を取るのは当然過ぎる事ではありませんか。そして法廷では懺悔も躊躇もせぬ代わりに、主張すべきは堂々と申し開かなくてはなりません。（略）『勝てば将官なんて大きな勲章を頂戴する、負けたら命も差し出すのは当然だ』と青年向きの議論をして大笑するのです」

死刑判決を受け、死刑囚用の独房に入った岡田が小さな鉄格子の窓から外を見上げると、すっきりとした青空が広がっていたという。「私の気持ちはすっかりあの白雲に没入した。そして何となく微吟でもしたくなった」と、法戦を闘い抜いた心境を書いている。

その岡田が巣鴨プリズンの絞首台に昇ったのは、四九（昭和二十四）年九月十七日、五十九歳の男の見事な最期だった。

さて、こうした戦犯裁判は日本の法律家の目にはどう映ったのだろうか。

「アンボン島事件」で主任弁護人を務めた宗宮信次は、四九（昭和二十四）年七月に日本の法務関係者から聞き取り調査を受けている。東京裁判でも弁護人を務め、戦犯裁判の本質をよく知る一人だったからである。

その中で宗宮が第一にあげたのは、「第三者よりなる国際司法裁判所で裁くべきであった」という中立性への疑問だった。戦勝国側だけの検察官、裁判官で行われた裁判が公平であるはずはない。インド代表のラドハビノッド・パールをはじめ何人かの判事からも異論が出たぐらいだから、当然である。

日本が侵略戦争を起こしたのかどうかについては、満洲事変は侵略戦だったといえるかもしれないが、日支事変は中国側の挑発に引きずられたものであり、その後は日支事変に対する米国の干渉からやむなく行った自存自衛の戦争だったというのが宗宮の考えだった。

一方で、日本の指導層のだらしなさを痛感したとも語っている。「こざかしく打算的な政治家のみで、身を挺してこの驕慢を抑ええず、ついに日本を滅ぼしたもので、東京裁判は国内の敗戦責任を戦犯の名の下に裁いた感があります」。A級裁判に関わる中で、よほど腹立たしい思いをしたのであろう。そして多くのBC級戦犯を生んだのは「軍部は国際法遵守についてはデタラメであった」と手厳しい指摘をしている。

裁いた連合国側でも裁判への疑問や批判がなかったわけではない。

イギリスを代表する政治家のモーリス・ハンキー卿は、五二（昭和二十七）年に『戦争裁判の錯誤』（時事通信社刊）と題する本を書いている。英国枢密院の書記官長、内閣官房長官などを歴任し、英国政界の重鎮だったハンキー卿だが、中立国の判事を参加させなかった東京裁判の不当性を指摘したうえ、日本が侵略戦争をしたと言うなら同様なことを行った「同盟国の政府（例えばソ連）」にも同じような裁判をすべきではないのかと指摘している。特に盟友で、尊敬していた重光葵外相が戦犯になったことに驚いたと書き、自ら請願運動を起こし、マッカーサーにもその旨の私信を送ったと明かしている。

当時のローマ法王も裁判に異を唱えた人物だった。五三（昭和二十八）年十月三日、国際法学会の演説に立ち、「征服者が被征服者を裁判することは不当な点がある。中立の裁判官も加えるべきである。上官の命による犯罪が問題となっているが、部下は命令に従わなければ生命を脅かされ、命令に従えば後日戦犯として処理されるとの法理的矛盾を国際協定により廃止できないか」と語って、戦犯たちの即時釈放を求めた。

戦争終結時の興奮が時間とともにおさまり、冷静さを取り戻していくにつれ、連合国の中からも見直しの動きが出てきた。イギリスは、四九（昭和二十四）年一月、陸軍大臣名で「戦争犯罪の刑見直し第二委員会（極東）」を設置し、香港、マラヤ、シンガポール、北ボルネオ、ビルマの刑務所で服役中の戦犯四百四十一名を対象にして判決が妥当だったかどうかの検討を指示した。

その結果、第二委員会は、全体の一三％にあたる五十七名を減刑すべきと勧告し、これを受けて極東地上軍司令部は翌年一月二十三日に五十七名全員の減刑を行った。それ以外の服役者についても、刑務所長の裁量で三分の一を減刑してもよいとの権限を与え、終身刑は禁固二十一年と換算せよと指示した。

見直しの対象者に死刑判決者が入っていないのは、すでに全員が執行済みだったからである。まさに遅きに失したということだろうか。

この時、イギリス軍は「死刑に値しない戦争犯罪人のための基準」もつくっている。「通例の戦争犯罪」を裁くためのガイドラインといえるものである。

まず犯罪形態を「捕虜または市民の虐待致死」「不法な逮捕、裁判と処刑」「軽微の拷問（ケガを負わさない程度の殴打など）」など八つのタイプに分類した。次に犯罪への関わり方を三つのランク、つまり犯罪を主導し積極的に行った「主要責任者」、上官の命令によって関わった上級下士官以上の「中間責任者」、上官の命令によって関わった下級兵士あるいは知性の低い「軽度責任者」に区分けした。この犯罪形態と関わり方を縦と横の表にして、それぞれに量刑範囲を示す基準表をつくった。たとえば、「主要責任者」なら終身刑から懲役三年、「中間責任者」なら懲役十五年から一年、「軽度責任者」は起訴猶予から懲役七年の範囲で判断するとしたのである。

この基準に照らしてみると、処刑されたＢＣ級戦犯の軍人のうち八五％が命令を受けて実行したにすぎない大尉以下だったから、大半の者は死なないで済んだことになる。

「正義の裁き」と言いたいなら、せめて戦犯裁判を始める前に連合国内で事件評価の方法や量刑について話し合い、こうした統一的な基準をつくるべきだった。処刑ばかりを急いだＢＣ級戦犯裁判はあまりに罪が重い。

三　平和への道

憎しみの源流

二〇二二（令和四）年、日本とオーストラリア両政府の間で、共同訓練や災害対応を行う際の法的地位や手続きなどをあらかじめ取り決めておく「円滑化協定」が署名された。わが国では、日米地位協定を除けば同様の協定を結んだのはオーストラリアが初めてで、さらに新たな安全保障共同宣言を同時に出したことで、両国は準軍事同盟国と呼んでもいい揺るぎない関係になった。

オーストラリアに住む日本人は九万人以上、貿易面では日本は中国に次いで世界第二位の輸出国であり、輸入でも中国、アメリカに次ぐ第三位。日本との姉妹都市提携は今や百を超え、人的・文化的交流も盛んで、政治、経済、防衛、文化などあらゆる分野でうまくいっている。これほど友好的な国家関係は世界でも珍しい。

それがつい八十年前までは敵同士として戦う関係にあり、それも日本に強い憎しみを抱いていたのだが、それを知る日本人は意外と少ない。

ＢＣ級戦犯で多くの死刑判決を出した〝御三家〟はオランダ、イギリス、オーストラリアである。この三カ国だけで全体の六四％を占め、とりわけ豪軍は厳罰主義で臨んだことで知られる。豪軍が摘発した九百四十九名の内訳を見ると、捕虜の殺害容疑が三百九十八名、捕虜の虐待三百六十名で、捕虜の取り扱い関係が全体の八〇％を占めている。特にラバウルは摘発事件全体の六七％にあたる百九十七件と突出して多く、起訴者は延べ四百八名、死刑九十名、終身刑（無期）八名、有期刑百七十一名を出した。

ではなぜオーストラリアが日本に対してそんなに厳しかったのか、それには歴史的な背景がある。オーストラリアは古くからいずれ中国とロシアが南下してくるのではないかと潜在的に怖れていた。それが十九世紀半ばになって、開国したばかりの日本があっという間に日清、日露の戦争でこれら〝仮想敵国〟を破ってくれて安堵したのだが、それもつかの間、新たな脅威として浮上してきたのがその日本だった。

頼みの宗主国イギリスは、こともあろうに日英同盟を結び、第一次世界大戦では日本と合同の軍事チームまで組まされて戦う羽目となり、その際に急速に近代した日本軍の強さを嫌というほど見せつけられた。大戦後はドイツ領だったマリアナ、カロリン、マーシャル諸島を日豪が分割統治することになり、日本は脅威の存在から仮想敵国に変わった。

一九二一（大正十）年、当時のヒューズ首相は「世界の舞台は、地中海、大西洋を経て、太平洋に移りつつある」と対日警戒を宣言し、日本の国際社会での活動にことごとく反発し、日本政府が提出した「人種差別撤廃宣言」も先頭になって廃案に追い込んだりした。

日本が中国に満洲国という傀儡国家をつくると、危機感はもはや現実のものとなり、日米開戦が間近といわれる頃には、「もうすぐ日本軍の攻撃が始まり、沿岸にまで攻めて来るぞ」という噂が流れ、実際に海岸近くの住民の中にはあわてて家を売り払い、内陸部に引っ越す人たちが続出する騒ぎになった。

そんな危惧が杞憂でなかったことは、すぐに証明された。四二（昭和十七）年二月十九日、日本海軍の精鋭空母四隻から飛び立った戦闘機と爆撃機二百四十二機が北部ダーウィンの空軍基地を空襲してきたからである。建国以来初めての本土攻撃を受けて二百四十三名の死者を出した。攻撃は翌四三（昭和十八）年十一月十二日まで執拗に繰り返され、ダーウィンは六十四回も空襲された。

政府が初空襲の日を「国家の恥の日」と制定したことからもその衝撃の大きさはわかる。ダーウィンでは、今でも毎年、追悼式典が続けられていて、キャンベラのオーストラリア戦争記念館では「日本軍によるダーウィン爆撃」の記録映像が常時流されている。二〇一六（平成二十八）年には「埠頭でのダーウィン空襲体験館」が新たに開館するなど、オーストラリアでは忘れてはならない恐怖と屈辱の記憶なのである。

恩讐を超えて

そして日本の敗戦。だが憎しみは、戦争が終わっても続いた。

イギリス、インド、ニュージーランドと共にオーストラリア軍は英連邦軍として日本に進駐したが、その際、豪軍だけはある特別措置をとった。それは、日本軍との戦闘体験のない者と訓練兵を主体にして派遣部隊を編成したのである。戦時中の復讐心があまりに強いため、日本人との間で無用なトラブルが起きることを避けるためだった。

駐留兵と日本人との接触はいっさい禁じ、まして日本人女性との結婚は不可。申請が出てもすべて却下し、いわゆる〝戦争花嫁〟といわれる日本人女性との結婚を認めたのは五二（同二十七）年になってだった。

そんな強い憎しみが戦犯裁判に影響を与えないはずはなく、前述のように厳しい判決を次々と出したのだが、それだけではなかった。四九（同二十四）年四月に連合国極東委員会が関係国に「戦犯捜査は本年六月中に終了し、九月中には裁判を完了せよ」との方針を出すと、各国は指示に従って次々と裁判を終わらせていったが、オーストラリア軍だけはこれを無視し、新たな逮捕者まで出した。各国が戦犯裁判所を閉鎖、撤収していくのに、豪軍は翌五〇（同二十五）年六月になって新たにマヌス島で開廷し、結局、豪軍がすべての裁判を終えたのはサンフランシスコ平和条約締結直前の五一（同二十六）年四月だった。

強い反日政策もとられ、敗戦で食糧難に苦しむ日本が捕鯨再開の遠洋航海の許可を求めても、豪州だけは反対し、日本製品の輸入にも厳しい制限を設けるなど日本を頑として受け入れなかった。それでも対日平和条約を受け入れたのは、米国の強い意向があったからで、東西冷戦、朝鮮戦争の勃発、社会主義国の中国とソ連が再び脅威の存在として復活したという事情もあった。

しかし依然として日本への警戒心は消えず、オーストラリアはニュージーランドと共に米国に軍事同盟「太平洋安全保障条約（アンザス条約）」の締結を求めた。いずれまた日本が国力をつけて危険な動きが出てきたら、その時は米国は豪州を守る義務があると約束させた。

そんな関係に〝雪解け〟が始まったといえるのは、五四（同二十九）年になってだった。復興著しい日本が主要な貿易国になると踏んだこともあり、差別的な対日輸入制限を緩和し、五七（同三十二）年には反日強硬派を抑えて通商交渉の協定締結にこぎつけた。

日本の首相として初めて訪豪し、締結式に臨んだ岸信介が演説で「戦時中に起きたことに心から悲しみを」と事実上の謝罪を行うと、メンジーズ首相が「常に思い出そうとするよりも、希望を抱く方がよい」と応えることで、和解の第一歩を踏み出した。

それ以後の日豪は、経済優先という限定付きながら急速に関係を改善し、七六（昭和五十一）年には「日豪友好協力基本条約」を締結し、経済パートナーから「友好国」に変わった。二〇一五（平成二十七）年に「日豪経済連携協定（ＥＰＡ）」の発効、一八（同三十）年に「ＴＰＰ（環太平洋パートナーシップ）協定」の締結と関係は飛躍的に強化され、オーストラリアにとって日本は米国以外で最も信頼できる国になっていった。

こうした変化は、国民の意識にもはっきりと表れている。九八（平成十）年に日本の外務省がオーストラリア国内で対日意識調査を行った際、「敵国としての日本を忘れられない」と答えた人がまだ三割もあり、戦後半世紀を過ぎ、遠い過去の歴史だと思っていた日本側はショックを受けた。

それが〇九（同二十一）年の同じ調査では、「歴史は知っているが、日本には肯定的な感情を持っている」「日本の過去は今では重要でない」と答えた人が九割近くにのぼり、対日観は劇的に変化し、日本を友好国と見る視線は完全に定着した。

ただ、ここでわれわれ日本人が銘記しておかなければならないのは、だからと言ってオーストラリアの人たちが「過去」を忘れたわけではないということである。

日本が敗戦した八月十五日は、オーストラリアでは「ＶｊＤａｙ」（対日戦勝記念日）、「ＶＰＤａｙ」（太平洋戦線戦勝記念日）と呼ばれ、今も毎年、大々的な祝賀行事が続けられている。その「ＶＰＤａｙ」式典に日本の大使が初めて招待されたのは、〇五（同十七）年になってからで、それまでは出席を認めてもらえなかった。ダーウィンの「空襲追悼式典」に日本の総領事の参加が許されたのも一一（同二十三）年になってからだった。

「過去」を許すことは生やさしいことではないのである。その一例をあげてみたい。

九三（同五）年に奈良市とキャンベラ市が姉妹都市提携をし、その記念にと奈良市民の寄付でキャンベラ市レノックス公園に日本庭園がつくられた。両市の間では名称を「キャンベラ・奈良平和公園」とすることに決まっていたのだが、それを知って猛反対したのが地元の退役軍人会だった。日本との間で「平和」はおかしいというのである。もめにもめ、豪首相が仲に入る騒ぎにまで発展し、結局、「平和」の字をはずして「キャンベラ・奈良公園」とせざるを得なかった。

六年後、もう「平和」の二文字を入れてもいいだろうという話になったが、またしても反対が起きて頓挫。「キャンベラ・奈良平和公園」という名前にできたのは、さらに五年たった一〇(同二十二)年だった。この間、退役軍人会のトップを日本に招いて横浜の英連邦軍人の墓地や捕虜収容所跡を見学してもらったり、生き残った豪軍捕虜を日本に招くなど日豪双方の粘り強い努力が重ねられた。

双方の努力とともにもう一つ大事なことは正しい歴史の教育であろう。オーストラリアは、歴史教育に力を入れていて、児童・生徒には戦争についても学習させ、日豪で戦争がどう行われたのか、ダーウィン空襲やカウラ事件、「バターン死の行進」などの捕虜虐待の事実もしっかりと教えている。

つまり、日豪間で〝過去〟を乗り越えることができたのは、時間とともに記憶が風化し、忘れていったからではない。むしろ追悼や慰霊をきちんと行い、それを記憶として留め、同時に過去から学ぶ姿勢を持ち続けたからである。そしてさまざまな分野での交流を重ね、相互理解と信頼感を育てることこそ、迂遠に見えて実は最も近道なのだということを教えてくれている。

平和のバトン

日本に対する戦犯裁判について連合国側がいくら「文明の裁き」とか「正義の裁き」と言ってみても、中立性・公平性を欠き、処罰だけを急いだ〝勝者による報復〟感はぬぐえない。東京裁判についてマッカーサー自身さえ、「あの裁判は失敗だった」と述懐したといわれている。

それはその通りだが、一方で憎しみの連鎖からは何も生まれないのもまた事実である。ならば、不完全だった戦争裁判ではあったが、国際社会が武力による「力の支配」から「法の支配」に向けての出発点だったという見方をすることはできないだろうか。

ドイツ崩壊直後の四五（昭和二十）年六月二十六日、サンフランシスコで「国際司法裁判所」規程がつくられた。国際紛争は、①国際条約で確立された規則、②法として認められた国際慣習、③文明国が認めた法の一般原則、という三つの「裁判の基準」（第三十八条）によって処理することが決められた。

四八（同二十三）年十二月十日には国連総会で「世界人権宣言」が採択され、その中に「すべて人は、自己の権利及び義務並びに自己に対する刑事責任が決定されるに当って、独立の公平な裁判所による公正な公開の審理を受けることについて完全に平等の権利を有する」（第十条）との条文が盛り込まれ、誰もが公平な裁判を受ける権利があると国際合意され、歩をさらに一歩進めることができた。

ナチス・ドイツによるユダヤ人へのホロコーストを引き起こした反省から人種・民族の集団殺戮に関するジェノサイド禁止条約が成立したのもこの年で、その後も犯罪の時効不適応条約ができるなど国際人道法が次々と整備されていった。

四七年には「国際法委員会」が設置され、戦争責任を追及する国際機関づくりも始まった。国家主権との関係や当事者国の利害対立が予想されることから難航を重ねたが、九三（平成五）年にようやく一つの形になった。「旧ユーゴ国際刑事裁判所」（ＩＣＴＹ）の設置である。旧ユーゴ崩壊に伴う民族紛争に伴って起きた残虐事件を裁くための国際法廷だが、翌九四（同六）年にはルワンダ問題の「ルワンダ国際刑事裁判所」（ＩＣＴＲ）も設置され、公平・中立な裁判が歴史上初めて実現した。悲願とも言うべき常設の戦争裁判所設置は、九八（同十）年七月に国連全権外交使節会議で「ローマ規程」が採択されたことで前進し、これに基づき〇二（同十四）年に「国際刑事裁判所」（ＩＣＣ）の発足にこぎつけた。

ＩＣＣが摘発の対象とするのは、国際慣習法として確立している戦争犯罪、人道に対する犯罪、侵略犯罪、集団殺害犯罪などに関する個人の刑事責任で、国際社会の長年の夢だった中立性のある国際的な第三者機関による戦争犯罪の訴追と裁判が可能になったのである。まさに東京裁判、ＢＣ級裁判の反省がＩＣＣという形で結実したと言えなくもない。〇五（同十七）年には摘発第一号としてテロ組織幹部に逮捕状を出している。

だが、一歩は所詮一歩にすぎないこともまた事実である。ＩＣＣ参加国は現在、日本を含めて百二十三カ国と国連加盟国の六二％にとどまっている。署名のみで参加していない国が三十一カ国あり、「正義」を振りかざして戦犯を裁き、〝世界の警察官〟を自認したアメリカはその一国である。当初はＩＣＣの設立自体に反対し、クリントン政権でいったん署名したものの、ブッシュ・ジュニア政権で署名を撤回、今に至るも批准の意思はない。中国とロシアにいたっては未だに署名すらしておらず、中国は「内政干渉の道具である」と主張し、他国の参加にまで反対しているありさまである。

ニュルンベルク裁判でアメリカの主任検察官ロバート・ジャクソンは「この訴訟はわれわれの時代の最大の脅威である侵略戦争に対するために国際法を利用しようとする四大強国の実務的努力にほかならない」と大見えをきった。だがその四大強国を含む国連安全保障理事会の常任理事国五カ国のうち三カ国がＩＣＣ不参加なのだから、暗澹たる気持ちになる。

この本に取り組んでいた二二（令和四）年二月にロシアによるウクライナ侵攻が起きた。「特別軍事作戦」の名の下でミサイルによる無差別都市攻撃、市民の殺戮といったあからさまな戦争犯罪が行われ、改めて国連の無力さと安保理の機能不全を見せつけたが、これが今の国際社会の偽らざる姿である。ちなみにＩＣＣは、二三（同五）年三月、プーチン大統領に逮捕状を出している。

サイバー戦争、無人攻撃機、宇宙空間競争など戦争の形態は第二次大戦に比べて格段に高度複雑化し不可視化が進んでいる。にもかかわらず、自国第一主義の大国エゴイズムが相変わらず横行し、分断と対立が進み、軍拡競争がやまない。戦争抑止どころか核の使用さえ懸念され世界大戦の悪夢が頭をよぎる。

ＢＣ級戦犯で処刑された方たちの多くは、世界平和のための捨て石でいい、礎になるのだという思いを抱いて死地に赴いていった。われわれはその願いが託されたバトンを次世代へしっかりとリレーしていかなければならないが、そうすべく前に向かって走り続けているだろうか。まさに今、そのことが問われている。

あとがき

本書を出すにあたっては、奇跡的に残されていた「小屋」と「名簿」の存在があった。

小屋というのは、南アルプスの山々を遠く望む山梨県韮崎市の小高い丘の上に建っている。それは敗戦後しばらくは、空襲で廃墟と化した都会でよく目にした粗い木目の板張りのバラックのような建物で、元陸軍大将今村均氏がＢＣ級戦犯として禁固十年の刑期を務め終え、巣鴨プリズンから出所するとすぐに東京にあった自宅の庭に建てた。晩年の大将は自身への〝独房〟に見たてたこの三畳一間の部屋にこもり、戦死させた多くの部下や無念な死を遂げた戦犯処刑者たちを弔い続けていたという。

それが今、韮崎で保存されているのは、ラバウルで大将の部下だった元陸軍中尉中込藤雄氏のおかげである。八十二歳で大将が亡くなって小屋が取り壊される予定だったものをぜひにと頼んで韮崎の自宅の敷地内に移設したのである。大将の遺品や戦犯関係の資料などを集めた資料室もつくり、神主の資格までとって戦死者や戦犯者の慰霊を続けた。同氏亡き後は娘さんご夫婦が大切に保存されている知る人ぞ知る小屋である。

もう一つの名簿の方は、本書の冒頭で〝幻の名簿〟として触れた『戦争裁判関係死亡者名簿』のことである。東京裁判の法廷記録係として裁判の一部始終を傍聴した元海軍少佐冨士信夫氏が作成し、全文すべて手書きで一千百人以上の戦犯死された方の名前、階級、いつどこで処刑されたかなどが詳細に書かれている。私は分厚い名簿を読みながら、高齢だった冨士氏が何を思い何を考えながら、まるで石工が墓碑名を彫り込んでいくような根気のいる、そして誰の目にも触れないかもしれない名簿づくりを続けていたのか、その姿を想像すると胸が熱くなった。

今村大将、中込中尉、冨士少佐という地位も立場も違うが、戦犯死された方たちへの至純な思いを同じにする三人の元軍人の一念が、戦争を知らない戦後世代である私の背中を押し、彼らの思いの一端でも引き継ぐつもりで名簿づくりに取り組むことにした。

処刑された方たちの遺書や辞世の数々を読んでいて、いたるところで日本人の持つすばらしい精神性に気づかされた。もちろん日本軍が戦争の中で許されない多くの過ちを犯したことは事実だが、個々の将兵はそうではない。たとえ階級の低い一兵隊であってもなかなかの教養を持ち、公徳心や倫理観の高い人物も少なくない。どうしてこうした人たちが〝犯罪人〟の汚名を着せられて殺されなければならなかったのかと憤りを覚えた。にもかかわらず、それを受け入れ、処刑を前にした生きざま、死にざまには見事なものがある。同じ日本人として誇らしくさえなった。

さて、本書は二部構成にした。第一部は刑死者と関連死を含め約十二年間、四三五六日にわたった総計一一四五名の方たちの処刑・死亡の全記録である。『世紀の遺書』をはじめ戦犯関係の名簿はあるにはあるが、多くの誤りや不明部分が残されたままで、公的資料もない。そこで各種名簿を関連する資料や出版物などと照合し、修正と追加を加え、現時点での最新名簿につくり上げた。これを処刑・死亡の年月日順に並べてみると、戦後、復興から成長へと国民みながひた走っている裏で、彼らだけが取り残され死と向き合っていた状況が浮かび上がってくる。一九五六（昭和三十一）年度の「経済白書」で池田勇人内閣は「もはや『戦後』ではない」と宣言したが、その時点ですら巣鴨ではまだ多数の戦犯の拘置が続いていた。

辞世・絶筆が判明している方はその一部を付記した。『世紀の遺書』は一度は手にして欲しいが、如何んせん三段組で八百ページを超える。そこで、本人の思いが伝わりそうな遺書の一部や辞世などの句を選び、通読しやすくすることによって、彼らがどんな思いで処刑に臨んだのか、後世に何を託したのかが伝わり、戦犯の実相がわかるようにした。

第二部では、どうして戦争犯罪に問われるような多くの事件が日本軍で起きてしまったのか、そもそもあの戦犯裁判とは何だったのか、それらの反省を生かしていくにはどうしたらいいのかといった背景や問題点、これからの課題についてまとめてみた。

戦犯裁判の是非をめぐってはいろいろな考え方があるだろうが、ただ彼らの死が日本国民が本来等しく負わなければならなかった敗戦の代償の「身代わり」「肩代わり」だったということだけは忘れてはならないだろう。『麦と兵隊』や『花と龍』の作家火野葦平氏は『世紀の遺書』の推薦文の中でそのことを次のように書いている。

「その死が個人的なものでなく、日本と日本人全体の責任によって生じたものであるのに、騒音によってかきまわされた昏迷のため、この人たちの言葉をかみしめないならば、日本民族に救ひはないと思はれる。『世紀の遺書』を日本人が一人のこらず読むことが望まれる」

処刑された戦犯の圧倒的に多くの方たちが、「後世、必ずわかってくれるはずだ」「日本の再建と平和のための礎になるのだ」という言葉を残し従容として処刑場に消えていった。そこには祖国への恨みつらみの言葉はなく、私には尊い一一四五柱は身代わり地蔵菩薩像のように見える。ではわれわれは、そんな方たちの思いを、その死をきちんと受けとめてきたと言えるだろうか。敗戦の責任を彼らに押しつけたまま置き去りにしてこなかったか。いや、今忘れ去ろうとさえしているのではないか。われら日本人が、そんな忘恩の民であっていいはずはない。

本のタイトルにした「昭和留魂録」の「留魂録」とは、言うまでもなく吉田松陰が松下村塾の門弟にあてた遺書である。戦犯者の多くが、松陰の辞世「身はたとひ　武蔵の野辺に　朽ぬとも　留め置まし　大和魂」に似せた句を書き残していること、また松陰と同じ二十九歳で処刑場に向かった若者が多かったこともあり、使わせてもらった。

松陰ら幕末の若き志士たちの犠牲が日本の開国と近代国家の成立へと導いたのに似て、戦犯死した人たちの犠牲は日本の敗戦責任、そして再独立と引き換えにされたものであり、それがあって戦後の平和と繁栄が築かれたのである。

まもなく「昭和百年」を迎える。戦場体験者はもうほとんど姿を消し、戦争を知らない敗戦後に生まれた者が日本人の大半を占める。そして、世界の平和を願いその礎になるんだという思いで潔く死地に赴いた彼らの願いとは裏腹に、世界では今なお戦火が絶えないでいる。今こそ、彼らの遺した言葉に耳を傾け、彼らの死の意味を問い直してもいいのではないだろうか。
本書が世に出るまでには紆余曲折があり、出版を半ばあきらめかけていた時期があった。〝幻の名簿〟を作った冨士信夫氏のご家族の消息が知りたくて、冨士氏が本を出したことのある展転社の荒岩宏奨社長に問い合わせた縁から日の目を見ることができた。そして大阪で長年にわたり大腸がん死亡ゼロ運動など地域医療に大きな貢献をされてきた尊敬する医師、濵﨑寛さんには多大な応援をいただいた。この場を借りて感謝申し上げたい。

二〇二三年七月

朝野富三

参考文献

『復刻　世紀の遺書』（巣鴨遺書編纂会、講談社、1984年）
『世紀の自決』（額田坦編、芙蓉書房、1968年）
『戦争裁判関係死亡者名簿』（冨士信夫編、私家版・手書き、1987年）
『BC級戦犯関係資料集第2巻（厚生省復員局調査部編「陸軍関係戦犯者名簿」）』（田中宏巳編集・解説、緑蔭書房、2011年）
『日本BC級戦犯資料』（茶園義男編・解説、不二出版、1983年）
『BC級戦犯軍事法廷資料　広東編』（茶園義男編・解説、不二出版、1984年）
『BC級戦犯横浜裁判資料』（茶園義男編・解説、不二出版、1985年）
『BC級戦犯米軍マニラ裁判資料』（茶園義男編・解説、不二出版、1986年）
『BC級戦犯フィリピン裁判資料』（茶園義男編・解説、不二出版、1987年）
『BC級戦犯英軍裁判資料（上）』（茶園義男編・解説、不二出版、1988年）
『BC級戦犯英軍裁判資料（下）』（茶園義男編・解説、不二出版、1989年）
『BC級戦犯米軍上海等裁判資料』（茶園義男編・解説、不二出版、1989年）
『BC級戦犯豪軍ラバウル裁判資料』（茶園義男編・解説、不二出版、1990年）
『BC級戦犯豪軍マヌス等裁判資料』（茶園義男編・解説、不二出版、1991年）

『BC級戦犯中国・仏国法廷資料』（茶園義男編・解説、不二出版、1992年）
『BC級戦犯豪軍和蘭裁判資料・全巻通覧』（茶園義男編・解説、不二出版、1992年）
別冊歴史読本特別増刊号『戦争裁判　処刑者一千』（新人物往来社、1993年）
『年表　太平洋戦争全史』（日置英剛編、国書刊行会、2005年）
『戦争裁判余録』（豊田隈雄著、泰生社、1986年）
『戦犯裁判の実相（復刻版）』（巣鴨法務委員会編、槙書房、1981年）
『補完　戦争裁判の実相』（茶園義男・重松一義著、不二出版、1987年）
『戦死者日暦』（佐藤宏一著、文芸社、2020年）
『祖国への遺書　戦犯死刑囚の手記』（塩尻公明編、毎日新聞社、1952年）
『死と栄光　戦犯死刑囚の手記』（巣鴨遺書編纂会、長嶋書房、1957年）
『BC級戦犯　60年目の遺書』（田原総一朗監修・田中日淳編・堀川恵子聞き手、アスコム、2007年）
『BC級戦犯・チャンギー絞首台』（茶園義男著、紀尾井書房、1983年）
『永遠への道』（花山信勝著、日本工業新聞社、1982年）
『壁あつき部屋　巣鴨BC級戦犯の人生記』（理論編集部編、理論社、1956年）
『多くを語らず　生きている戦犯』（岩川隆著、中公文庫、1982年）
『神を信ぜず　BC級戦犯の墓碑銘』（岩川隆著、中公文庫、1978年）
『「BC級戦犯」を読む』（半藤一利ほか、日経ビジネス人文庫、2015年）

『ながい旅』（大岡昇平著、新潮社、１９８２年）
『毒箭』（岡田資著、岡田資遺稿刊行会、１９５４年）
『たとえ明日世界が滅びるとしても　元ＢＣ級戦犯から若者たちへの遺言』（飯田進著、梨の木舎、２０１４年）
『カウラ日本兵捕虜収容所』（永瀬隆・吉田晶編、青木書店、１９９０年）
『将軍はなぜ殺されたか　豪州戦犯裁判・西村琢磨中将の悲劇』（イアン・ウォード著、鈴木正徳訳、原書房、２００５年）
『最後の戦犯死刑囚　西村琢磨中将とある教誨師の記録』（中田整一著、平凡社新書、２０１１年）
『ＢＣ級戦犯』（田中宏巳著、ちくま新書、２００２年）
『裁きの庭に通い続けて　傍聴人席から見た東京裁判』（冨士信夫著、非売品、１９８６年）
『私の見た東京裁判（上・下）』（冨士信夫著、講談社学術文庫、１９８８年）（筆者注・『裁きの庭に通い続けて』を文庫本化したもの）
『こうして日本は侵略国にされた』（冨士信夫著、展転社、１９９７年）
『「南京大虐殺」はこうして作られた』（冨士信夫著、展転社、１９９５年）
『「東京裁判」は証言する（上・下）』（冨士信夫著、閣文社、１９９１年）
『証言　私の見た東京裁判』（冨士信夫著、日本政策研究センター、１９８７年）
『戦犯裁判の錯誤』（モーリス・ハンキー著、長谷川才次訳、経営科学出版、２０２０年）

『不確かな正義　ＢＣ級戦犯裁判の軌跡』（戸谷由麻著、岩波書店、２０１５年）
『東京裁判「神話」の解体』（Ｄ・コーエン／戸谷由麻著、ちくま新書、２０１８年）
『巣鴨プリズン　教誨師花山信勝と死刑戦犯の記録』（小林弘忠著、中公新書、１９９９年）
『パル判事インド・ナショナリズムと東京裁判』（中里成章著、岩波新書、２０１１年）
『ＢＣ戦犯の実相』（曽我部武著、近代文芸社、１９９６年）
『戦犯裁判の研究』（林博史著、勉誠出版、２０１０年）
『ＢＣ級戦犯裁判』（林博史著、岩波新書、２００５年）
『ＢＣ級戦犯　新聞記者が語りつぐ戦争６（上・下）』（読売新聞大阪社会部編、新風書房、１９９３年）
『九州大学生体解剖事件７０年目の真実』（熊野以素著、岩波書店、２０１５年）
『未来の戦死に向き合うためのノート』（井上義和著、創元社、２０１９年）
『ニュルンベルク裁判』（アンネッテ・ヴァインケ著、板橋拓己訳、中公新書、２０１５年）
『戦陣訓の呪縛』（ウルリック・ストラウス著、吹浦忠正訳、中央公論新社、２００５年）
『戦争犯罪と法』（多谷千香子著、岩波オンデマンドブックス、２００６年）
『戦争犯罪とは何か』（藤田久一著、岩波新書、１９９５年）
『天皇の戦争責任・再考』（橋爪大三郎ほか、洋泉社、２００３年）
『天皇の戦争責任』（井上清著、岩波書店、１９９１年）
『日米はなぜ戦ったか　太平洋戦争の原因』（宗宮信次著、土屋書店、１９７６年）

『戦争社会学研究第1巻　ポスト「戦後70年」と戦争社会学の新展開』（戦争社会学研究会編、勉誠出版、2017年）
『戦争社会学』（好井裕明・関礼子編、明石書店、2016年）
『戦後世代の戦争責任論　「敗戦後論」をめぐって』（李順愛著、岩波ブックレット、1998年）
『戦後世代の戦争責任』（加藤周一著、かもがわブックレット、1994年）
『日本人の戦争観』（田口裕史著、樹花舎、1996年）
『脱戦争　宿命論からの「解放学」』（吉田裕著、岩波現代文庫、2005年）
『戦争と平和の「解剖学」』（常本一著、東方出版、2015年）
『鎮魂の海　実録・特殊潜航艇決戦全記』（常本一著、東方出版、2005年）
『戦争犯罪の構造　日本軍はなぜ民間人を殺したのか』（佐々木半九・今和泉喜次郎著、読売新聞社、1968年）
『虜人日記』（田中利幸著、大月書店、2007年）
『魂鎮への道　無意味な死から問う戦争責任』（小松真一著、筑摩書房、2004年）
『アンボンで何が裁かれたか　愛と死と永遠と（復刻版）』（飯田進著、不二出版、1997年）
『ラバウルの黒い雨　いわれなき罪　海軍大尉片山日出雄』（片山日出雄著、聖文舎、1991年）
『ラバウル軍事法廷　ある日本人の裁判記録』（川上清著、文芸社、2013年）
『アンボン島戦犯裁判記』（長野為義編著、私家版、1982年）
（宗宮信次著、法律新報社、1946年）

『ラバウル戦犯弁護人』（松浦義教著、光人社、２００６年）
『第二十警備隊（アンボン）想い出の記』（世話人・二宮義郎、私家版、１９７８年）
『知られざる戦争犯罪　日本軍はオーストラリア人に何をしたか』（田中利幸著、大月書店、１９９３年）
『日本軍捕虜収容所の日々』（ハンク・ネルソン著、リック・タナカ訳、筑摩書房、１９９５年）
『海軍特別警察隊アンボン島ＢＣ級戦犯の手記』（禾晴道著、太平出版社、１９７５年）
『遥かなる南十字星　戦犯の実相』（巣鴨法務委員会編、山王書房、１９６７年）
『俺は日本兵　台湾人・簡茂松の「祖国」』（浜崎紘一著、新潮社、２０００年）
『南十字星に抱かれて　凛として死んだＢＣ級戦犯の「遺言」』（福冨健一著、講談社、２００５年）
『幽囚回顧録』（今村均著、秋田書店、１９６６年）
『今村均回顧録』（今村均著、芙蓉書房、１９７０年）
『続今村均回顧録』（今村均著、芙蓉書房、１９７１年）
『責任　ラバウルの将軍今村均』（角田房子著、筑摩書房、２００６年）
『「三畳小屋」の伝言　陸軍大将今村均の戦後』（朝野富三著、新風書房、２０１２年）
『南海（ラバウル）の思い出』（杉野金男著、私家版、１９９８年）
『ラバウル戦犯裁判の回顧』（太田庄次著、ラバウル会事業部、１９８５年）
『南十字星の戦場　第八方面軍作戦記録』（ラバウル経友会編、１９８５年）
『処刑の島』（豊田穣著、文藝春秋社、１９７６年）

『日本とオーストラリアの太平洋戦争　記憶の国境線を問う』（鎌田真弓編、御茶の水書房、２０１２年）
『オーストラリア物語』（遠藤雅子著、平凡社新書、２０００年）
『朝鮮人ＢＣ級戦犯に対する真相調査』（対日抗争期強制動員被害調査及び国外強制動員犠牲者等支援委員会編著、日帝強制動員被害者支援財団、２０１９年）
『韓国台湾出身戦争裁判受刑者名簿』（厚生省引揚援護局作成、１９５５年）
『旧日本軍朝鮮半島出身軍人・軍属死者名簿』（菊池英昭編著、新幹社、２０１７年）
『朝鮮人ＢＣ級戦犯の記録』（内海愛子著、岩波現代文庫、２０１５年）
『キムはなぜ裁かれたのか』（内海愛子著、朝日新聞出版、２００８年）
『死刑台から見えた二つの国』（内海愛子＋韓国・朝鮮人ＢＣ級戦犯を支える会編、梨の木舎、１９９２年）
『遺骨の戦後　朝鮮人強制動員と日本』（内海愛子・上杉聡・福留範昭共著、岩波ブックレット、２００７年）
『韓国人元ＢＣ級戦犯の訴え　何のために、誰のために』（李鶴来著、梨の木舎、２０１６年）
『忘れられた戦争責任　カーニコバル島事件と台湾人軍属』（木村宏一郎著、青木書店、２００１年）
『ＢＣ級戦犯　獄窓からの声』（大森淳郎・渡辺考著、ＮＨＫ出版、２００９年）
『心果つるまで　日本の戦犯にさせられた四人の台湾のお友だち』（福永美知子著、水晶工房、１９９５年）
『台湾の大和魂』（林えいだい著、東方出版、２０００年）
『われ帰る祖国なく　或る台湾人軍属の記録』（磯村生得著、時事通信社、１９８１年）
『一視同仁の果て　台湾人元軍属の境遇』（加藤邦彦著、勁草書房、１９７９年）

朝野富三（あさの　とみぞう）

1947 年神奈川県横須賀市生まれ。海上自衛隊生徒課程修了。早稲田大学第一文学部卒。毎日新聞大阪本社社会部長、同編集局長などを務めた後、宝塚大学教授を経て、現在はジャーナリスト。著書に『昭和史ドキュメント　ゴー・ストップ事件』（三一書房）、『「三畳小屋」の伝言　陸軍大将今村均の戦後』（新風書房）、『細菌戦部隊と自決した二人の医学者』『奇病　流行性出血熱』（ともに共著、新潮社）ほか。

昭和留魂録

戦犯一一四五名、四三五六日の処刑誌

令和五年十二月十二日　第一刷発行

編著者　朝野　富三

発行人　荒岩　宏奨

発　行　展　転　社

〒101-0051　東京都千代田区神田神保町2-46-402

TEL　〇三（五三一四）九四七〇

FAX　〇三（五三一四）九四八〇

振替〇〇一四〇-六-七九九九二

印刷製本　中央精版印刷

定価［本体＋税］はカバーに表示してあります。

ISBN978-4-88656-568-6